ALEXANDRA DAVID-NEEL

« *Espaces libres* »

DU MÊME AUTEUR

AUX ÉDITIONS ALBIN MICHEL

Satori, dix ans d'expérience avec un Maître Zen, coll. « Spiritualités vivantes », 1984.
La Magie des plantes, coll. « Espaces libres », 1990.

CHEZ D'AUTRES ÉDITEURS

L'Ordre des choses, préface de Gaston Bachelard, Plon, 1959. — 2e édition, Julliard, 1986.
L'Éphémère, Plon, 1960.
L'Arbre, Delpire, 1962.
L'Insecte, Delpire, 1968.
L'Homme dans les bois, Stock, 1976.
Arbres d'Europe occidentale, Bordas, 1977.
Arbustes, arbrisseaux et lianes d'Europe occidentale, Bordas, 1979.
Terres promises, Julliard, 1985.
Les Arbres de France. Histoire et légendes, Plon, 1987.
La Route des Épices (en collaboration), Bordas, 1987.
Mythologie des arbres, Plon, 1989.

JACQUES BROSSE

Alexandra David-Neel

Aventure et Spiritualité

Albin Michel

Collection « Espaces libres »
dirigée par Marc de Smedt

Première publication en 1978 aux Éditions Retz

ISBN : 2-226-05302-6
ISSN : 1147-3762

Sommaire

Préface

« Il y a deux Mme David-Neel, celle qui écrit et celle qui sait. »

René Grousset

Depuis qu'elle est morte centenaire en 1969, la gloire d'Alexandra David-Neel n'a cessé de croître et de se répandre. Elle a certainement plus de lecteurs aujourd'hui, en France et dans le monde, qu'elle en eut de son vivant. Et surtout, on lui rend enfin justice. L'audacieuse aventurière, l'intrépide « reporter », la conférencière affairée ont cédé la place à une œuvre forte, devenue plus nécessaire depuis la destruction du Tibet traditionnel et la dispersion des lamas. Si ces derniers ont trouvé en Europe et en Amérique aide et compréhension, c'est certainement en partie à la dame-lama qu'ils le doivent. Aussi, le quatorzième dalaï-lama a-t-il tenu a faire lui-même le pèlerinage à *Samten Dzong*, afin de rendre hommage à « la première bouddhiste de France ». A Digne, tout près de la demeure où elle a vécu et où elle est morte, Sa Sainteté a exposé le dharma du Bouddha, auquel Alexandra David-Neel initia l'Occident.

Le présent ouvrage fut composé en 1977, alors qu'il n'existait aucune biographie d'elle. Il bénéficiait des précieux papiers inédits, mis généreusement à ma disposition par Marie-Madeleine Peyronnet qui a veillé affectueusement sur Alexandra au cours de ses dix dernières années et, après sa mort, s'est consacrée avec un grand dévouement à la diffusion de son œuvre. Depuis lors, ont été publiés quelques nouveaux documents qui m'ont conduit à faire certaines mises à jour, mais n'ont nullement modifié le parti que j'avais adopté : montrer le rôle durable joué par Alexandra David-Neel en recueillant, au cours de son très long séjour au Tibet, un nombre considérable de textes devenus introuvables et les enseignements oraux que les maîtres ne communiquent qu'à leurs proches disciples, et surtout exposer un parcours spirituel, complexe, mais toujours cohérent, en explicitant certains aspects restés allusifs, en reconstituant une démarche toute personnelle sur laquelle elle est demeurée, somme toute, très discrète.

Enseignant cette doctrine que le Bouddha lui-même disait : « difficile à percevoir et à comprendre », inaccessible « aux hommes conduits par le désir..., incapables de comprendre la paix du cœur », j'ai de mieux en mieux apprécié l'exposé qu'en a donné pour notre temps Alexandra David-Neel. Si, dans certains de ses ouvrages, en bon « reporter orientaliste », ainsi qu'elle s'intitulait, elle en a privilégié le côté extérieur, le pittoresque, nul ne conteste plus aujourd'hui le sérieux de son information ni, moins encore, sa compréhension du bouddhisme tibétain. Insistant constamment sur son essence même, Alexandra David-Neel n'a cessé de mettre en garde contre de vaines spéculations intellectuelles qui ne peuvent que déformer ce qui est une philosophie de la vie, c'est-à-dire une pratique, et même une pratique quotidienne, dont elle fut la première à donner l'exemple.

2 février 1991.

Chapitre 1

L'enfant que l'on n'attendait plus

Le samedi 23 août 1969, Alexandra David-Neel leva les yeux du texte tibétain encore inconnu en Europe qu'elle était en train de déchiffrer, posa sa loupe, regarda par la fenêtre la pente boisée de la colline et, d'une voix calme et douce, dit à sa compagne, Marie-Madeleine Peyronnet : « Cette fois, Tortue, c'est bien la fin... Mon papa avait raison, cela se sent. » Elle n'était nullement inquiète, soulagée plutôt. Il y avait vraiment trop longtemps qu'elle attendait. Dix-sept jours plus tard, elle était morte, manquant de peu son cent unième anniversaire. Elle aurait de beaucoup préféré mourir là-haut, en pleine force, dans sa véritable patrie, les Himalayas ; elle supportait mal de se sentir de jour en jour affaiblie, plus dépendante aussi, car elle se voyait d'un œil demeuré inexorablement lucide.

Quelque temps auparavant, celle qui veilla sur elle jusqu'à la dernière heure et qu'elle appelait affectueusement « Tortue[1] » lui ayant fait remarquer : « Madame, permettez-moi de vous dire combien je vous trouve changée depuis quelque temps. Vous devenez de plus en plus aimable, même gentille... C'est à peine croyable ! », s'entendit répliquer : « Mais tais-toi donc ! tu ne dis que des imbécillités. Tu es toquée, ma pauvre fille !

1. Sur l'origine de ce surnom, voir Marie-Madeleine Peyronnet, *Dix ans avec Alexandra David-Neel*, Plon, Paris, 1973.

— Pas du tout. Je vous assure que je suis sincère. Oh ! bien sûr, lorsque je vous dis que vous êtes “ gentille ”, j’exagère peut-être un peu... Mais il est incontestable que vous êtes de plus en plus sociable, affable, voire même liante et généreuse. Tous ceux qui vous approchent s’en rendent également compte ; ils vous trouvent même très accueillante.

— Est-ce que tu dis vrai ?

— Mais oui, parfaitement !

— Alors, il va falloir que je m’observe... C’est que je suis en train de devenir “ gâteuse ”[1]. »

Incontestablement cela lui fut épargné. Jusqu’au dernier instant, Alexandra David-Neel travailla, comme elle l’avait fait durant toute sa vie, car, pour elle, une journée sans « travail constructif » était une journée inutile. A sa mort elle laissait en chantier quatre ouvrages ; le dernier qu’elle publia, *Quarante Siècles d’expansion chinoise*, elle le termina à plus de quatre-vingt-quinze ans. Elle ne mourait pas oubliée du monde, comme on l’est toujours à cet âge, mais bien en pleine gloire, une gloire qu’elle n’avait nullement recherchée, qui lui était venue très tard et qui l’importunait, car elle n’aimait pas perdre son temps avec ce qui n’était pour elle que frivolité. Elle avait hâte de se remettre à ce travail dont on l’avait éloignée, à cette tâche énorme qu’elle s’était imposée, ou qui lui avait été imposée. A son mari, elle avait écrit un jour qu’il lui faudrait cent ans pour rendre publique l’énorme documentation, en grande partie inédite, qu’elle avait accumulée au cours de ses voyages. Elle ne se doutait pas alors que cette longévité, on la lui accorderait, mais elle ne savait pas non plus que sa tâche, elle ne pourrait l’achever, car elle était réellement interminable.

Quelque quatre-vingt-dix-neuf ans plus tôt, le 28 mai 1871, une toute petite fille de deux ans et demi s’accroche à la main de son père et, horrifiée, regarde l’affreux spectacle des cadavres que « hâtivement, on entasse dans les tranchées creusées à cette intention ». Ces cadavres, ce sont ceux des

1. Marie-Madeleine Peyronnet, *op. cit.*, p. 226, Plon, Paris, 1973.

Fédérés de la Commune, qui se sont défendus à la baïonnette dans le cimetière du Père-Lachaise ; tous les survivants de cette lutte désespérée ont été fusillés en masse, la veille, devant ce mur qu'on appellera désormais le mur des Fédérés. Jusqu'à son dernier jour, Alexandra se souviendra de cette vision « vague », mais atroce. A quoi donc pensait ce père qui avait mené là son enfant ? Il voulait, nous dit-elle, qu'elle « gardât un souvenir impressionnant de la férocité humaine[1] ». Il n'y parvint que trop bien. En effet, il est hors de doute que cette scène, par laquelle s'ouvre brutalement et bien précocement la vie consciente d'une petite fille, la marquera pour la vie. La misanthropie irrémédiable d'Alexandra David-Neel est née là.

Louis David n'était pourtant ni un père indigne ni un exalté. C'était un personnage mélancolique, refermé sur lui-même, un idéaliste chez qui, avec les années, s'était développé un sentiment de méfiance et d'éloignement à l'égard de l'humanité tout entière. Le portrait de lui que sa fille avait conservé[2] montre un homme accablé d'une profonde et incurable tristesse ; il est vrai qu'il date certainement des dernières années de sa vie. Louis-Pierre David descendait d'une famille qui, depuis des siècles, avait subi les plus dures et les plus continues des persécutions religieuses. Ses ancêtres lointains étaient des Montalbanais « qui, avant d'être huguenots, furent des Albigeois, et bien d'autres choses encore, toujours sur le chemin de ces hérésies ardentes et rudes en l'histoire desquelles ma jeunesse s'est complue[3] », devait écrire sa fille. Il est arrivé à Alexandra de dire : « Mon ancêtre, le roi David », mais ce n'était là qu'une plaisanterie. La famille David n'était nullement juive, mais appartenait de très longue date à la bonne bourgeoisie calviniste ; si nous jugeons utile de le signaler, c'est que, sans en donner aucune preuve, et pour cause, un auteur des plus suspects a prétendu

1. Lettre à son mari, datée de Bénarès, 19 mars 1913, publiée dans *Journal de voyage. Lettres à son mari*, Plon, 1975-1976, 2 vol., édité par les soins de M.-M. Peyronnet.
2. Il figure dans les collections de *Samten Dzong*, à Digne.
3. Lettre à son mari, datée de Calcutta, 26 février 1912.

le contraire [1]. Les David avaient même connu leur heure de gloire en la personne de l'illustre Jacques-Louis David qui, ami de Robespierre, joua un rôle très actif à la Convention et y fit preuve du républicanisme le plus intransigeant, avant de devenir le premier peintre de l'Empereur ; régicide et « relaps » [2], Jacques-Louis David dut s'exiler en 1815 à Bruxelles où il mourut le 29 décembre 1825. Il était le cousin du grand-père d'Alexandra David.

Son père, Louis-Pierre David, naquit à Tours, le 6 juillet 1815, de Pierre David et d'Anne-Colombe Ménétrié, qui s'étaient mariés dans cette ville le 27 octobre 1810. Né le 30 avril 1780 à Uncey (Côte-d'Or) de Jean David et de Marguerite Milière [3], Pierre David figure sur l'acte de naissance de son fils avec la mention « militaire absent pour affaire » ; cette « affaire », ce sont les circonstances historiques : les 5 et 6 juillet 1815, l'armée française évacuait Paris, « en rugissant », précise un témoin, et se retirait derrière la Loire, laissant la place aux envahisseurs. Mobilisé, comme tant de Français en cette année désastreuse, Pierre David était instituteur primaire dans l'Indre-et-Loire. Son fils, Louis-Pierre, suivit la même carrière. Diplômé à vingt ans, le 7 septembre 1835, il fut nommé instituteur à Bléré le 1er avril 1836, puis transféré à Neuillé-Pont-Pierre le 30 novembre de la même année. Mais, républicain convaincu, socialiste idéaliste et de surcroît franc-maçon, Louis-Pierre David se jeta bientôt dans la lutte politique. C'était l'époque où se manifestait en France une très vive opposition au gouvernement de Louis-Philippe ; on sait qu'il en résulta une activité considérable de la presse. L.-P. David quitta l'enseignement

1. Jeanne Denys, dans *Alexandra David-Neel au Tibet*, 1972, laquelle prétend démontrer aussi qu'Alexandra n'est jamais allée au Tibet. Ce petit pamphlet d'une évidente mauvaise foi est un curieux témoignage de l'animosité que pouvait susciter auprès de certains Alexandra David-Neel, même après sa mort.

2. Régicide ayant de plus signé, en 1814, les « Actes additionnels de l'Empire ».

3. Tous les renseignements concernant les origines tourangelles de Louis-Pierre David nous ont été aimablement communiqués par M. J. d'Orléans, directeur des archives d'Indre-et-Loire, qui voudra bien trouver ici l'expression de notre gratitude.

pour collaborer au *Courrier de l'Indre-et-Loire* et se fit dans ce journal l'écho du vaste et enthousiaste mouvement d'idées sociales qui devait aboutir à la révolution de 1848. A celle-ci, il prit, semble-t-il, une part active. Louis-Pierre David ne manqua pas d'attirer l'attention de ses lecteurs sur les menées du prince-président, le futur Napoléon III qui, suivant le modèle donné par son oncle, tentait de capter à son profit la révolution. Cette opposition irréductible rapprocha L.-P. David de Victor Hugo et c'est avec lui qu'en janvier 1852 il partit pour l'exil, à la suite du décret d'expulsion pris aussitôt après le coup d'État du 2 décembre. Afin de se distraire, Louis-Pierre David donnait des cours de français aux deux fils du maire de Louvain ; ceux-ci lui présentèrent leur sœur qu'il devait épouser en 1854. Fille adoptive du maire de Louvain, Alexandrine Borkmann était née à Bruxelles le 30 janvier 1832, mais son père, de nationalité néerlandaise, était d'origine norvégienne du côté paternel et sibérienne du côté maternel. Alexandra David-Neel tenait beaucoup à cette ascendance asiatique : elle pouvait parler du « sang mongol » qui coulait dans ses veines. Ainsi, pour elle, s'expliquait son attirance irrésistible pour le lointain Extrême-Orient et son penchant pour le nomadisme. Son grand-père Borkmann mourut en 1835, bien avant sa naissance, et sa grand-mère, une demoiselle Van der Bucken, d'origine néerlandaise, elle aussi, se remaria. Alexandrine Borkmann, qui n'avait que trois ans à la mort de son père, demeura toute sa vie très attachée à sa mère, ainsi qu'à son second mari qu'elle considérait comme son propre père. Elle disposait d'une certaine fortune personnelle qu'elle avait placée en commanditant de gros marchands de tissus bruxellois. Sur le seul portrait que l'on connaisse d'elle [1] elle montre un visage rond aux traits assez épais, une bouche large aux lèvres minces, entourée de rides profondes ; ses yeux, au regard noyé et mélancolique, sont légèrement bridés — héritage peut-être de sa grand-mère paternelle —, sa coiffure aux bandeaux serrés, tirés et assemblés en chignon dénote une bourgeoise rigide, puritaine et probablement avare.

1. Cette photographie fait également partie des collections de *Samten Dzong*.

En 1859, une des premières mesures qui marquèrent les débuts de ce que l'on a appelé l' « Empire libéral » fut l'amnistie pour tous les proscrits de 1852. Si Victor Hugo, devenu le prophète vengeur de Guernesey, ne réagit que par le mépris, Louis David profita de l'occasion pour rentrer en France.

Le 24 octobre 1868, à cinq heures du matin, naissait à Saint-Mandé le premier enfant de ce couple qui, après quatorze ans de vie commune, n'en attendait probablement plus. Il fut déclaré à l'état civil sous les prénoms de Louise Eugénie Alexandrine Marie et baptisé trois jours plus tard en l'église Notre-Dame de Saint-Mandé, car, si Louis David était huguenot, Alexandrine Borkmann, elle, était catholique fervente et n'avait, semble-t-il, souhaité un enfant que pour en faire un prêtre et même, affirmait-elle, un évêque. Elle fut donc fort déçue d'avoir une fille et ne put oublier cette désillusion qu'elle ne rappela que trop souvent à la petite Alexandra, comme si elle l'en tenait pour responsable. Quant à Louis David qui, à l'époque, avait déjà cinquante-trois ans, cette naissance semble l'avoir plus embarrassé que réjoui. Sans doute, il aima sa fille, mais lui manifesta cette affection avec une maladresse qu'Alexandra devait plus tard lui reprocher. En fait, pour l'un comme pour l'autre, l'apparition de cet enfant était survenue beaucoup trop tard. Mme David approchait de la quarantaine et il y avait longtemps déjà que les liens du couple s'étaient singulièrement desserrés. Selon leur fille, les deux époux ne s'entendaient guère et même se détestaient. C'étaient, écrit-elle, « deux statues qui sont restées plus de cinquante ans en face l'une de l'autre aussi étrangères maintenant que le premier jour de leur rencontre, toujours fermées l'une à l'autre, sans aucun lien d'esprit et de cœur[1] ». Cette hostilité ne fit que s'accroître avec les années et allait jusqu'à se manifester, du moins de la part de Mme David, dans des détails sordides. Sa fille raconte qu'elle « en était venue à refuser une taie d'oreiller, ou un mouchoir propre à son père mourant après lui avoir retiré, depuis longtemps déjà, l'usage d'une serviette de table, ce qu'elle devait se refuser à elle-même dans ses

1. Lettre à son mari, datée de Paris, 11 novembre 1904.

dernières années [1] ». Ce n'était d'ailleurs pas souci de manquer, mais pure avarice, puisque « s'empilaient dans les armoires de belles serviettes damassées et les draps de lit en toile de Hollande... dont on ne se servait jamais [2] ». L'opposition des deux conjoints trouvait d'ailleurs aliment dans la différence de religion. Le catholicisme de Mme David était d'autant plus intolérant que son mari était calviniste. Quant à celui-ci, s'il avait accepté que sa fille fût baptisé dans la religion catholique, il n'attendait que l'occasion de prendre sa revanche. Dès que la petite Alexandra fut en âge de faire un choix personnel, elle opta aussitôt pour la religion de son père et reçut le baptême protestant. Et c'est en protestante [3] qu'elle vécut, même quand on dut la placer en pension dans un couvent catholique. Sans doute, comme nous aurons l'occasion de le constater, le protestantisme convenait-il mieux à son tempérament, mais un autre facteur fut certainement plus important dans sa détermination. Alexandra ne pouvait prendre que le parti de son père, car, selon ses propres dires, la déception qu'avait éprouvée Mme David à sa naissance s'était avec les années muée « en rancune et en méchanceté contre l'enfant très innocente de sa déconvenue », et ce d'autant plus que la petite Alexandra ressemblait à son père et ne manquait pas de souligner cette ressemblance. « Tout en moi lui déplaît, comme tout lui déplaisait en mon père. Je suis la fille de l'homme qu'elle n'a pas aimé, je suis sa fille à lui seul, malgré le sang dont elle m'a faite et le lait dont elle m'a nourrie. Je suis un parasite qui a grandi en elle », écrira Alexandra peu après la mort de Louis David, qui aurait dû rapprocher la mère et la fille. Mais, et jusqu'à la fin, elles se considérèrent au mieux comme des « étrangères ».

Alexandra n'avait qu'une peur : ressembler un jour à cette mère détestée, car, lorsqu'elle en parlait, elle ne lui concédait même pas une qualité qui aurait pu faire contrepoids aux côtés négatifs du personnage. Dans un moment de grande dépression, alors qu'elle se sentait vieillir, Alexandra confiait

1. et 2. Lettres à son mari, datées de Bruxelles, 24 août 1905 et de Kum-Bum, 8 janvier 1920.

3. Le mot devait lui plaire.

à ses carnets intimes : « Mes cheveux grisonnent, les rides s'accentuent, ma figure me devient étrangère. Elle prend chaque jour davantage la ressemblance de ma mère. Ce n'est plus moi que je vois dans les glaces, mais son masque à elle, ses traits dont je hais la vulgarité[1]. » Alexandra avait alors trente-neuf ans, c'est-à-dire, à un an près, l'âge où sa mère la mit au monde.

Dans un autre passage des mêmes carnets, elle a noté : « Durant la grossesse dont je suis issue, ma mère occupa ses loisirs à lire Fenimore Cooper. Cette placide personne, très façonnée par son hérédité hollandaise, grosse matrone, aimait les aventures à condition de ne pas les vivre. Mais les lire la passionnait, ainsi, tandis que je me formais dans son sein, courait-elle, en pensée, les savanes et les forêts... Qui pourrait dire si c'est cela, ajouté à une autre hérédité de Vikings, qui m'a, dès mes premiers pas, portée à courir les aventures. »

De l'enfance et de l'adolescence d'Alexandra David-Neel, nous ne savons presque rien, et seulement ce qu'elle-même en a dit, lorsqu'elle se livrait, ce qui était fort rare, à quelques confidences sur son passé. En effet, elle n'aimait guère penser à cette enfance dont elle avait gardé de si sombres souvenirs qui percent de temps en temps, et comme malgré elle, dans ses lettres. Elle avait grandi seule entre deux êtres qui se haïssaient : une mère qui la considérait comme sa rivale, un père vieilli et aigri. Aussi ne pensait-elle qu'à s'enfuir.

Sa première fugue aurait eu lieu quand elle avait deux ans, alors qu'elle passait ses vacances chez sa grand-mère paternelle en Touraine, au cours de l'été 1871. Il est à remarquer que cet épisode se situe quelques semaines après la visite qu'elle avait faite avec son père, en mai, au mur des Fédérés. En 1873, à quatre ou cinq ans, la petite Alexandra décide d'explorer seule le bois de Vincennes. Alertée, la police la

1. Ces carnets, jusqu'à ce jour inédits, font partie des *Archives Alexandra David-Neel* de *Samten Dzong*. Nous avons pu ici largement utiliser les précieuses indications qu'ils contiennent grâce à Marie-Madeleine Peyronnet qui a bien voulu nous les communiquer.

ramène au commissariat de Saint-Mandé, où sa famille vient la rechercher. Cette fois, l'escapade a une cause tout à fait précise : le 26 janvier 1873, il lui est né un petit frère, Louis Jules. On imagine la joie de la mère — et probablement aussi celle de son père — qui voulait un garçon et qui, dix-neuf ans après son mariage, l'obtient enfin. La réaction de la petite fille est, on le devine, tout autre. Dans ses carnets intimes, Alexandra David-Neel a noté qu'assistant à la toilette de son petit frère elle a dit : « Tiens, ça, je ne l'ai pas, moi ! » et que, lorsque le bébé mourut à l'âge de six mois (le 23 juin 1873), enchantée, elle proclama : « De nouveau, tout sera pour moi ! » Sans paraître avoir fait le rapprochement qui pourtant s'impose, Alexandra mentionne qu'à trois ou quatre ans elle s'est jetée « toutes griffes dehors sur le docteur Fauchet, ami de son père, qui avait accouché sa mère ». Une telle réaction est, on le sait, parfaitement naturelle et n'a le plus souvent pas de suite, mais, chez Alexandra, cet incident devait laisser des traces indélébiles. Inconsciemment, l'enfant prit la place de son petit frère, dont la disparition avait dû désespérer ses parents ; elle se conduisit pendant toute sa vie comme un garçon. Rapportant ses premières impressions dans ses carnets, elle a noté : « Les grandes personnes se trompent, nous sommes peut-être des garçons ! » Et surtout, elle en conçut pour le sexe masculin une sorte d'horreur presque pathologique qui se manifestait encore à la fin de sa vie ; lorsqu'un homme avait séjourné dans la pièce où elle se trouvait, Alexandra David-Neel demandait qu'on aère après son départ, car, disait-elle, « l'homme sent la bête[1] ».

Toujours dans ses carnets, Alexandra note que, vers l'âge de quatre ans, il lui est venu cette pensée : « On fait mal aux brins d'herbe en marchant sur la pelouse. » A la même époque, elle disait d'un bel arbre, d'un beau rocher, d'un coucher de soleil particulièrement réussi : « Cela est si beau que ce doit être Dieu. » Ce sentiment panthéiste de « l'âme des choses », Alexandra devait le conserver toute sa vie.

Dans ces mêmes années à peu près, la petite fille vécut un grand amour, le « seul de sa vie », écrira-t-elle, pour l'ami Pelot (Pierrot) du guignol des Champs-Élysées. Et elle fut

1. Anecdote rapportée par Marie-Madeleine Peyronnet.

très déçue de ne point le retrouver à Bruxelles. En 1874, la famille David quitte Saint-Mandé et part s'installer dans cette ville. Pour la seconde fois, Louis David s'éloigne de France, mais de son plein gré et définitivement. La raison avouée de ce départ est que Mme David voulait retourner auprès de sa mère ; il est très vraisemblable que cette décision était en rapport avec son deuil. A Bruxelles, les David s'installent au 105, rue Faider, dans une grande maison. Une serre est attenante à la salle à manger : c'est là qu'Alexandra a son coin, où elle découvrira avec émerveillement Jules Verne et ses *Aventures extraordinaires,* s'identifiant avec ces héros que plus tard elle imitera. Si forte même sera cette influence que, parvenue enfin à Lhassa, Alexandra David-Neel écrira victorieuse, cinquante ans plus tard : « J'ai réussi aussi complètement que le plus exigeant eût pu le rêver un voyage dont le pittoresque dépasse de beaucoup celui des voyages inventés par Jules Verne [1]... »

Quant à ses relations avec ses parents, il est clair qu'elles ne sont pas meilleures. En effet, Alexandra note dans ses carnets : « Les grandes personnes mentent toujours. » Cependant elle s'entend bien avec son père, mais seulement quand elle est seule avec lui, au cours de ces longues promenades qu'ils peuvent faire ensemble maintenant qu'elle a grandi, dans les bois des environs de Bruxelles. Le baptême protestant qu'elle a reçu au moment où elle entrait dans un pensionnat calviniste les a d'ailleurs rapprochés. Mais, trois ans plus tard, sa mère l'en retira pour la placer au couvent du « Bois fleuri ». Le prétexte en fut une crise d'anémie légère que, de l'avis de Mme David, pouvait seul combattre efficacement le régime du « Bois fleuri », « où l'on gavait consciencieusement les fillettes sept fois par jour de crainte que, selon l'expression belge, elles ne " se sentissent faibles " [2] ». Néanmoins, la petite Alexandra, qui avait alors dix ans, persista dans sa foi calviniste et, comme « hérétique », elle se trouva dispensée de l'assistance aux offices. Sa curiosité pour les choses de la religion n'en était que plus vive

1. Lettre de Gyantzé, Tibet, début mai 1924.
2. *Le Sortilège du mystère,* livre de souvenirs qui fut publié à titre posthume par les soins de M.-M. Peyronnet (Plon, 1972).

et c'est alors qu'elle eut, à douze ans, l'entretien rapporté dans *le Sortilège du mystère*[1] avec une autre « hérétique », de deux ans son aînée, qui était américaine et lisait la Bible en anglais :

« Comment comprends-tu la Trinité, les trois personnes qui n'en font qu'une ?

— *Ils* disent que c'est un mystère...

— Pas tellement un mystère, puisqu'*ils* ont découvert qu'il y a trois personnes.

— Je crois qu'en Amérique, il y a des gens qui disent qu'il n'y a pas trois personnes, mais une seule.

— Eh bien ! je vais te dire, le même homme porte différents noms suivant les différentes choses qu'il fait ; il est un promeneur quand il se promène, il est un voyageur quand il voyage, un orateur quand il prononce un discours... tu vois ?... Le Verbe, ce n'est certainement pas les verbes qui sont dans les livres de grammaire...

— Non, certes ! Il est dit dans saint Jean : *the World, la Parole.*

— Quand Dieu parle, il est le Verbe.

— Et le Saint-Esprit ? interroge l'aînée.

— C'est quand Dieu pense... »

Ainsi donc, les circonstances mêmes de son enfance amenèrent Alexandra David à une sorte d'examen critique du christianisme, à partir de la constatation des divergences doctrinales qui existaient en son sein, examen qui devait nécessairement engendrer un scepticisme, lequel se transforma en un éloignement définitif. Pourtant, son tempérament profondément religieux et son vif intérêt pour la métaphysique n'en furent aucunement altérés et, très tôt, la jeune Alexandra chercha ailleurs les réponses que le christianisme, pour elle dévalorisé, ne pouvait plus lui fournir. « Tout enfant, écrit-elle dans *le Sortilège du mystère*, j'ai eu la curiosité des croyances religieuses. Je ne doutais pas qu'elles ne fussent d'une importance indiscutablement primordiale. Il me fallait les inventorier, en trouver le sens, en discuter en moi-même le bien-fondé[2]. » Elle ajoute, mi-figue mi-raisin :

1. *Le Sortilège du mystère.*
2. *Idem*, p. 25.

« Ceux qui croient aux réincarnations successives d'une même entité spirituelle, d'un même ego, pourront imaginer qu'en ma petite personne revivait un vieux théologien qui, en punition de quelque faute, avait mérité la fameuse déchéance d'une réincarnation féminine. » Et l'on peut se demander si, au fond, elle n'y croyait pas un peu elle-même.

A cette époque, une circonstance fortuite lui permit de fréquenter un couvent plus austère, le Carmel, où se rendait la gouvernante qui régissait la maison de ses parents. Alexandra avait, nous dit-elle, « plus d'une fois rêvé de ces grandes trouées barrées de grilles et d'impénétrable nuit » qui s'étendaient par-delà la clôture. Finalement, la gouvernante y prit le voile et la fillette lui rendit visite de temps en temps, jusqu'au jour où elle fut admise derrière cette clôture qui l'avait fascinée, mais « l'envers de cette frontière d'ombre » perdit tout aussitôt sa magie et se révéla banal, même vulgaire. Profondément désillusionnée, la jeune Alexandra ralentit ses visites et finit par ne plus venir.

A quinze ans, Alexandra David tente sa troisième fugue et, cette fois, la réussit : « Je profitais pour m'esquiver de la liberté plus grande dont je jouissais pendant une villégiature au bord de la mer du Nord[1] et, durant quelques jours, je parcourus à pied la côte belge, passai en Hollande et m'y embarquai pour l'Angleterre. Je ne rentrai qu'après avoir épuisé le contenu de ma bourse de fillette[2]. » Et elle enchaîne immédiatement : « Deux années s'écoulèrent encore. Devenue une jeune fille avisée, je préparai longuement et avec soin le plan de ma troisième fugue. Un train m'amena en Suisse, je traversai le Saint-Gothard à pied et gagnai l'Italie. » Ailleurs, elle précisera que, munie d'une canne ferrée, d'un imperméable et d'une édition de poche des *Maximes* d'Épictète, elle s'en allait visiter les lacs italiens. Sa mère vint la chercher sur les bords du lac Majeur et la ramena à Bruxelles. Alors Alexandra commente, victorieuse : « Me punir eût été difficile : je n'offrais guère de prise. Les privations, quelles

1. Il s'agissait vraisemblablement d'Ostende, où la famille David séjournait tous les ans durant l'été.

2. *Sous des nuées d'orage*, pp. 1 et 2.

qu'elles fussent, me laissaient insensible. J'étais, jusqu'à un point extrême qui scandalisait et irritait ma famille, dénuée de coquetterie... et je méprisais le confort. Dès avant d'avoir atteint ma quinzième année, je m'étais, aussi, exercée secrètement à un bon nombre d'austérités extravagantes : jeûnes et tortures corporelles dont j'avais puisé les recettes dans certaines biographies de saints ascètes trouvées dans la bibliothèque d'une de mes parentes... » Dès l'adolescence, Alexandra prit l'habitude de se passer de nourriture et de coucher sur un lit de planches, ce qui devait lui être fort utile plus tard quand elle se mit à courir le monde.

Ce goût des austérités, ce culte des hommes exceptionnels qui conquirent la parfaite maîtrise de leur corps, ainsi que les pouvoirs qui y sont traditionnellement attachés devaient engendrer par la suite le projet d'un livre qu'elle n'écrira pas, mais qui nous intéresse dans la mesure où il est le premier qu'elle ait conçu, en 1900. Alexandra l'intitulait : *les Saints modernes. Ermites-thaumaturges-philosophes* et pensait le consacrer à ceux que, au cours de ses déplacements, elle avait déjà, bien avant son voyage au Tibet, assidûment fréquentés.

Enfin, en 1888, Alexandra David s'embarque à Flessingue, en Hollande, pour l'Angleterre. Elle a vingt ans et fait à Bruxelles des études d'infirmière ; elle a même pensé choisir la carrière médicale, mais sa mère, d'un mot, avait mis à mal ce projet : « Vous voulez être médecin ? Mais les hommes eux-mêmes n'y connaissant rien, alors pensez, une femme ! » Fort heureusement, la jeune fille a un allié qui l'encourage à la résistance, un ami de son père, comme lui d'origine calviniste et comme lui socialiste idéaliste, Élisée Reclus [1], l'illustre géographe. Élisée Reclus n'était pas seulement un savant et un penseur ; républicain fervent, il s'était lancé dans la politique active avec son frère aîné Élie, qui fut aussi son collaborateur. Comme Louis David, Élie avait été proscrit à la suite du coup d'État du 2 décembre 1851, qu'Élisée n'avait même pas attendu pour quitter la France. Les deux frères

1. Fils de pasteur, Élisée Reclus avait fait ses études à la faculté protestante de Montauban, d'où la famille David tirait sa lointaine origine.

s'étaient retrouvés à Paris, pendant la Commune, au sein de laquelle ils jouèrent chacun leur rôle. Tandis qu'Élie devenait directeur de la Bibliothèque nationale, Élisée faisait le coup de feu comme simple garde national. Ayant échappé aux Versaillais qui les avaient condamnés, les deux Reclus vécurent ensuite en exil, d'abord en Suisse, puis à Bruxelles, où ils retrouvèrent Louis David. C'est à Bruxelles qu'Élisée composa la magistrale *Géographie universelle* (1875-1894), qui lui valut de professer à l'université nouvelle de Bruxelles où, de son côté, Élie enseignait l'histoire des religions et l'ethnographie[1]. Au contact des frères Reclus, la jeune Alexandra acquit les bases solides des disciplines qui l'intéressaient. Elle apprit d'eux aussi bien d'autres choses. Élie Reclus s'occupait à Bruxelles du journal des exilés français, *la Rive gauche ;* plus extrémiste, Élisée collaborait aux publications anarchistes et y faisait figure de théoricien ; il défendait l'union libre et la « reprise individuelle », c'est-à-dire le vol à des fins politiques, mais par souci de rectitude logique, de justice sociale, et non sans un certain puritanisme — que Kropotkine, d'ailleurs, lui reprochait — et qu'il tenait en partie de ses origines calvinistes.

Malgré la grande différence d'âge — Élisée Reclus avait cinquante-huit ans quand Alexandra en avait vingt —, une même indépendance intransigeante, un même souci de rigueur et nombre d'idées communes lièrent l'anarchiste vieillissant et la jeune fille d'une vive amitié. Pour Alexandra, Reclus fut ce que son père n'avait pas su, ou pas pu être, un guide sûr, mais aussi un compagnon plein de ferveur et d'enthousiasme. Dans la brochure *Pour la Vie,* le premier écrit qu'ait publié Alexandra, elle apparaît comme la digne héritière d'Élisée Reclus qui, du reste, préfaça l'opuscule. Elle lui demeura fidèle jusqu'à sa mort survenue en 1905. L'année précédente, aussitôt après l'enterrement de son père, Alexandra s'était réfugiée pour quelques jours auprès d'Élisée Reclus.

C'est précisément dans le petit jardin de Reclus, à Ixelles, que fut prise une des très rares photographies qui soient parvenues jusqu'à nous d'Alexandra David jeune fille, et

1. A cette même université, Alexandra fit un cours en 1910.

c'est peut-être la seule où elle sourit ; mais ce sourire est plein de mélancolie et si les yeux sont tournés vers l'appareil, ils regardent cependant ailleurs. Alexandra mesurait alors un mètre cinquante-six, taille qu'elle ne dépassera pas. Elle était donc petite, avec une nette tendance à l'embonpoint, que sa sobriété empêchera de se développer.

A vingt ans, à force d'obstination, elle a déjà conquis une certaine indépendance. Elle a obtenu de partir seule pour l'Angleterre, afin de s'y perfectionner en anglais. Là, elle doit retrouver Margot, son amie de pension, et surtout une certaine Mrs Morgan, adepte de la « Gnose suprême » : Margot lui ayant communiqué les revues que publiait cette association. La « Gnose suprême », n'était-ce pas précisément ce qu'elle cherchait ? Dès l'adolescence, avec ce goût du mystère, du caché, si impérieux à cet âge, elle s'était tournée vers « l'histoire et les doctrines des sectes gnostiques » ; n'allait-elle pas enfin y être initiée ?

Toujours est-il qu'elle éprouva alors, juste avant son départ, des sensations encore inconnues — mais qu'elle devait plus tard retrouver — dont elle ne se souvenait pas sans émotion, quand, à près de cent ans, elle décida de les confier enfin au papier : « Le bateau partant dans la matinée, je devais passer la nuit à Flessingue et, comme l'heure de me coucher ne me semblait pas encore venue, je me promenais le long des quais. Il ne faisait pas tout à fait nuit, les formes n'étaient encore qu'enveloppées d'un voile d'ombre qui allait s'épaissir progressivement. Seuls, de rares passants se hâtant vers leurs demeures surgissaient de temps à autre de l'obscurité pour s'y renfoncer l'instant suivant. Une paix ineffable s'était répandue en moi, je me sentais merveilleusement seule. De tous ceux qui me connaissent, pensais-je, aucun ne sait que je suis ici, sur ce quai, en Hollande, et si je mourais à ce moment, personne ne saurait qui je suis. Cette solitude, que j'imaginais absolue, répandait en moi des vagues de félicité. Les transports les plus exaltés des mystiques peuvent-ils égaler cet état de calme infini dans lequel toute agitation physique ou mentale a disparu et où la vie coule sans heurts, sans se fragmenter en sensations ou en idées, sans autre goût que celui de l'existence[1] ? »

A Londres, Mrs Morgan lui avait trouvé une chambre dans le club réservé aux membres de la Gnose suprême. Il suffisait pour cela d'adhérer au dessein de cette société : la formation d'une confraternité de personnes s'adonnant à l'étude des différentes religions et philosophies, plus spécialement celle de l'Orient. Ce sont là exactement les conditions d'adhésion à la Société théosophique, mais d'après le récit d'Alexandra, la Gnose suprême n'en était qu'une assez pâle et ridicule imitation ; finalement, c'est avec les adeptes de la Société qu'elle se lia, par l'entremise de Mrs Morgan.

La Société théosophique avait été fondée treize ans plus tôt à New York par le colonel américain Henry Steele Olcott et par Hélène Petrovna Blavatsky, laquelle était fort loin d'être un personnage banal. Née en 1831 en Russie, dans une famille qui appartenait à la haute noblesse, on l'avait mariée à dix-sept ans à un vieillard, le général Nicéphore Blavatsky, vice-gouverneur de la province d'Erivan. Trois mois après son mariage, elle s'était enfuie et avait commencé une longue suite d'errances qui la conduisirent en Inde, où elle séjourna pendant une dizaine d'années. Au départ, la Société théosophique était destinée à répandre un enseignement secret que Mme Blavastky disait tenir des maîtres mystérieux qu'elle aurait rencontrés dans les Himalayas et au Tibet et qui seraient restés avec elle en communication télépathique permanente. Ces « surhommes omniscients » dirigeaient de loin et par personnes interposées les destinées de l'espèce humaine. C'était là une résurgence des légendes traditionnelles concernant le « Roi du monde » et le centre initiatique désigné sous le nom d' « Agartha », dont l'occultiste français Saint-Yves d'Alveydre (1842-1909) devait donner une description dans *Mission en Inde*[2].

Ayant décidé que le centre de la Société théosophique ne pouvait se situer qu'en Inde, Hélène Blavatsky s'y rendit en 1878 et, en 1882, l'établit à Adyar, près de Madras. En 1885,

1. *Le Sortilège du mystère*, pp. 19-20.
2. Ouvrage qu'il n'osa publier de son vivant et qui ne fut imprimé qu'en 1910, après sa mort.

Mme Blavatsky, laissant la direction du centre au colonel Olcott, rentra en Europe, à Londres, pour y diriger le mouvement et y composer ses grands ouvrages théoriques, dont la fameuse *Doctrine secrète* publiée en 1888. L'année suivante, la Société fit une précieuse recrue en la personne d'Annie Besant qui, par la suite, devait y jouer un rôle de tout premier plan. Née en 1847, libre penseur et agnostique militante dans sa jeunesse, elle devint aussitôt un des membres les plus influents de la section européenne que présidait Mme Blavatsky. Après la mort de celle-ci, en 1891, Annie Besant se révéla très vite comme une dirigeante hors pair et, quelques années plus tard, fut reconnue comme le véritable chef de la Société qui, sous sa direction, prit une extraordinaire ampleur, surtout en Inde où Annie Besant vint s'installer en 1893. Sous l'impulsion de celle qui, dès son arrivée, avait proclamé : « L'action à poursuivre en Inde est avant tout de revitaliser, de renforcer, de remettre à l'honneur les anciennes religions. Cela apporte un nouveau sens du respect de soi-même, une fierté du passé, une foi dans l'avenir, et inévitablement un renouveau du patriotisme, le début de la reconstruction d'une nation », la Société exerça une grande influence sur le renouveau spirituel et même politique de l'Inde. Mme Besant non seulement fonda à Bénarès une école destinée à l'étude des traditions — et qui devait former le noyau de la célèbre université hindoue de Bénarès — mais, en 1917, elle a présidé le Congrès national, le grand parti qui militait activement pour l'indépendance[1].

Prétendument inspiré par des maîtres invisibles, l'enseignement diffusé par la Société théosophique était, en fait, un amalgame des doctrines hindoues traditionnelles — principalement du yoga — et du courant occultiste et spirite, moderne et proprement occidental. Il en résultait que, si les pratiques hindoues y jouaient un très grand rôle, elles y étaient en quelque manière détournées de leur sens originel et récupérées par le « matérialisme anglo-saxon[2] ». En effet, ce à quoi aspiraient les adeptes de la Société qui croyaient à la

1. Annie Besant est morte à Adyar en 1933, à l'âge de quatre-vingt-six ans.
2. Keyserling : *Journal de voyage d'un philosophe*, t. I, p. 69.

doctrine des réincarnations n'était nullement à sortir du cercle des renaissances successives, à s'en libérer, mais, bien au contraire, à s'élever graduellement, de vie en vie, dans l'échelle des êtres. Cela en acquérant les pouvoirs supranormaux que dans le yoga on appelle les *siddhis* et contre lesquels on met en garde les pratiquants ; au contraire, pour les théosophes, leur acquisition était indispensable, puisqu'ils constitueront le principal caractère distinctif de cette « race nouvelle », créatrice de la grande civilisation universelle de l'avenir, dont les théosophes prétendaient représenter l'avant-garde. En dépit de l'extravagance de ses dirigeants qui, à commencer par Mme Blavatsky elle-même, allèrent souvent jusqu'à la mystification et même jusqu'à l'imposture, la Société donna un grand élan et une audience inattendue aux différents mouvements spirituels qui, en Inde même, témoignaient d'un incontestable renouveau. Si tous finirent par la renier, à cause de ces déviations inacceptables, l'influence de la Société n'en est pas moins encore discernable, entre autres, sur l'ashram de Sri Aurobindo, à Pondichéry, et même sur la pensée de ce maître. Par exemple, il est certain que le personnage de « la Mère » — que nous retrouverons — s'inspira beaucoup, sans les mentionner, de ceux que jouèrent Hélène Blavatsky et Annie Besant [1].

En Occident, l'influence de la Société théosophique, à laquelle adhérèrent, au moins pour un temps, nombre d'esprits éminents, fut tout aussi importante. Elle attira l'attention sur la valeur de ces doctrines orientales qu'elle prétendait réactualiser. Mais cette prétention même indique les limites de son influence. Comme le note avec beaucoup d'objectivité Alain Daniélou : « Toutefois l'attrait que l'Orient exerçait sur Mme Blavatsky et sur la plupart des membres de la Société était plutôt de nature occultiste et magique. C'était le " mystérieux Orient ". Au lieu de servir de lien, la Société théosophique a été un grand obstacle aux contacts des Occidentaux sérieux avec la philosophie et la religion hindoues [2]. »

1. Il serait curieux et instructif de relever les traces de la Société dans l'œuvre de Sri Aurobindo et de la Mère, ce qui n'a pas encore été fait.
2. Alain Daniélou : *Histoire de l'Inde*, Fayard, Paris, 1972, p. 338.

Tout cela permet de comprendre l'attitude qu'eut pendant toute sa vie Alexandra David-Neel à l'égard de la Société, sur laquelle elle ne s'expliqua nettement que dans le dernier livre qu'elle ait écrit, *le Sortilège du mystère* : « La Société théosophique proposait un enseignement que ses fondateurs disaient tenir de mystérieux personnages habitant les Himalayas ou le Tibet, mais elle n'exigeait de ses membres aucune adhésion ; elle ne visait, ouvertement, qu'à réunir par des liens confraternels des hommes et des femmes s'intéressant plus ou moins directement aux philosophies orientales. Que cet excellent programme ait toujours été strictement suivi, voilà ce que je n'oserais affirmer. Les doctrines orientales ont toujours attiré un nombreux public d'ignorants en quête de miracles saugrenus, et déséquilibrés ou extravagants n'ont pas manqué d'émailler les annales de la Société d'incidents pittoresques. » Alexandra, quant à elle, s'en tint au programme officiellement promulgué. Elle ne fit jamais partie de ce « cercle intérieur [1] » de cette section ésotérique qui regroupait les initiés et avait « un système religieux particulier [2] ». En revanche, elle ne manqua pas de se servir des facilités que la Société mettait à la disposition de tous ses membres, et particulièrement de ceux qui se rendaient en Orient : logements confortables, bibliothèques bien fournies — d'ouvrages qu'on n'eût pu se procurer ailleurs —, enfin introductions auprès des différentes sectes hindouistes et bouddhistes qui entretinrent, au début tout au moins, d'excellentes relations avec la Société.

En tout cas, en 1889, lors du séjour d'Alexandra David en Angleterre, la Société était l'une des seules voies d'accès à ces doctrines orientales vers lesquelles la jeune fille se sentait tant attirée. Bien qu'elle n'en ait pas parlé, il est probable qu'Alexandra rencontra à Londres sinon H.-P. Blavatsky, laquelle devait y mourir deux ans plus tard, du moins quelques-uns de ses proches. Que cette rencontre ait eu lieu

1. H.-P. Blavatsky : *la Clef de la théosophie*, p. 86.
2. Il faudra bien quelque jour étudier le rôle capital joué par ces trois générations de femmes « maîtres spirituels » : H.-P. Blavatsky (1831-1891), Annie Besant (1847-1933) et Mira Alfassa (1877-1973), dite « la Mère », en excluant d'ailleurs Alexandra David-Neel qui se refusa toujours à jouer un tel rôle.

ou non, un personnage tel que Mme Blavatsky ne pouvait manquer de fasciner la jeune fille. L'audace dont fit constamment preuve cette femme exceptionnelle, son indépendance d'esprit, sa curiosité et plus encore, peut-être, l'autorité qu'elle avait su imposer même à des hommes faisaient d'elle, pour Alexandra, une sorte de modèle, mais un modèle qu'il convenait, somme toute, de dépasser. Et, en effet, tout se passa par la suite comme si Alexandra avait voulu réaliser ce que Mme Blavatsky avait seulement prétendu faire ; elle se rendra réellement au Tibet, elle y rencontrera effectivement des maîtres et récoltera auprès d'eux de véritables « enseignements secrets ».

A l'époque du séjour londonien d'Alexandra, la doctrine officielle de la Société théosophique se présentait comme un « bouddhisme ésotérique », appellation assurément trompeuse, car les quelques éléments bouddhistes incorporés dans la doctrine étaient contredits par la présence, dans celle-ci, de points de vue totalement inadmissibles pour un bouddhiste, mais que certaines circonstances semblaient en partie justifier. En effet, la Société prétendait revivifier le bouddhisme comme elle affirmait le faire pour l'hindouisme.

En 1890, Mme Blavatsky écrivait : « A Ceylan, nous avons rappelé à la vie et commencé à purifier le bouddhisme ; nous avons établi des écoles supérieures, pris à peu près une cinquantaine d'écoles de moindre importance sous notre surveillance[1]. » Dès 1881, le colonel Olcott, l'un des deux fondateurs de la Société, avait poussé l'inconscience jusqu'à publier un *Catéchisme bouddhique*, dans lequel il tentait de définir les éléments communs, et prétendument originels, des différentes écoles bouddhistes. Quelques années plus tard, Olcott devait même se vanter, à la suite de ses voyages au Japon et en Birmanie, d'avoir réconcilié l'Église du Nord *(Mahâyâna)* et l'Église du Sud *(Théravada)*. Son *Catéchisme* fut revêtu de l'approbation du Révérend H. Sumangala, principal du collège *Vidyodaya Parivena* de Colombo, et qui s'intitulait pour la circonstance « grand prêtre de l'Église bouddhique du Sud » ; c'est sous les auspices de la Société que fut créé le *Mahâ-Bodhi Samaj* (Société de la Grande

1. *Lotus bleu*, 7 octobre 1890.

Sagesse) de Colombo qu représenta, au Con Chicago en 1893, l' naire laïque de la *Ma* en contact très étroit av représenter à son tour la pensée qui se tint à Bruxe *amaj* avait deux sièges principa autre à Calcutta, et un « quartier ath, près de Bénarès, là même où le Bo nça son premier discours après son Éveil, dans des Gazelles.

Même après avoir adhéré au bouddhisme du Nord, Alexandra David-Neel ne renia nullement la *Mahâ-Bodhi*, puisque c'est dans le temple de celle-ci à Sarnath qu'eut lieu la brève cérémonie qui, le 28 février 1973, précéda l'immersion de ses cendres dans le Gange, ainsi qu'elle l'avait souhaité.

Quelles que fussent les réserves intimes qu'elle ne put manquer de faire, à Londres, Alexandra David avait fréquenté avec sympathie d' « extravagants spécimens d'humanité », qui avaient au moins le mérite de chercher comme elle et celui, non moindre, d'être autrement pittoresques que ces gens éminemment raisonnables et formalistes qui constituaient cette famille qu'elle fuyait. Ce sont des personnages du même acabit qu'elle retrouva à Paris, quand elle s'y rendit afin d'y poursuivre ses études. Grâce à la recommandation de Mrs. Morgan, elle put prendre pension au siège de la branche française de la Société théosophique, sans toutefois participer aux activités de ses membres qui lui semblèrent singulièrement puériles. Dans *le Sortilège du mystère*, elle donne un portrait fort divertissant du secrétaire de la branche française qui lui donna l'hospitalité. Celui qu'elle appelle M. Jourdan se nommait en fait Arthur Arnould. Lui aussi avait joué un rôle important dans la Commune. Réfugié en Suisse, il était en relation avec Vallès, Bakounine et les frères Reclus, et c'est à Bruxelles qu'avait été publiée en 1878 son *Histoire populaire et parlementaire de la Commune de Paris* qu'avait certainement lue Alexandra. Rentré en France, à la suite de l'amnistie des Communards en 1880, Arnould, sous le réédition, comme s'il s'agissait du testament qu'elle souhaitait laisser[1].

Cet opuscule, Alexandra David le signa du pseudonyme d'Alexandra Myrial, sous lequel elle se proposait de publier articles et livres, car il lui fallait maintenant assurer sa propre subsistance. Jusqu'alors, ses parents, rentiers aisés, avaient subvenu à ses besoins qui étaient, comme elle devait le démontrer par la suite, extrêmement modestes : la jeune fille était d'une sobriété exemplaire, sa mère lui reprochait son absence de toute coquetterie, enfin elle ne sortait jamais, ses seules dépenses concernant ses études. Mais, vers 1893, donc à son retour de l'Inde, ses parents cessèrent d'être en mesure de l'aider, Louis David « ayant fait en Bourse de mauvais placements[2] ». Étant donné la date, M. David fut vraisemblablement une des innombrables victimes du scandale de Panama qui ruina tant de rentiers français.

Toujours est-il qu'à vingt-cinq ans Alexandra David se trouva devant la nécessité de gagner sa vie. Elle pensa tout d'abord qu'elle pourrait s'en tirer en proposant sa collaboration aux journaux et revues. Fille de journaliste et élevée dans le milieu des exilés bruxellois qui avait de multiples activités dans la presse, elle était toute préparée à cette tâche ; elle écrivait avec facilité et avait acquis une culture étendue ; surtout, comme le montre *Pour la Vie*, elle avait nettement pris position sur certains problèmes essentiels : libertaire, quelque peu anarchisante, ardemment féministe, elle avait son mot à dire dans le courant de l'actualité. A Paris, elle s'était fait de nombreuses relations dans les milieux les plus divers, mais tout particulièrement dans ceux qui étaient plus ou moins en contact avec la Société théosophique. C'est ainsi qu'elle fréquenta le salon de la duchesse de Pomar, une des célébrités de l'époque, chez qui se réunissait une assistance des plus variées.

1. Cette révision a été datée par elle du 19 mars 1969 ; elle mourut le 5 septembre de la même année. Conformément à ses intentions, *Pour la Vie* fut republié par les soins de Marie-Madeleine Peyronnet, l'année même qui suivit la mort d'Alexandra David-Neel, dans *En Chine*, Plon, 1970.

2. *Journal de voyage*, t. I, p. 23, note de M.-M. Peyronnet, d'après les indications fournies par Alexandra David-Neel elle-même.

Fille d'un riche commerçant espagnol établi à Londres, Maria Marategui (1830-1895) avait épousé successivement le duc de Pomar, puis le comte de Caithness ; devenue veuve, elle s'était établie à Paris, où elle avait fondé de sa propre autorité une prétendue filiale de la Société théosophique, la Société théosophique d'Orient et d'Occident, dont elle s'était nommée présidente, ce qui ne l'empêchait pas de recevoir Annie Besant qui séjourna chez elle en 1894. La duchesse de Pomar vouait un culte personnel à Marie Stuart qui « l'avait instituée sa légataire universelle », et l'évoquait au moyen des tables tournantes. Alexandra se rappelait encore avec beaucoup d'amusement ces séances quand elle écrivait *le Sortilège du mystère*. Toutefois, il semble que dans de telles fréquentations entrait, plus encore que de la curiosité, le souci de se faire connaître de ceux qui, en ce moment difficile, pourraient l'aider. Mais, inconnue encore et nettement marquée par ses idées très avancées, Alexandra David ne pouvait guère collaborer qu'à de petites feuilles socialistes, anarchisantes ou féministes, ou encore à des revues, comme *le Mercure de France*, fondé par Valette, dont la femme, Rachilde, devint son amie. Mais ces publications ne payaient pas, ou très peu, leurs collaborateurs. Or, ses parents ayant fait de mauvais placements ne pouvaient plus subvenir aux besoins d'Alexandra ; elle se tourna finalement d'un autre côté.

Dès l'enfance, elle avait manifesté de grandes dispositions pour la musique. A Paris, tandis qu'elle étudiait le sanskrit et les philosophies orientales, elle avait entrepris parallèlement de sérieuses études musicales. Elle les reprit systématiquement lors de son retour d'Inde. Douée pour le piano, elle possédait une jolie voix de soprano qu'elle cultiva en suivant les cours des conservatoires de Bruxelles, puis de Paris, apprenant également la composition et concourant même pour le prix de Rome.

Plusieurs lettres de Massenet, conservées à Samten Dzong et datées de 1896-1897, montrent l'estime que portait à la jeune cantatrice l'illustre compositeur qui y souligne cette phrase : « ... tout l'intérêt que je porte à une artiste aussi convaincue et intelligente que vous l'êtes... », et qui lui confiera le rôle de Manon. Enfin, après bien des démarches et quelques tournées d'essai dans les théâtres de province, Alexandra obtient un engagement de première chanteuse aux Opéras de Hanoi et de Haiphong. Selon ses carnets intimes, elle se trouvait à Hanoi le 30 mars 1895 ; c'est probablement alors que tout s'est décidé. A son retour, sa mère d'ordinaire si froide, l'accueille en s'écriant : « Je te salue, grande artiste ! »

Dès la fin de l'automne 1895, la cantatrice peut envoyer de Hanoi des comptes rendus de presse extrêmement louangeurs. Son interprétation de *la Traviata* lui a valu un triomphe, ce qui fait jubiler son père. Elle joue dans *Les Noces de Jeannette*, *Mireille*, *Lakmé*, *Thaïs*, et fait preuve d'une grande conscience professionnelle, allant jusqu'à demander à Frédéric Mistral des conseils sur les costumes qu'elle devra porter dans *Mireille*.

Quelques années plus tard, Alexandra évoquera le souvenir de ses tournées dans un roman, *le Grand Art*, dont les deux sous-titres précisent : *Mœurs de théâtre* et *Journal d'une actrice*. Elle renoncera à le publier quand elle sera devenue Madame Philippe Neel, en raison, note-t-elle dans ses carnets, de certains détails « trop autobiographiques ». Ce manuscrit, mis alors de côté, ne fut retrouvé qu'après sa mort. Mais s'agit-il vraiment d'un récit fidèle de ses exploits indochinois ? Sans doute, l'héroïne du roman, Cécile, chante-t-elle à Hanoi et, sans sa récente expérience, Alexandra n'aurait pu écrire *le Grand Art*, qui, plus qu'une confidence, est un reportage romancé et ne doit donc être utilisé en tant que document biographique qu'avec une extrême prudence.

A son retour en France, Alexandra Myrial s'aperçoit non sans déception que ses fugitifs succès exotiques n'impressionnent guère Carvalho, le directeur de l'Opéra-Comique, malgré la chaude recommandation de Massenet. Les conditions qu'il lui propose sont tellement dérisoires que la cantatrice se voit réduite à honorer de médiocres contrats à Besançon et à Poitiers. Mais ces années difficiles furent éclairées par une présence à ses côtés, celle de Jean Haustont avec qui elle vécut pendant presque trois ans. Alexandra avait connu, « par l'intermédiaire de la Société théosophique », ce compositeur qui par la suite vivra en Chine. Qu'y avait-il entre eux ?

Des goûts communs, une compréhension mutuelle, de la tendresse, mais peut-être pas davantage, tout au moins si l'on se réfère aux claires allusions du *Grand Art*. Toujours est-il que le couple a habité à Paris, 3 rue Niccolo, sous le nom de M. et Mme Jean Myrial, de 1897 à 1900. Mieux, Haustont est allé retrouver à plusieurs reprises Alexandra à Tunis et même y a séjourné de juin à août 1902, sans, apparemment, susciter la jalousie de Philippe Neel, sans doute parce que celui-ci savait qu'il n'y avait entre eux que de l'amitié. En tout cas, Alexandra demeurera fidèle au souvenir de Jean qu'elle mentionne de temps en temps dans ses carnets.

De novembre 1899 à janvier 1900, Alexandra Myrial est en tournée à l'Opéra d'Athènes. En juillet 1900, elle est engagée à l'Opéra municipal de Tunis. Mais, cette carrière, elle la sait provisoire, et ses vrais intérêts sont ailleurs. Par exemple, elle profite de son séjour à Athènes pour parcourir la Grèce, comme toujours en quête de maîtres spirituels. C'est ainsi qu'elle mentionne dans le projet de livre qu'elle ébauche l'année suivante « l'ermite de Morée, l'ermite du Péloponnèse, le solitaire du Likabetta[1] », qu'elle s'apprête à citer en compagnie du « Holy Man of Bénarès » — en qui il faut certainement reconnaître swâmi Bashkarânanda —, du « fakir d'Amber[2] », des « solitaires annamites et chinois », enfin des « sages des montagnes coréennes[3] ». Cette table des matières d'un livre qui ne fut jamais écrit est pour nous fort intéressante, puisqu'elle nous montre ce que recherchait Alexandra au cours de ses voyages et aussi que son installation, en 1914, auprès de l'ermite de Lachen à la frontière tibétaine avait eu de lointains antécédents. A la même époque (1900), Alexandra mentionne dans ses *Carnets* un autre projet de livre consacré à « la femme dans l'amour et le mariage », où sera particulièrement développé « la lutte entre les sexes », sujet qui, assurément, lui tenait à cœur en tant que

1. Il s'agit du mont Lycabette, à Athènes.
2. Au nord-ouest de l'Inde.
3. Ce qui laisse à penser, puisqu'elle semble ne citer que des personnages qu'elle a personnellement connus, qu'elle se serait rendue également en Corée, lorsqu'elle se trouvait en Extrême-Orient.

féministe militante et dont elle ne se doutait probablement pas qu'il allait devenir peu après d'une brûlante actualité.

Dans le même agenda, où elle expose rapidement ce projet, en date du 17 février 1900, Alexandra note, le 15 septembre : « Hirondelle prima volta. » Ces trois mots énigmatiques dissimulent sa première rencontre avec celui qui devint son mari quatre ans plus tard, car *Hirondelle* était le nom du voilier de celui-ci, ancré dans la rade de Tunis. Philippe Neel avait alors trente-neuf ans, l'âge auquel le père d'Alexandra épousa sa mère. Né le 18 février 1861 à Alais (Alès) dans le Gard, en plein pays camisard, Philippe Neel était lui aussi de souche protestante ; son père, venu en France comme missionnaire méthodiste, avait épousé la fille du pasteur d'Anduze. La famille tirait son origine de Jean Neel le Vieux, compagnon d'armes du duc de Normandie, Guillaume le Conquérant, qui fit de lui un vicomte de Saint-Sauveur ; une partie de la famille Neel avait quitté la France à la suite de la révocation de l'édit de Nantes et avait émigré à Jersey [1]. Philippe Neel était alors ingénieur en chef de la compagnie du chemin de fer Bône-Oulma, qui reliait l'Algérie à la Tunisie. Le seul portrait que nous possédions de lui [2] nous montre ce qu'on appelle d'ordinaire un « bel homme », au port majestueux, un peu raide et même sévère, avec quelque chose de volontairement méphistophélique dans le regard, à la moustache conquérante, aux cheveux frisottés, ce qui lui valut d'être appelé « Mouton [3] » par Alexandra, qui le surnommait également « Mouchy », abréviation du Mamamouchy du *Bourgeois gentilhomme*. Ces vocables, mi-affectueux, mi-railleurs, rendent assez bien compte de l'attitude d'Alexandra David à l'égard de Philippe Neel, car le personnage incontestablement l'attirait, mais, en même temps, la rebutait. Son irritation se traduit dans la correspondance par l'épithète quelque peu méprisante qu'elle lui donne parfois, lorsqu'elle est en colère, de « gnostique fin de siècle ».

1. Précisons ici que la prononciation de ce nom est *Nel* et non *Nil,* et qu'Alexandra écrivait Neel sans accent.

2. Il convient de noter que cette photographie, datée de 1910 environ et publiée dans le *Journal de voyage,* t. I, est donc de dix ans postérieure à leur rencontre.

3. On peut se demander s'il appréciait ce surnom.

Mais n'est-ce pas ce qui les avait rapprochés, tout au moins au départ, puisqu'en sa jeunesse Alexandra s'était sentie très attirée par les enseignements gnostiques ? Cependant, elle s'en était de plus en plus éloignée, surtout depuis qu'elle avait adhéré au bouddhisme. Philippe, lui, en était resté là et y demeurera toute sa vie, d'où les amers reproches qu'elle lui fit par la suite, d'où, aussi, le très réel chagrin qu'elle en éprouva, mais que, par pudeur, elle laisse à peine filtrer dans sa correspondance. Assurément Philippe Neel était un homme cultivé et aussi un musicien amateur ; il jouait du violon et, souvent, lors de leur vie commune, ils interprétèrent ensemble des sonates pour violon et piano.

Que s'est-il passé au cours de ces quatre années qui précédèrent leur mariage en 1904 ? Plusieurs passages de lettres[1] y font allusion. En 1906, alors qu'ils sont mariés depuis deux ans, Alexandra écrit à Philippe : « Oh ! l'épouvantable calvaire que j'ai gravi depuis six ans. Tu ne peux pas t'en faire une idée parce que ce sont là des choses que tu ne saisis point : j'y ai laissé ma santé, j'y laisserai ma raison. Je ne puis, contrainte que je suis par mon éducation religieuse, imaginer que de telles choses restent sans sanction. La raison me dit qu'il convient de m'en prendre plus à moi qu'à autrui et qu'on est *soi* le véritable auteur des maux qui nous viennent d'autrui. Et si ce n'est pas toi le coupable et si c'est moi qui le suis, c'est moi qui dois expier. Il y a dans l'expiation une certaine satisfaction, “ on fait quelque chose ” et vaguement, faussement aussi, l'on se donne le change, on s'imagine avoir supprimé le passé. C'est le christianisme qui nous a fait cette mentalité absurde[2]. » Expier, le mot est fort. Quel crime a-t-elle donc commis ? Beaucoup plus tard, à une époque où leurs relations sont particulièrement tendues, elle lui rappelle l'« épouvantable crise morale qui m'a tenue quatre années et dont tu n'as jamais soupçonné la profondeur et la torturante intensité[3] ». Un an plus tard[4], Alexandra précise, en l'accusant cette fois

1. Voir *Journal de voyage*, t. I.
2. Lettre d'Ealing (Londres) du 25 septembre 1906. C'est A. David-Neel qui souligne le mot *soi*.
3. Lettre de Bénarès, 25 mars 1913.
4. Lettre de Gangtok (Sikkim), 1er juin 1914.

avec une certaine véhémence : « Je croyais... que tu avais songé à ces quatre années passées à La Goulette et durant lesquelles ma raison avait presque sombré. Je croyais que tu t'étais ressouvenu des humiliations calculées que tu m'avais fait subir, de la façon dont tu avais piétiné sur ma délicatesse, abusant de la situation difficile où je me trouvais alors. »

Quelle était donc cette situation ? En 1900, lorsqu'elle rencontre Philippe Neel, Alexandra est encore Mlle Myrial, « première chanteuse d'opéra-comique », et elle est engagée pour la saison au casino de Tunis. C'est donc une actrice, une cantatrice en renom que fréquente alors Philippe Neel ; mieux encore, c'est Manon qu'elle interprète sur la scène. A force d'incarner ce personnage pendant d'innombrables soirées, Alexandra Myrial ne s'est-elle pas laissé imprégner par lui, ne le serait-elle pas, malgré elle, devenue ? A force de jouer la passion sur la scène, n'a-t-elle pas été amenée à la jouer aussi dans la vie ? Le vocabulaire qu'elle emploie dans ses lettres, quand elle évoque cette période, pour elle honteuse, n'est-ce pas justement celui de l'après-passion, le langage de qui s'est laissé prendre au piège. Mais ici c'est, semble-t-il Des Grieux qui fut le séducteur. D'après ce qu'elle laisse entendre, Philippe Neel l'a ensorcelée, il a fait d'elle une victime, une proie. Et tout ce que nous avons dit d'Alexandra, tout ce qui nous reste à dire d'elle nous montre que c'est précisément la situation qu'elle était incapable de supporter. Femme de théâtre, elle l'était, certes, professionnellement, mais elle n'en demeurait pas moins la « femme fière », le défenseur acharné des droits de son sexe, la mystique adepte du bouddhisme, qui considère la passion comme la pire illusion, le pire aveuglement où l'on puisse tomber.

Une lettre, écrite cinq mois seulement avant sa rencontre avec Philippe Neel, laisse fuser un singulier éclairage sur ce qu'était son état d'âme. Alexandra l'écrivit à son amie anglaise, Miss McLeod, le 18 avril 1900, alors qu'elle se trouvait en villégiature à Alameda, dans le sud de l'Espagne[1].

1. La traduction de cette lettre écrite en anglais, et non publiée, figure dans les archives Alexandra David-Neel, à Digne. Nous en devons la communication à Marie-Madeleine Peyronnet.

« Je sens le repos de l'âme plus que du corps. Les batailles sont perdues et gagnées. J'ai fait un paquet de mes affaires et j'attends la grande délivrance... Je ne suis plus que le jeune garçon qui buvait, émerveillé, les magiques paroles de Râmakrishna sous le hangar de Dakshineswar[1]. Voilà ma vraie nature... Le Nirvâna est devant moi... Cet océan de paix sans une ride, sans un souffle...

« Je n'ose même pas faire une éclaboussure avec mes mains et mes pieds pour ne pas blesser le merveilleux silence qui atteste la totale illusion. Derrière mon travail était l'ambition. Derrière mon amour, l'individualisme. Derrière ma pureté, la crainte. Derrière ma " guidance ", la soif de commander. »

Sans doute Alexandra David-Neel avait-elle déjà entrevu cet état de suprême détachement, de sérénité absolue qu'elle ne retrouvera plus que bien des années après, au Sikkim, en compagnie de son maître spirituel. Sans doute s'agit-il de ce moment auquel, malgré son extrême discrétion, elle ne peut s'empêcher de faire allusion, en écrivant à Philippe Neel, sept ans plus tard[2] : « Comme c'est misérable et ridicule cette agitation de fourmis ! Comme cela contente peu l'esprit, qui, ne fût-ce qu'un jour, qu'une heure, dans sa vie, s'est senti en communion mystique avec cette abstraction — seule réalité — que les croyants vulgaires défigurent en en faisant leur Dieu. Et quelle rançon terrible du séjour sur le mystérieux Thabor, toutes joies, toute admiration, tout amour devenus impossibles, ternis par l'éblouissement de la vision pressentie[3]. »

Mais, ce qu'Alexandra devait éprouver à ses dépens, c'est aussi là le moment où l'on est le plus perméable, le plus sensible, le plus en danger. Dans l'existence des mystiques, c'est l'instant même où surgit souvent la « tentation », où tout ce que l'on a acquis semble se dérober comme un mirage, où tout paraît définitivement compromis. L'occasion de la « chute », ce fut donc ce Philippe, séduisant et suffisant, ce Philippe qui « a toujours voulu (la)

1. Ce jeune garçon n'est autre que Vivekanânda.
2. Alexandra est alors à Paris.
3. Lettre de Paris, 3 novembre 1907.

ravaler stupidement, (la) railler sans motifs, (l')enliser dans un ordre d'idées abjectes où (elle ne s'était) jamais égarée [1] ».

Car enfin, c'est bien à cause de Philippe que, son engagement terminé, Mlle Myrial décide de rester en Tunisie et même de s'y installer. Sans doute, elle s'en absente un temps, afin de se joindre à une expédition de botanistes allemands, ce qui lui permet de visiter longuement le Sahara, et les solitudes désertiques du Tibet lui feront plus tard se souvenir de l'émerveillement alors éprouvé pour la première fois, là déjà, où elle s'est sentie femme du désert. Mais, enfin, c'est à Tunis qu'au retour de l'expédition elle rentre, en juillet 1901, c'est à Tunis qu'elle est nommée directrice artistique du casino en 1902. Elle vit alors à La Goulette dans la villa qu'elle a baptisée *La Mousmée,* du nom fort irrespectueux que lui donnait Philippe Neel.

Cependant, Alexandra David rentre au début de l'année 1903 en France, probablement afin de rendre visite à ses parents à Bruxelles, mais très certainement pour renouer avec ses relations, car c'est l'époque où, ayant définitivement rompu avec le théâtre, elle se fait une place dans la grande presse. Depuis quelques années déjà, elle collabore à *l'Aurore,* le grand quotidien radical-socialiste, fondé en 1897, et dont le principal rédacteur politique est Georges Clemenceau qu'elle a bien connu, à *la Fronde,* l'organe quotidien des revendications féminines, et au *Soir de Bruxelles.* Elle donne également des articles à plusieurs revues anglaises. Sa volonté bien arrêtée est de ne pas dépendre de Philippe Neel.

Enfin, elle l'épouse le jeudi 4 août 1904, au consulat de France à Tunis [2]. Elle a trente-six ans et lui quarante-trois. Six mois plus tôt, elle a découvert l'abondante correspondance qu'il avait échangée avec ses nombreuses maîtresses. A l'époque, il lui en restait une, mais le savait-elle, ne le découvrit-elle que plus tard ?

1. Lettre écrite à Paris, le 24 octobre 1904, soit quelques semaines seulement après leur mariage.

2. Dans son agenda de 1904, cette simple note : « J'ai épousé cet affreux Alouch. » Alouch signifie « Mouton » ; elle l'appellera parfois ainsi dans ses lettres.

Tout aussitôt, elle regrette ce mariage. C'est exactement sept jours après l'événement que commence la correspondance qu'ils vont échanger pendant trente-six ans et que, par la suite, elle lui demandera de conserver, afin que ses lettres lui servent de points de repère dans le récit de ses voyages [1]. Sept jours après leur mariage, ils n'étaient plus ensemble et les lettres suivantes qui se succèdent à des dates rapprochées jusqu'à la fin de 1904 donnent même l'impression qu'ils se sont séparés. Seule la lecture des *Carnets* inédits permet de la rectifier. En fait, les deux époux sont partis ensemble de Tunis le 8 août. Lorsque Alexandra écrit sa première lettre, le 11 août, ils viennent de se quitter, mais ils ont rendez-vous cinq jours plus tard, à Plombières, et, s'ils se séparent encore le 31 août, c'est pour se retrouver de nouveau le 2 septembre à Épinal [2]. Mais, tandis que Philippe rentre en Tunisie, très probablement pour y reprendre son travail, Alexandra se rend à Bruxelles, où son père, qui a près de quatre-vingt-dix ans, est malade. Au lieu de rentrer à Tunis, elle reste ensuite à Paris où son séjour se prolonge. Sans doute est-ce afin d'être à même de gagner plus rapidement Bruxelles, au cas où l'état de son père empirerait, mais pourquoi revient-elle à Paris et non à Tunis, après l'enterrement qui eut lieu le 24 décembre à Uccle ? Pourquoi la fin de la lettre qu'elle adresse à Philippe de Bruxelles le 10 décembre, et où, pour la première et la dernière fois, elle le vouvoie, manque-t-elle, ainsi d'ailleurs que celles peut-être adressées ensuite de

1. Cette correspondance fut publiée après la mort d'Alexandra David-Neel par les soins de Marie-Madeleine Peyronnet, à qui elle en avait donné l'autorisation. C'est grâce à elle que l'on peut aujourd'hui mieux connaître l'extraordinaire personnage que fut Alexandra, la suivre pas à pas dans ses voyages, et même parfois être admis dans son intimité. Bien qu'elle occupe deux forts volumes, cette *Correspondance* est malheureusement incomplète. Certaines lettres, nombreuses peut-être, ont définitivement disparu, quelles aient été égarées ou détruites par Philippe Neel, ou supprimées par sa correspondante, en faisant des « rangements ». M.-M. Peyronnet nous a confié que, sur ordre d'Alexandra David-Neel elle-même, elle en avait très probablement brûlé, sans savoir de quoi il s'agissait.

2. C'est seulement en consultant les *Carnets* inédits de *Samten Dzong* que j'ai pu corriger l'impression que j'avais eue moi-même à la lecture de la *Correspondance*.

Paris ? La réponse probable — sinon absolument certaine — ne peut être que celle-ci : la lettre du 10 décembre était une lettre de rupture et, ou bien les suivantes n'ont jamais existé, ou bien Philippe Neel les a détruites.

En effet, du jour où ils se sont quittés en septembre 1904, le ton des lettres n'a pas cessé de monter et celles qui, après neuf mois d'interruption dans la correspondance que nous possédons, suivent les lettres de l'année 1904 racontent en filigrane la triste histoire de ce mariage manqué. Le 27 septembre 1904, Alexandra écrit à Philippe : « Je te l'avais bien dit d'avance : je ne suis pas jolie, je ne suis pas gaie, *je ne suis pas une femme,* l'on ne saurait s'amuser auprès de moi... Pourquoi as-tu persisté, t'es-tu entêté [1] ? » Convenons que ce genre de propos est pour le moins étrange sous la plume d'une jeune mariée. Quelques jours plus tard, elle ajoute : « Nous avons fait un singulier mariage, nous nous sommes épousés plus par méchanceté que par tendresse. Ce fut une folie, sans doute, mais elle est faite. La vraie sagesse serait d'organiser, maintenant, notre vie en conséquence, telle qu'elle peut convenir à des êtres de notre tempérament. Tu n'es pas le compagnon que j'aurais rêvé, je suis encore moins, peut-être, la femme qu'il t'aurait fallu [2]. »

Cette union si mal assortie a été conclue contre quelqu'un, l'ancienne maîtresse de Philippe Neel. Comme Alexandra le précise, en réponse à son mari qui veut « assurer une rente à son amie » : « Cette pauvre femme est dans une situation pénible. Tu l'y as mise, elle s'y est mise aussi par trop d'imprévoyance, en abandonnant son métier pour se mettre dans la dépendance d'un homme qui ne lui était rien, ce qui, étant donné nos charmantes mœurs..., ne pouvait guère aboutir à la traiter autrement que tu l'as fait. Bon, tout cela est fini : tu as été égoïste et mauvais, elle a été sotte, moi, j'ai été complice d'une action que mes principes réprouvent, nous ne sommes pas très blancs ni l'un ni les autres. Inutile d'échafauder un drame là-dessus, inutile de faire plus de mal qu'il n'y en a déjà... Je ne te cache pas qu'au très réel désir

1. Lettre de Paris, 27 septembre 1904. Les mots soulignés le sont par nous.
2. Lettre de Paris, 3 octobre 1904.

que j'ai d'éviter un surcroît de peine à ta pauvre amie, il se mêle un plus vif désir encore de te conserver les soins d'une personne habituée à toi, et qui, mieux que nulle autre, serait capable de m'assister... Je ne songe pas à lui demander d'habiter avec nous, elle y trouverait un sujet à de trop pénibles réflexions, mais rien n'empêcherait, sans doute, qu'elle se choissse un logement, à son goût, où elle demeurerait... D'ailleurs, je ne veux à aucun prix que tu restes seul ou abandonné à un Ahmed quelconque, si elle part je reviendrai immédiatement[1]. » Ainsi donc, cette ancienne maîtresse, Alexandra souhaite qu'elle reste auprès de son mari, afin de la dispenser, elle, d'être là. Et finalement, la situation s'est retournée ; ce n'est plus « cette pauvre femme », c'est elle, Alexandra, qui est devenue la victime : « Essayons de liquider notre misérable situation. Nous essayons depuis longtemps penses-tu. Je ne crois pas que nous ayons essayé franchement. Nous avons cherché seulement à jouer les rôles de bonshommes que nous ne sommes pas, de là, à la longue, une fatigue dégénérant en irritation. Qu'est-ce que nous sommes en réalité ? Toi, tu es un monsieur sorti de son élément, très navré de n'avoir pas l'intérieur qui t'aurait convenu, la femme qui t'aurait convenu. Moi, je suis une malheureuse désorientée par l'effondrement d'un foyer où j'avais cru devoir m'abriter jusqu'à ma mort. Horriblement humiliée ensuite d'avoir été dupée et bafouée dans une aventure où j'avais cru de bonne foi jouer un tout autre personnage et ne sachant plus aujourd'hui où aller ni que faire[2]. »

Ce mariage, déjà, non seulement elle le regrette, mais elle le considère comme invivable. Comment l'a-t-elle donc accepté, sinon comme la conclusion d'une époque de sa vie qui maintenant lui fait horreur et l'accable ? Mais qu'espérait-elle au juste ? Sinon, d'une certaine manière, « faire une fin », car elle se sent déjà vieillir auprès d'un homme lui-même vieillissant. Avec lui, pensait-elle, elle jouirait enfin du calme qui lui avait tant manqué, au cours de ses années d'errance, de ses tournées lointaines. Elle avait maintenant

1. Lettre de Paris, 7 octobre 1904.
2. *Idem.*

un besoin impérieux de ce calme qui succédait à ce qui fut peut-être une passion. Ils vieilliraient ensemble. Elle s'occuperait de son intérieur, et surtout elle pourrait s'adonner à ces pratiques qui, semble-t-il, font sourire Philippe. N'a-t-elle pas eu l'idée saugrenue de rebaptiser *La Mousmée* agrandie qu'ils habitent ensemble et qui devrait abriter leur lune de miel, en lui donnant le nom de *Matham* qui, en sanskrit, désigne un monastère ?

Mais enfin Alexandra est tout de même revenue à Tunis et elle y passe une bonne partie de l'année 1905 — dans ses *Carnets,* elle mentionne seulement un voyage à Bruxelles — et de l'année 1906. D'après une confidence qu'elle fit à M.-M. Peyronnet, elle aurait alors mené une vie mondaine qui ne lui déplut pas. Étaient-ils alors vraiment réconciliés ? Sur les quelques photos d'Alexandra qui datent de cette époque, elle a un air si morose que cela semble peu probable. Sans doute traversait-elle ces graves crises de mélancolie dont elle se plaignit tant par la suite. En avril 1906, pour se distraire, elle fait un petit voyage d'une quinzaine de jours dans les oasis du Sud algérien, puis, en juillet, part pour Bruxelles ; de là elle se rend à Londres chez son amie Margot et y séjourne près de deux mois.

Et, de nouveau, les lettres qu'elle écrit à Philippe reflètent leur mésentente. Croit-il que l'absence la calme ? Point du tout, « elle ne fait qu'exaspérer encore plus ses pensées ». Alors, elle reprend ses mises au point épistolaires. Il est clair que l'écart entre eux ne peut plus se combler. Son « incommensurable orgueil », comme il dit, « a été irrémédiablement blessé ». Quoi qu'elle fasse, elle ne pourra jamais oublier que « bonne femme quelconque », elle a tenu auprès de lui « le rôle d'une autre bonne femme quelconque [1] » et cela, elle ne se le pardonne pas, et elle ne le lui pardonne pas. De toute manière, ce rôle, elle ne peut plus, elle ne veut plus l'assumer. Qu'il ne se fasse pas d'illusion à ce sujet : « Il y a beaucoup de sagesse, beaucoup de prévoyance dans ma volonté de n'être pas mère [2]. » Instruite par l'exemple de ses propres parents, elle ne veut à aucun prix le renouveler. Et

1. Lettre d'Ealing (Londres), 25 septembre 1906.
2. Lettre de Bruxelles, 24 août 1905.

l'on peut se demander si ce n'est pas dans un tel dessein que Philippe l'a épousée : avoir enfin une famille. Mais alors il ne fallait pas jouer ce double jeu qu'elle lui reproche avec véhémence. Alors que faire ? « Nous en aller chacun de notre côté ? Eh oui ! Ce serait une solution, la plus digne, la plus satisfaisante pour la raison… », mais elle confesse que « plus âgée, mal portante » elle n'en a plus le courage[1]. Pourtant, lorsque Philippe, en désespoir de cause, lui propose une sorte d'association : « Tu parles de gens s'en allant dans la vie appuyés l'un sur l'autre », elle a un sursaut de révolte : « C'est sans doute encore une de ces utopies dont on encombre notre cerveau aux heures de jeunesse et aussi irréelle que les héros symboliques des mythologies… Où sont-ils ceux-là, qui les a vus[2] ? » Que peut-il donc faire pour cette femme intraitable, et que, cependant, il aime ? Alors, généreusement, il lui offre : « Veux-tu essayer quelque lointain voyage ? » Cette fois, en passant, un peu au hasard, il a atteint la cible. Il est « le meilleur des maris qu'on puisse rêver ». Aussitôt, bien sûr, elle le prend au mot : « T'es-tu douté en écrivant cela que tu écrivais la phrase la plus propre à me toucher parce qu'il me semble qu'il y a de ta part une intention tout spécialement bienveillante de m'offrir celle des choses du monde qui me tient le plus à cœur. Je la retiens, ton offre, mon ami ; je t'en demanderai sans doute un jour l'exécution… mais pas aujourd'hui. Aujourd'hui je suis lasse et traînerais partout avec moi ma lassitude et mes soucis[3]. » Car elle souffre toujours de ces crises de neurasthénie qui l'anéantissent et qui l'inquiètent : « L'usure se fait sentir, se fait trop sentir parfois, et je m'effraye. J'ai des troubles cérébraux indiquant une extrême fatigue… Où vais-je ? Il serait temps qu'un peu de calme relatif, un peu de sécurité me permette un apaisement, un repos qu'il me faudrait absolument, je le sens, sous peine de catastrophes[4]. » Cette exécution, Alexandra David-Neel la différera jusqu'au moment où elle se sentira plus apte

1. Lettre de Londres, 23 septembre 1906.
2. Lettre d'Ealing (Londres), 15 août 1906.
3. Lettre d'Ealing (Londres), 25 septembre 1906 (soir).
4. Lettre de Paris, 7 octobre 1904.

à en profiter, mais elle y pensera sans cesse au cours de ces années instables où elle va et vient de Tunis à Paris, à Bruxelles, à Londres, tentant, en vain d'ailleurs, de s'assurer des ressources personnelles pour ne plus avoir à dépendre de lui.

Lors de son séjour de deux mois à Londres, pendant l'automne 1906, elle a remis à Luzac, son éditeur, la plus grande partie de son travail sur un philosophe chinois, qui paraîtra l'année suivante sous le titre *le Philosophe Meh-Ti (ou Mo-tse) et l'Idée de solidarité.* Si ce livre paraît à Londres et non à Paris, c'est qu'il existait en Angleterre un intérêt beaucoup plus vif pour les études orientales et qu'Alexandra était liée avec le milieu des orientalistes londoniens, en particulier avec les Rhys-Davids, qui se consacraient à la publication des textes hinayâna en pâli. Après avoir fait paraître *Buddhism* en 1878, Thomas William Rhys-Davids (1843-1922) avait fondé à cet effet la *Pâli Text Society*, qui joua un rôle capital dans la connaissance en Occident de la littérature bouddhique indienne; devenu professeur de pâli et de littérature bouddhique à l'University College de Londres, Rhys-Davids collaborait également à la très importante collection des *Sacred Books of the East*, publié à Oxford. En 1903, il avait publié *l'Inde bouddhiste (Buddhist India)*, qui devait servir de guide à Alexandra David-Neel, lorsque, quelques années plus tard, elle entreprit son second pèlerinage en Inde. Mme C. A. F. Rhys-Davids, qui survécut longtemps à son mari, non seulement collabora avec lui, mais prit sa suite dans l'édition et la traduction des textes bouddhiques. Alexandra fut son amie et correspondit pendant fort longtemps avec elle.

La même année (1907), paraissait aussi chez Luzac, à Londres, rédigé directement en anglais, le premier livre d'un professeur à l'université de Kyoto, Daisetz Teitaro Suzuki. Ses *Outlines of Mahayana Buddhism* eurent une grande importance à l'époque, car les orientalistes, surtout anglais et, en particulier, les Rhys-Davids, n'avaient guère étudié que le bouddhisme du Sud (Théravada ou Hinayâna), considéré comme le plus pur, le plus proche de la prédication du Bouddha[1]. C'est à l'occasion de cette publication conjointe qu'Alexandra David-Neel et Suzuki entrèrent en rapport ; ils s'écrivirent pendant des années et, quand Alexandra débarqua au Japon en 1917, elle fut accueillie par D. T. Suzuki et sa femme, d'origine américaine, qui était devenue son amie. Par la suite, ils restèrent en relations étroites jusqu'à la mort de Suzuki — à quatre-vingt-seize ans — qui, en 1966, précéda de peu celle d'Alexandra David-Neel.

Dans sa préface à *Meh-Ti*, Alexandra expose les raisons qui l'incitèrent à tirer de l'oubli ce philosophe chinois du Ve siècle avant Jésus-Christ. Cet « Amour universel » qu'il prêcha n'a rien à voir avec les vues par trop idéalistes du christianisme, moins encore avec les entraînements irraisonnés de la passion ; au contraire, c'est un sentiment à la chinoise, tout à fait rationnel et même terre à terre, bien plus susceptible de convenir à notre époque et capable de fonder la « moderne solidarité ». L'entraide mutuelle que préconise Meh-Ti et qui, selon lui, « est productrice d'ordre, d'harmonie, de bonheur moral et matériel » revient, en somme, à un égoïsme intelligemment compris : « Agissez envers votre prochain comme si vous l'aimiez. Faites cela pour votre mutuel avantage. »

Pour rendre accessible le texte de Meh-Ti, Alexandra David-Neel a utilisé la traduction anglaise des trois premiers chapitres qu'en avait donnée le sinologue James Legge, mais elle a traduit elle-même, avec l'aide d'un collaborateur dont le nom n'est pas mentionné, d'importants fragments des autres chapitres de cet auteur subtil et obscur, probablement sous la supervision d'Édouard Chavannes qui fut son professeur et dont elle cite une lettre dans sa préface.

Dès qu'elle eut terminé *Meh-Ti*, Alexandra s'attaqua à un autre philosophe chinois, lui aussi du Ve siècle avant Jésus-Christ, Yang-tchou. Son étude, intitulée *les Théories individualistes dans la philosophie chinoise*, fut publiée en 1909, cette

1. D. T. Suzuki ne s'était pas encore rallié au zen, qui lui valut par la suite la célébrité, avec la publication des *Essais sur le bouddhisme zen* (1930-1934 en anglais, 1940-1943 en français, chez Albin Michel).

fois à Paris[1]. Bien que les seuls fragments qui lui sont attribués figurent dans un ouvrage taoïste, *le Vrai Classique du Vide parfait* de Lise-tseu[2], Yang-tchou est bien plutôt un agnostique, presque un cynique, un anarchiste, comme elle se plaît à le qualifier, un pur rationaliste. Ce qui explique la sympathie que lui porte Alexandra. Chez ce très ancien philosophe chinois, elle a trouvé un écho à sa brochure *Pour la Vie*, et, le commentant, elle cite sa conformité avec la devise qu'elle s'est choisie dans l'Ecclésiaste : « Marche comme ton cœur te mène et selon le regard de tes yeux[3]. » « Nul (hormis elle) n'éprouva avec plus d'intensité que lui l'horreur de la contrainte, des mœurs factices, des codes imposant aux individus une attitude en contradiction flagrante avec les injonctions impératives de la nature en eux », écrit-elle, dans sa préface[4], de celui qui osa, à la grande indignation de ses contemporains, et de la postérité, proclamer tranquillement : « Si, en sacrifiant un seul de tes cheveux, tu pouvais sauver l'univers, il ne faudrait pas le sacrifier. » Et Alexandra commente : « Il ne s'agit pas ici, comme on pourrait le croire, d'un égoïsme grossier et banal, mais de théories logiquement raisonnées. Quoiqu'on l'ait dit, ce n'est pas un appel à la jouissance frénétique qui ressort des discours de Yang-tchou, mais l'indication d'une règle de pensée et d'action que le philosophe juge rationnelle. » Finalement, Yang-tchou lui apparaît comme un de ces esprits indépendants dont il y aurait profit à écouter les leçons, au moment où « nos sociétés contemporaines rejetant, d'une part, les vieux dogmes et s'obstinant, de l'autre, à conserver les systèmes éducatifs et les formules morales issues d'eux, se débattent dans une incohérente confusion ».

Avec ces deux petits ouvrages se trouve défini le rôle particulier qu'Alexandra entend assumer en tant qu'orienta-

1. Chez Girard et Brière.
2. Traduction française par Benedykt Grynpas, Gallimard, Paris, 1961.
3. A cette devise, elle devait rester fidèle toute sa vie et demanda qu'on la grave sur la médaille que lui consacra, pour son centenaire, la Monnaie, à Paris.
4. Ces deux études ont été rééditées dans l'ouvrage posthume *En Chine*, Plon, Paris, 1970, par les soins de M.-M. Peyronnet.

liste : offrir au public contemporain ce qui peut lui être profitable dans les philosophies et les religions de l'Asie dont elle a fait son étude, accomplir cette tâche nécessaire que dédaignent les autres orientalistes — surtout français — qui s'enferment dans leur tour d'ivoire de spécialistes et d'universitaires. Ce rôle, qu'elle revendiquera plus nettement encore lors de la publication, quelques années plus tard, du *Bouddhisme du Bouddha*, explique en grande partie les difficultés qu'elle rencontra dans ce milieu qu'implicitement elle critiquait.

En 1907, au moment où paraît son premier ouvrage, Alexandra David-Neel traverse une crise de neurasthénie — nous dirions plutôt de dépression — plus grave encore, semble-t-il, que celles qui l'avaient précédée. Dans son agenda, à la date du 24 mai 1907, elle note : « Comme la vieillesse m'est venue subitement. Jusqu'à ce mariage, mes yeux se tournaient devant moi, j'ébauchais des plans. Soudain, toute espérance morte et ligotée dans une sorte de torpeur qui empêche la révolte, j'ai senti que je commençais à mourir et c'est une agonie que je vis maintenant avec parfois de brusques sursauts d'horreur… d'épouvante. Mes yeux ne voient plus que les choses passées. Ma vie est achevée et je me nourris de celle que j'ai été [1]. » Alexandra ne commence à se sentir mieux qu'en octobre 1907. Elle est alors toute seule en villégiature au Salève et l'air de la montagne semble l'avoir ranimée. Elle écrit un livret d'opéra, une nouvelle, et surtout elle se débat avec un roman qui la hante depuis dix-huit mois, mais qu'elle n'arrive pas à mettre en forme [2].

Finalement, elle abandonne cette littérature profane qui, somme toute, ne lui convient guère, pour se replonger dans ses études. En même temps qu'elle termine son livre sur Yang-tchou, elle entame la préparation d'un ouvrage sur ce bouddhisme qui lui tient de plus en plus à cœur. Dans son agenda, elle note qu'elle a terminé Yang-tchou le 1er août

1. Notons que cette « vieillesse » devait se prolonger pendant encore soixante-deux ans ! Mais ajoutons que, passé la soixantaine, Alexandra s'est sentie, et pour longtemps, plus jeune que jamais.

2. Des romans, elle en écrira et en publiera bien plus tard, mais ce seront des romans tibétains.

1908, mais, dès le 21 février de la même année, figure la mention laconique : « travaillé + Dhammapâla ». C'est en effet à Dhammapâla ou Dharmapâla[1], rencontré à Ceylan, qu'elle demandera de la guider dans son approche du bouddhisme moderne. Car si, pour elle, les travaux érudits sur le bouddhisme historique ont assurément leur utilité, beaucoup plus nécessaire serait un exposé clair et simple du bouddhisme actuel et vivant, dont précisément les orientalistes se détournent. C'est à ce travail, hérissé de difficultés, qu'Alexandra se consacrera pendant les deux années suivantes.

Est-ce une simple coïncidence si son état de santé physique et morale semble alors s'être beaucoup amélioré ? Après quatre années languissantes, Alexandra a retrouvé son activité, ses curiosités multiples et, apparemment, une certaine joie de vivre[2].

Au printemps 1908, elle entreprend un long voyage solitaire en Italie ; le prétexte en est un congrès qui se tient à Rome et auquel elle participe — il y aura une réception chez la reine Marguerite et une audience pontificale —, mais, avant, Alexandra visitera la Sicile et Naples et, ensuite, elle rentrera par le chemin des écoliers, s'arrêtant à Capri, où elle rendra visite à l'illustre romancière Matilda Serao, puis à Malte et à Tripoli. C'est probablement au cours de ce séjour en Italie qu'elle fera la connaissance d'un militant socialiste qui commence à faire parler de lui. Il s'appelle Benito Mussolini et il restera son ami[3].

De septembre jusqu'à la fin de l'année 1908 et, de nouveau, en février et mars 1909, Alexandra David-Neel séjourne à Paris. Elle y fréquente les groupes féministes et les loges maçonniques, devenues accessibles aux femmes depuis la fondation de la maçonnerie mixte par Maria Deraismes et

1. Dhammapâla en pâli, Dharmapâla en sanskrit.

2. Nous ne possédons aucune lettre d'Alexandra à Philippe pour toute la période qui va du 3 novembre 1907 au 4 septembre 1910. Comme elle lui écrivait toujours lors de ses déplacements, il est probable que ces lettres ont été détruites.

3. Il semble qu'Alexandra ait donné quelques articles au journal socialiste *Avanti*, auquel collaborait Mussolini qui en devint le directeur en 1912.

le docteur Georges Martin, défenseur au Sénat du droit de vote des femmes, qui fondèrent en 1891 le « Droit humain ». Alexandra semble avoir fait très tôt partie de cette nouvelle maçonnerie considérée avec méfiance par la franc-maçonnerie officielle[1]. Elle devait même y occuper le grade le plus élevé, le trente-troisième degré du Rite écossais international. Cette maçonnerie mixte était elle-même en rapport avec la Société théosophique ; en 1913 Annie Besant fut la Grande Maîtresse de la branche anglaise et la branche américaine était dirigée par une amie à elle théosophe. Au cours de l'hiver 1908-1909, Alexandra mentionne dans ses agendas les nombreuses « tenues » de loge auxquelles elle a assisté, les « causeries » qu'elle y a prononcées. Mais, par ailleurs, tout en poursuivant avec assiduité la composition du *Bouddhisme,* elle commence à penser à son départ, car elle est bien décidée cette fois à retourner en Orient dès qu'elle aura terminé son livre. Afin de préparer son séjour là-bas, elle écrit à Ceylan, non seulement à son correspondant habituel Dharmapâla, mais encore au recteur du collège singhalais de Galle ; elle prend contact avec plusieurs swâmis en Inde ; elle écrit même au Japon — où elle compte se rendre aussi —, en particulier au professeur D. T. Suzuki et à la comtesse Otani, qu'elle a rencontrée à Paris. Celle-ci est la sœur de l'impératrice et l'épouse de l'abbé du Nishi Hongansi, l'un des principaux temples de la secte bouddhique Shin-shu. A Paris, elle fait jouer ses relations afin d'appuyer ses démarches en vue d'obtenir du ministère de l'Instruction publique une bourse de voyage — elle lui sera en effet attribuée — en vue de récolter en Inde les matériaux d'un livre sur l'hindouisme tel qu'il est présentement pratiqué.

En janvier 1910, Alexandra David-Neel écrit à un orientaliste allemand, spécialiste du pâli, qui, en 1903, s'est fait ordonner moine bouddhiste à Rangoon en Birmanie. Nyânâtiloka, qui portera plus tard le titre de *Théra,* signifiant « l'Ancien, l'Aîné », a fondé un monastère dont il est devenu l'abbé, l'Island Hermitage de Polgasduwa, près de Dodanduwa à Ceylan (Sri Lanka), lequel, au cours des années

1. Rappelons que son père était franc-maçon.

suivantes, sera fréquenté par de nombreux bouddhistes occidentaux qui y feront leur noviciat. L'un des disples allemands de Nyânâtiloka deviendra célèbre sous le nom d'Anagarika Govinda et sera le secrétaire de l'Union bouddhiste internationale dont Nyânâtiloka était le président. Par la suite, comme Alexandra, Anagarika Govinda évoluera du bouddhisme singhalais au lamaïsme tibétain, dont il diffusera l'enseignement en Occident grâce à ses livres[1]. Lorsque Alexandra lui écrit, Nyânâtiloka est à Lugano ; il profitera de ce séjour en Occident pour rendre visite à Alexandra à Tunis et restera un long moment auprès d'elle en mai 1910. Peu après son départ, le 27 juin 1910, elle note qu'elle vient de terminer son livre commencé le 11 juin 1909[2].

Le titre qu'il portera, *le Bouddhisme du Bouddha et le Modernisme bouddhiste*, assez bizarre au premier abord, a au moins le mérite d'en définir le propos, lequel est d'ailleurs précisé dans l'introduction. Alexandra David-Neel ne prétend nullement ajouter un ouvrage érudit à une liste déjà longue, mais tout simplement combler une lacune. Les livres précédents, d'un abord difficile, n'ont guère touché le public lettré et c'est à lui qu'elle s'adresse, en lui proposant un « manuel simple » et même « élémentaire », dont la lecture ne demandera « aucune culture spéciale préparatoire[3] ». En effet, il est grand temps qu'aux doctrines orientales, qui font partie du patrimoine commun de l'humanité, soit faite en Occident la place qu'elles méritent. Si elles ne l'occupent pas encore, cela est dû en partie au fait que les orientalistes présentaient les philosophies et les religions de l'Orient comme des phénomènes appartenant au passé et en conséquence les étudiaient en historiens. D'une certaine manière, c'est là les trahir, car elles sont toujours vivantes et connais-

1. *Les Fondements de la mystique tibétaine* et *le Chemin des nuages blancs*, Albin Michel, Paris.

2. Dans *le Bouddhisme du Bouddha* elle citera un livre de Nyânâtiloka, qui venait d'être traduit en anglais sous le titre *The Word of the Buddha*.

3. *Le Bouddhisme du Bouddha et le Modernisme bouddhiste*, pp. 7 et 8. Précisons que nous citons cet ouvrage dans la réédition de 1977 dont le titre est seulement *le Bouddhisme du Bouddha*.

sent même en Orient une véritable renaissance. « Il existe, précise Alexandra, un Modernisme védantiste et les ouvrages d'un swâmi Vivekanânda se vendent à des milliers d'exemplaires. Il existe un modernisme bouddhiste tendant à accomplir, en Extrême-Orient, une Réforme que le nombre considérable de ceux qu'elle vise et l'étendue immense des territoires où elle peut s'exercer rendrait infiniment plus importante que celle de Luther. »

C'est ce modernisme bouddhiste qu'elle veut ici exposer et dont elle entend démontrer la conformité à la prédication du Bouddha, lequel fut lui-même, dans le cadre de l'hindouisme de son temps, un réformateur rationaliste. Aussi est-il « permis de croire à l'aide puissante que peut apporter (présentement) un enseignement rationnel éclairant les tendances que l'homme sent en lui, le confirmant dans la haute valeur de ses désirs de propre émancipation, le détachant des sentimentalités mièvres des religions amollissantes, lui répétant la vérité qu'il pressent — mais à laquelle il n'ose encore adhérer pratiquement — que le Salut spirituel, moral, social est œuvre personnelle, qu'il n'est point de sauveurs, en aucun domaine, que l'homme est seul en face de la douleur et que, par ses seules forces, il doit et il peut vaincre[1] ».

En parlant du modernisme bouddhiste, Alexandra faisait très précisément allusion à la *Mahâ-Bodhi Society* de Sri Lanka, avec laquelle elle entretenait des rapports étroits. Celle-ci, nous l'avons vu, s'était fondée à l'instigation de la Société théosophique[2] et son principal missionnaire pour l'Occident n'était autre que Dharmapâla. Aussi bien trouve-t-on dans *le Bouddhisme* de nombreuses références aux publications de la *Mahâ-Bodhi*, ainsi que plusieurs citations tirées d'un ouvrage de propagande, composé par Dharmapâla : *What is Arya Dharma*. Si on lit attentivement ce livre de 1911, et surtout si on le compare au nouvel ouvrage bien différent qu'après son nouveau voyage Alexandra consacrera au même sujet, *le Bouddhisme, ses doctrines, ses méthodes*, de

1. *Le Bouddhisme du Bouddha*, p. 8.

2. A deux reprises dans cet ouvrage, A. David-Neel prendra ses distances à l'égard de la Société théosophique en ce qui concerne le bouddhisme. Elle y parle entre autres du bouddhisme « ésotérique et spirite, incohérent mélange d'idées empruntées un peu partout ».

1936, on ne peut pas ne pas s'apercevoir que le premier non seulement lui a été inspiré par la *Mahâ-Bodhi Society*, mais qu'il peut même presque être considéré comme une sorte de manifeste de celle-ci destiné à l'Occident.

Mais, si Alexandra adhère alors aux principes de cette Société, c'est bien parce qu'ils coïncident avec ses aspirations spirituelles du moment. Dans son livre, elle soulignera particulièrement quelques aspects de ce modernisme, ceux qui évidemment lui tiennent le plus à cœur. Tout d'abord, une certaine ressemblance — que bien évidemment elle exagère — avec le protestantisme, sa rigueur, son austérité, son dépouillement. Comme nous venons de le voir, elle a même tenu à citer, quelque peu gratuitement, le nom de Luther dans son introduction. Plus loin, dans le cours du livre, elle insiste sur le fait que le modernisme bouddhiste en viendra « inévitablement » à une « conception plus large du *Sangha* » (la communauté bouddhique) et à « l'abolition de toute ordination rituelle, de toute marque extérieure rappelant ce que le Bouddha a constamment combattu, la caste sacerdotale, le clergé [1] ». Ainsi, le bouddhisme dont elle préconise la diffusion en Occident sera-t-il foncièrement laïc et même anticlérical. Il sera aussi socialiste. Car, affirme-t-elle assez audacieusement, du modernisme bouddhiste au socialisme « il n'y a qu'un pas », « bien des Modernistes l'ont franchi ou s'apprêtent à le franchir », et elle conclut : « D'après le mouvement qui se dessine déjà et les conséquences qu'entraînent logiquement les théories qu'ils professent, on peut supposer que les modernistes bouddhistes seront des hommes d'avant-garde [2]. »

En appendice à son ouvrage, Alexandra David-Neel présente quelques textes bouddhiques. Ils sont presque tous empruntés à « une brochure de propagande » de la *Budhasasana Samagana* (Société bouddhiste internationale) de Rangoon en Birmanie. Elle y joint la traduction de trois *sutta* pâlis (*sûtra*, en sanskrit). Seul, l'un d'entre eux figurera encore dans *le Bouddhisme* de 1936, mais il y sera accompagné de trois textes mahâyânistes. En revanche, dans *le Bouddhisme*

1. *Le Bouddhisme du Bouddha et le Modernisme bouddhiste*, p. 241.
2. A. David-Neel, *op. cit.*, p. 254.

de 1911, le Mahâyâna, le bouddhisme du Nord, est exclu ; dans une note[1], l'auteur précise qu'il n'a eu à « s'occuper dans cette étude que du bouddhisme de l'École du Hinayâna, comme représentant les théories les plus rapprochées de la doctrine originelle ». On sait que, par la suite, Alexandra David-Neel changera d'avis, ou tout au moins nuancera son jugement.

Entre la fin de la composition de son livre et sa publication qui n'aura lieu que peu de temps avant son départ, Alexandra multiplie ses activités publiques de propagandiste du bouddhisme de Ceylan. Au mois d'août 1910, elle le représente officiellement au congrès de la Libre Pensée à Bruxelles. Elle y lit une adresse du secrétaire général de la *Mahâ-Bodhi Society*, Dharmapâla, où il est dit : « Nous avons la conviction profonde que les merveilleux progrès réalisés par la science, en Occident, permettront d'affranchir les masses ignorantes de tous les pays du ritualisme et de la superstition, création d'un clergé despotique... Le Bouddha fut le premier à proclamer la science de l'affranchissement humain et, en ce 2 499e anniversaire de sa prédication, nous nous réjouissons de voir les promoteurs de la pensée scientifique en Occident travailler, d'après le même principe, pour l'émancipation et l'instruction de la race humaine tout entière, sans distinction de nationalité ou de couleur. » Ce qui correspond exactement aux vues exprimées par elle-même dans son livre. Puis elle part pour l'Angleterre, où elle prononce plusieurs conférences à Édimbourg et devant la Société bouddhiste de Londres. Elle profite de cette occasion pour rendre visite à Mrs Rhys-Davids et à Mrs Mabel Bode, professeur de pâli à l'université de Londres. Grâce à elles, Alexandra entre en rapport avec des Indiens de passage, en vue de son prochain séjour dans leur pays.

En décembre 1910 et en janvier-février 1911, Alexandra David-Neel est à Paris où elle fait des conférences qui connaissent un grand succès. Là, elle voit presque tous les jours son amie Mira Alfassa, devenue Mme Richard, « une femme distinguée, une intellectuelle à tendances mystiques, d'origine levantine et d'éducation française », dont elle

1. A. David-Neel, *op. cit.*, note p. 220.

notera plus tard : « Sous une attitude de grande douceur et même de tendance à s'effacer (je me rappelle l'avoir entendue parler du rôle " voilé " de la femme), Mira Alfassa cache passablement d'énergie[1]. » Les deux femmes sont liées de longue date et, au début de 1911, Alexandra participe à des « réunions de méditation philosophique » chez les Richard. Ceux-ci lui parlèrent longuement du maître indien qu'ils venaient de découvrir à Pondichéry et à qui ils lui conseillèrent vivement de rendre visite. Il s'appelait Aurobindo Ghose et sera plus connu sous le nom de Sri Aurobindo, tandis que Mira Alfassa, qui le rejoindra à Pondichéry en 1920, deviendra « la Mère[2] ».

Enfin, le 9 août 1911, sur un quai du port de Bizerte, Philippe Neel et Alexandra David se séparent. Elle s'embarque sur le paquebot *Ville de Naples* qui va l'amener à Marseille ; de là, elle prendra un bateau japonais, le *Mishima Maru,* qui, en dix-sept jours, la conduira jusqu'à Sri Lanka. Quand se reverront-ils ? Dans quelques mois, un an peut-être, projettent-ils. Mais on ne peut prévoir l'imprévisible. C'est seulement quatorze ans plus tard qu'Alexandra reviendra en Europe, un peu surprise d'ailleurs que Philippe Neel ne soit pas venu l'attendre au débarcadère.

En 1911, ils avaient respectivement quarante-trois et cinquante ans ; quand ils se retrouveront, elle en aura cinquante-sept et lui soixante-quatre, l'âge de la retraite. A quarante-trois ans, Alexandra David-Neel commence à vivre. Elle s'imagine qu'elle est vraiment trop vieille pour une telle aventure, qu'elle n'en a plus pour longtemps. Elle ne soupçonne pas qu'elle n'est même pas encore parvenue au milieu de sa vie et qu'à soixante-quinze ans elle sera encore sur les pistes dans les contrées les plus sauvages du sud-ouest de la Chine.

De Marseille, où elle attend le *Mishima Maru,* Alexandra écrit à Philippe une longue lettre affectueuse, où elle s'efforce

1. Dans *L'Inde où j'ai vécu,* p. 232.
2. La Mère mourut en novembre 1973, à l'âge de quatre-vingt-seize ans, quelques mois après l'immersion des cendres d'A. David-Neel dans le Gange.

de lui démontrer combien cette séparation momentanée est nécessaire et importante pour l'avenir : « Mon stock de connaissances à répandre est épuisé. Il me faut le renouveler, l'étendre pour apporter aux lecteurs autre chose que des redites ou des banalités. Il y a une place très honorable à prendre dans l'orientalisme français, une place plus en vue et plus intéressante que celle de nos spécialistes, confinés dans leur érudition sèche et morte. Cette place, j'ai senti qu'elle venait à moi. Si ma persévérance et mon travail étaient suffisants, je n'aurais eu qu'à la prendre. J'ai vu — ce ne sont pas des rêves — la cohue se pressant à mes conférences à Paris, l'auditoire nombreux que j'ai réuni à Bruxelles, et j'ai vu, dans le salon de Sylvain Lévi des hommes déserter le cercle où l'on dissertait savamment pour venir autour de moi entendre parler de philosophie hindoue vivante [1]... »

1. Lettre datée du 10 août 1911 (en mer Méditerranée). En réalité, Alexandra commença sa lettre à Marseille le 10 août, mais la continua, à bord du *Mishima Maru* sur lequel elle ne s'embarqua que le 13 août.

Chapitre 3

L'Inde retrouvée

Le 30 août, à quinze heures trente, Alexandra David-Neel débarque à Colombo[1], où elle est accueillie au centre du *Mahâ-Bodhi Samaj*[2]. Elle y est reçue par Dharmapâla, non en étrangère, mais comme une missionnaire qui a déjà fait ses preuves, et aussi comme une amie. Dharmapâla lui communiquera les adresses des personnes qui pourront lui rendre service, lorsqu'elle continuera son voyage vers l'Inde. Quelques jours plus tard (le 9 septembre), Alexandra se rend à Dodanduwa, où, dans « l'ermitage de l'île », elle retrouve son ami Nyânâtiloka, qui l'a fondé. Elle est venue là tout spécialement afin d'assister à une réunion de la Société bouddhiste théosophique, le noyau de ce qui sera par la suite l'Union bouddhiste internationale, et on lui rend honneur en lui demandant de présider la séance. Ensuite elle reste quelques jours auprès de Nyânâtiloka, qui lui donne des leçons de pâli, ce dont elle a besoin pour avoir directement accès aux *sûtras* bouddhiques rédigés en cette langue. Le 14 septembre, Alexandra se rend au monastère de Galle, où

1. Notons dès maintenant que nous ne disposons d'aucune lettre entre celle qu'A. David-Neel écrivit « en mer Méditerranée », le 10 août 1911 et celle qui est datée de Mandapam en Inde du Sud, le 18 novembre 1911. Nous n'avons donc pu reconstituer son séjour à Ceylan que grâce à la consultation des *Carnets* inédits.
2. Nom pâli de la *Mahâ-Bodhi Society*.

elle séjourne, puis elle rentre à Colombo, où elle prononce une conférence au Royal College et, de là, se rend en pèlerinage à Kandy. Le 7 octobre, elle part dans le nord de Ceylan visiter les magnifiques ruines d'Anuradhapura, la métropole bouddhique du IIIe siècle avant Jésus-Christ et y vénère le *Bo Tree*, l'arbre de l'Illumination du Bouddha, dont une bouture, provenant du *Ficus* originel de Gaya, fut plantée là dès la fondation de la cité. Le 11 octobre, elle est de retour à Kandy, puis se rend à Colombo où, le 3 novembre, elle donne une nouvelle conférence au Royal College. Enfin, le 16 novembre, elle s'embarque à Colombo sur le bateau indien *Bharata,* qui la conduit à l'extrémité sud de l'Inde, à Tuticorin.

Sur son séjour, qui a duré deux mois, Alexandra David-Neel n'a jamais rien écrit dans ses livres ; une simple note dans son agenda explique peut-être la raison de ce silence : « Tout cela est bien gentil, mais je ne puis m'ôter de la tête que je suis en Suisse ou à Gérardmer. » Ce n'est pas tellement aux paysages de Sri Lanka — qui ne ressemblent à nul autre et surtout pas à ceux de la Suisse ou des Vosges — qu'elle en a, mais bien plus probablement aux hommes qu'elle y a rencontrés, à l'atmosphère particulière du bouddhisme cingalais. Elle se faisait au loin des illusions qui, sur place, se sont dissipées. Sans doute a-t-elle été frappée par son côté dévotionnel et quelque peu étroit, par son puritanisme et aussi par cette bonne volonté douceâtre et un peu niaise qui lui rappelle ce christianisme qu'elle a quitté. Un an plus tôt, elle soulignait complaisamment certaines ressemblances entre le bouddhisme cingalais et le protestantisme dont elle semblait se réjouir ; sans doute ne le ferait-elle plus désormais. Déjà, elle a besoin de tout autre chose, de cet élan, de cette intrépidité, de cette ardeur et même de cette généreuse folie qu'elle ne rencontrera qu'en Inde auprès des *sannyâsins* et, plus tard, auprès des maîtres tibétains.

Aussi, dès qu'elle a passé le détroit de Tuticorin, est-elle saisie par le contraste, en effet frappant, entre l'atmosphère des monastères bouddhistes de Ceylan et celle du temple de Madurai, d'où elle écrit à son mari le 18 novembre. Elle y assiste aux processions qui accompagnent le dieu, Shiva Shuraneswar, se rendant le soir auprès de son épouse

Meenakshi et regagnant au matin son propre temple ; dans les longs corridors obscurs, autour desquels veillent les statues des dieux, ointes de beurre clarifié et de poudre d'ocre rouge, elle voit briller les lumières brutales des brasiers de camphre, tandis que circulent au pas de charge des prêtres farouches, à demi nus, le front barré de peinture rouge et blanche et que résonnent les trompettes « crues, dures, infernales qui emplissent le temple d'horreur ». Mais cette horreur est une horreur sacrée, et c'est ainsi qu'Alexandra la ressent : « Ah ! comment décrire cette vision, le frisson qu'elle vous fait courir par les moelles ! On est à côté de la terre, dans le monde des influences terribles et mauvaises, le domaine de " l'Autre ", comme on disait au Moyen Age. Et réellement, on le sent passer sur soi le souffle de " l'Autre [1] ". A de longues années d'intervalle, je retrouve la même impression accrue en intensité. Oh cette procession parmi ce peuple de dévots se couchant devant le cortège de l'idole, baisant la pierre après son passage. Tordant leurs bras en vingt gestes rituéliques d'adoration, parmi ces statues noircies, hideuses, grimaçantes, enduites de l'huile des offrandes, aux pieds desquelles s'écrasent, sur les dalles, des fleurs disposées en dessins symboliques, de pauvres fleurs blanches et roses, pitoyables dans ce décor, qui paraissent terrifiées et souffrantes... Et puis les portes illuminées des sanctuaires interdits qui s'ouvrent sur des gouffres à la fois scintillants et obscurs... Quelle vision inoubliable où passent tant de choses en plus de celles que l'on voit avec ses yeux de chair [2]. » Et quelle introduction pour elle à cette Inde éternelle qu'Alexandra aimera passionnément — et détestera tout aussi passionnément —, mais à laquelle elle restera toute sa vie attachée, parce qu'elle est en effet unique !

Le 19 novembre 1911, Alexandra David-Neel est au temple de Ramesvaram et le 22 à Trichinopoli, dont elle visite les sanctuaires sous la pluie. Le 23 novembre 1911, elle débarque du train de nuit qui l'a conduite de Trichinopoli

1. Faisons remarquer que, quelques années plus tard, A. David-Neel ne se serait plus exprimée ainsi, car, pour elle, cet « Autre » avait désormais cessé d'être autre.

2. Cet extraordinaire spectacle, le visiteur peut toujours le contempler à Madurai, il n'a en rien changé.

(Tiruchirapalli) à Pondichéry, « une ville morte qui a été " quelque chose " et s'en souvient, roidie dans sa dignité [1] ». Le lendemain soir, elle a « un entretien avec un Hindou », qu'elle ne connaissait jusqu'alors que « par les éloges que lui en avaient fait des amis ». Ces amis sont Paul Richard et sa femme, Mira Alfassa. En 1911, Aurobindo Ghose a trente-neuf ans. Indien et même bengali — né à Calcutta —, il a quitté l'Inde à l'âge de sept ans et n'y est revenu qu'à vingt et un ans, après avoir fait toutes ses études en Angleterre, redécouvrant alors avec émerveillement cette culture indienne dont son père avait voulu l'affranchir, et pratiquant bientôt assidûment le yoga. Ardent patriote et militant politique, en tant que principal dirigeant du parti nationaliste bengali, il fut emprisonné par les Anglais en 1908-1909. C'est en prison qu'il découvrit que sa véritable vocation était spirituelle. En 1910, Aurobindo se réfugia à Pondichéry, chef-lieu des Établissements français de l'Inde.

C'est là qu'il fit la connaissance du Français Paul Richard et de son épouse. P. Richard et Mira Alfassa revinrent le trouver à Pondichéry en février 1914, afin de lui proposer de fonder une revue internationale de synthèse sur le yoga. *Arya* commença de paraître le 15 août 1914 et les grands ouvrages philosophiques d'Aurobindo y furent d'abord publiés sous forme d'articles. Mira Alfassa, qui avait dû quitter Pondichéry à la suite de la déclaration de la guerre, retourna auprès d'Aurobindo, définitivement cette fois, en 1920. On sait qu'elle organisa autour de lui l'ashram, qui devait plus tard, et sous sa direction, engendrer Auroville. Devenue « la Mère », elle continua l'œuvre de Sri Aurobindo après la mort de ce dernier survenue en 1950. La Mère mourut à l'âge de quatre-vingt-seize ans en 1973.

Lorsque Alexandra David-Neel lui rend visite, Aurobindo n'est pas encore le maître spirituel qui s'imposera quelques années plus tard. On le connaît surtout pour son action politique, à laquelle, d'ailleurs, il a complètement renoncé. Aussi vit-il à Pondichéry étroitement surveillé par la police anglaise et dans des conditions fort précaires. Mais l'entrevue qu'elle a avec lui dans la soirée du 23 novembre 1911 laisse à

1. Lettre d'Adyar-Madras, 27 novembre 1911.

la voyageuse une très forte impression. Sur le moment, elle note : « J'ai passé deux heures très belles à remuer les antiques idées philosophiques de l'Inde avec un interlocuteur d'une rare intelligence appartenant à cette race peu commune et qui a toute ma sympathie, des mystiques raisonnables... Il pense avec tant de netteté, il y a une telle lucidité dans son raisonnement, un tel rayonnement dans son regard qu'il vous laisse l'impression d'avoir contemplé le génie de l'Inde tel qu'on le rêve après la lecture des plus hautes pages de la philosophie hindoue[1]. »

Cependant, quarante ans plus tard, lorsqu'elle reviendra sur cet épisode, le ton d'Alexandra sera beaucoup moins enthousiaste : « La chambre où nous nous trouvions ne contenait qu'une table et deux chaises... Sri Aurobindo était assis, tournant le dos à une fenêtre grande ouverte, tout entière remplie par le grand ciel vert de l'Inde [...] comme un écran sur lequel se détachait la personne du gourou. Était-ce déjà une mise en scène voulue ? [...] Tandis que Sri Aurobindo causait avec moi, quatre jeunes gens se tenaient debout près d'un coin de la table, leur attitude adorante et extasiée était extraordinaire[2]. »

C'est qu'Alexandra David-Neel a depuis considéré d'un œil critique la prodigieuse ascension de Sri Aurobindo et surtout l'atmosphère de dévotion, dont, en grande partie à l'initiative de la Mère, le maître fut par la suite entouré. Aussi, les quelques pages qu'elle consacre au personnage et à son œuvre, dans son livre sur l'Inde, sont-elles teintées de scepticisme. Revenant encore sur ce sujet dans l'un de ses tout derniers livres[3], après avoir cité plusieurs passages tirés des écrits de Sri Aurobindo, Alexandra David-Neel déclare : « Tout ceci manque de clarté et les nombreux commentaires des disciples du philosophe ne nous apportent guère de lumière concernant le but ultime poursuivi par leur maître »

1. Lettre d'Adyar-Madras, 27 novembre 1911.

2. C'étaient ses compagnons de lutte politique qui venaient de le rejoindre à Pondichéry.

3. *Les Sortilèges du mystère*, pp. 308-309.

et, dans une note, elle ajoute : « Le “ supramental ” qui tient la place principale dans la philosophie d’Aurobindo n’est pas clairement défini, pas plus que la conception d’une “ descente ”. »

D’ailleurs, cette attitude n’a rien de surprenant. Comme nous aurons maintes occasions de le constater, même lorsqu’elle se trouvera immergée dans un milieu où la logique — notre logique, tout au moins — n’a plus cours, et surtout lorsqu’elle entreprendra elle-même ces expériences qu’elle appelle « mystiques », Alexandra David-Neel conservera toujours le contrôle d’une intelligence critique, aiguë et même méfiante à l’égard des doctrines, mais aussi des faits, trop vite qualifiés de surnaturels, dont elle estime, à fort juste titre, qu’il ne faut les admettre comme tels qu’une fois épuisées toutes les ressources de la raison et qu’un événement, pour le moment étrange, peut fort bien recevoir dans l’avenir son explication.

Le lendemain de son entrevue avec Aurobindo, Alexandra David-Neel prend le train pour Madras. A la gare, elle est accueillie par un gentleman fort courtois qui l’accompagne jusqu’à son hôtel et qu’elle prend pour un membre de la Société théosophique. En fait, c’est le chef de la police, venu enquêter sur ses rapports avec l’exilé de Pondichéry. Mais, lorsque Alexandra lui montre les lettres qu’on lui a remis à l’India Office de Londres pour le vice-roi et les gouverneurs des provinces, il la quitte, tout à fait rassuré. Quelques jours plus tard, elle déjeune « à la droite de Son Excellence » le gouverneur de Madras, lequel ne manque pas de lui parler d’Aurobindo.

A Madras, Alexandra David-Neel était attendue chez un certain Narasu, professeur de physique au lycée, mais l’endroit est vraiment trop malpropre et elle décide finalement de s’installer au siège de la Société théosophique, à Kalakshetra, faubourg situé au sud de la ville sur les bords de la rivière Adyar. Cette solution est à la fois économique et fort agréable ; la Société occupe une vaste propriété d’une cinquantaine d’hectares que borde la mer et ses bâtiments sont dispersés dans des jardins d’une splendeur tropicale. Près du pavillon Blavatsky où loge Alexandra, un banyan —

l'un des plus gros de l'Inde[1] — étend ses branches. La villa qu'elle occupe avec ses colonnades Louis XVI lui rappelle les Trianons : « Dedans aussi, c'est Versailles : des chambres blanches, en rotondes, boiseries blanches, portes vitrées à petits carreaux. » On lui a donné « une chambre très grande, très haute de plafond, suivie d'une vaste salle de bains et meublée à l'européenne » avec cependant « un vrai lit indien, fait d'un châssis de bois dégrossi... et dont le fond est formé de sangles entrecroisées ». Alexandra apprécie fort ce contraste qui, pour elle, est plein de signification. Malheureusement, les hôtes habituels d'Adyar n'appartiennent pas précisément à la catégorie des gens qu'elle aime à fréquenter : « A part trois érudits qui sont payés pour travailler à la bibliothèque, le reste (composé en majorité de vierges mûres) est plus effrayant que ridicule. Si tu voyais ces yeux égarés et entendais ces propos extravagants[2] ! » écrit-elle à son mari, pour enchaîner : « Au milieu de tout cela, Leadbeater, le prophète, en dépit de l'énorme scandale d'il y a dix ans[3], a réinstallé ici sa petite Sodome où il vit enfermé avec ses " disciples ", de jeunes hindous à qui nulle femme ne doit parler et à qui il enseigne, du reste, à se passer d'elles... Les néo-Grecs habitent à dix minutes de marche de la maison où je loge. J'ai entrevu le groupe un soir, sur la terrasse sacrée, et n'y suis plus retournée. Ce cercle de fous rangés autour de

1. Il vit encore aujourd'hui; sous ses branches peuvent s'abriter, estime-t-on, cinq cents personnes.

2. Lettre d'Adyar-Madras, 3 décembre 1911.

3. Le scandale auquel fait allusion A. David-Neel s'était seulement produit cinq ans plus tôt. En 1906, Leadbeater avait été exclu de la Société théosophique à la suite d'une plainte formulée par le père d'un jeune Anglais en qui Leadbeater avait reconnu une « réincarnation de Pythagore » et qu'il s'était chargé d'éduquer en conséquence. Leadbeater fut réintégré dans la société en 1908, mais, entre-temps, il avait découvert une nouvelle « incarnation » en la personne d'un jeune Indien qui, surnommé Alcyone, fut présenté en grande pompe à Bénarès, en octobre 1909 — il avait alors quatorze ans —, comme le « Christ réincarné ». Ce jeune homme qui, de son vrai nom, s'appelait Krishnamurti, devait par la suite renoncer à ce rôle. Quant à Leadbeater, après avoir provoqué un nouveau scandale qui donna lieu cette fois à un procès, il devint « évêque pour l'Australasie » au sein de l'Église vieille-catholique.

ce groupe d'invertis dans une adoration béate m'a été un spectacle répugnant, que je ne tiens pas à revoir. » Le comte de Keyserling, de passage à Adyar à la même époque, bien qu'il se déclare fort séduit par la théosophie, n'en juge pas moins que, malheureusement, la Société regroupe, en « très forte majorité », « des gens de niveau intellectuel inférieur à la moyenne, des gens enclins à la superstition, des névropathes, qui songent uniquement à leur salut personnel, avec cet égoïsme facilement porté à une joie maligne qui, de tout temps, a caractérisé tous ceux qui se considèrent comme appartenant à la race des élus[1] ». Cependant, Keyserling n'en est pas moins « fasciné » par « l'atmosphère qui règne à Adyar, une atmosphère d'attente du Messie. Parmi ceux qui y résident se trouve un jeune Hindou dont on dit qu'il deviendra un Sauveur de la génération future ». Ce jeune Hindou était Krishnamurti. Si Alexandra David-Neel n'en parle pas, c'est que, selon toute vraisemblance, Krishnamurti ne se trouvait pas alors à Adyar, mais avec son frère Nityânanda, à Oxford, où ils poursuivaient leurs études.

Si, en 1911, Alexandra note : « Adyar est monastique, mais d'un monachisme mauvais d'asile. C'est bien, en effet, la maison d'aliénés[2] », évoquant tout à la fin de sa vie[3] son séjour à Madras, elle se contentera de mentionner, avec une indulgence amusée : « Parce qu'ils séjournaient dans l'Inde, tous les habitants d'Adyar se croyaient des yogis. Tous “ méditant ” suivant une méthode ou une autre, mélangeant plusieurs méthodes analogues ou même contradictoires... » Toutefois, « on y jouissait... d'une grande liberté, car les résidents de passage n'étaient nullement tenus d'adhérer à la Société et se trouvaient à l'abri d'un prosélytisme indiscret ». Et, pour peu qu'on y habitât à l'écart, « on était plongé dans un extraordinaire silence, un silence épais, presque pal-

1. *Journal de voyage d'un philosophe*, traduction française, Paris, 1939, t. I, pp. 172-173. Écrit en 1914, mais paru en librairie seulement après la guerre, en 1919. Dès 1913, en publiant *Relations internes des problèmes culturels de l'Orient et de l'Occident*, Keyserling avait souligné, à l'usage du grand public, l'importance pour l'Occident de se pénétrer de la sagesse contenue dans les doctrines de l'Orient.

2. Lettre d'Adyar-Madras, 3 décembre 1911.

3. *Le Sortilège du mystère*, 1972.

pable... Pendant ce merveilleux hiver indien aussi chaud et lumineux que les plus radieux des étés de France[1] ».

Alexandra David-Neel pouvait ainsi fréquenter seulement qui bon lui semblait : Otto Schrader, linguiste allemand fort connu, qui était professeur de sanskrit à l'université d'Iéna et le Hollandais Van Manen, qui devint bibliothécaire de la Société asiatique du Bengale. Elle pouvait également passer de studieux moments dans la bibliothèque de la Société, une des plus riches de l'Inde[2].

Elle lit beaucoup, mais surtout elle fréquente tous ceux qui sont susceptibles de la renseigner ; elle les interroge, se fait préciser les points demeurés pour elle incompréhensibles. Car, ce qui l'intéresse, à la différence de la plupart des orientalistes contemporains exclusivement tournés vers le passé, c'est l'aspect actuel de la pensée hindoue et, sous sa forme la plus rigoureuse, la philosophie Advaïta Vedânta telle que la professe encore l'école de Shankarâcharya, le grand maître du IXᵉ siècle. Pour elle, bien qu'elle éprouve « peu de sympathie pour ses adeptes », « la théorie est indiscutable en sa lumineuse évidence ». « Le Bouddha la professait très certainement, ainsi que certains points de son enseignement le donnent à penser, mais, en sage, il a gardé pour lui ses opinions personnelles[3]. » Ainsi s'ébauche déjà, dans sa pensée, le livre qui sera le fruit de ce voyage en Inde, le complément de son *Modernisme bouddhiste*, l'étude qui « montrera un Vedânta vivant et vécu[4] ». En ce moment, elle le vit, ce qui l'amène à rencontrer un certain nombre d'érudits de Madras : « Parmi eux s'en trouvaient trois, habitant près de Mylapore. J'avais grand plaisir à écouter leurs dissertations sur des questions qui me paraissaient parfois obscures ; tantôt ils venaient me voir, tantôt nous

1. *Le Sortilège du mystère*, *op. cit.*
2. Comme Keyserling, Alexandra David-Neel a certainement rencontré Annie Besant, sinon Leadbeater ; si elle n'en parle pas dans sa *Correspondance*, c'est probablement parce que Philippe Neel avait horreur des théosophes.
3. Lettre de Rajahmundry, 30 décembre 1911.
4. *Idem.*

nous réunissions chez l'un d'entre eux[1]. » En leur compagnie, elle rend visite à une femme ascète qui vit nue dans une hutte au fond d'un jardin et à qui ils témoignent la plus grande vénération. Le surlendemain, le 28 décembre 1911, les trois amis reviennent trouver Alexandra : « La scène est dans le grand salon de la villa où je loge à Adyar. Ils sont trois devant moi, en long cafetan, la tête enturbannée de blanche mousseline lamée d'argent. Sur la peau brune de leur front sont peintes les marques sectaires des Vishnouïtes[2]... Une expression de singulière gravité est empreinte sur le visage de mes visiteurs, leur démarche même a une solennité inusitée[3]. » En effet, ils sont venus lui proposer une « chose peut-être jamais offerte à quelqu'un de ma race et, surtout, de mon sexe », une chose qui la surprend et la laisse sans voix : « l'abandon de tout, la vie de sannyâsin[4], parmi eux, jusqu'au jour où, ayant réalisé la grande réalisation : Brahman l'unique, je pourrai enseigner à l'Occident ce que nul érudit n'a su encore lui montrer : le grand *Vedânta*[5] de leurs saints et de leurs philosophes ». Ce qui suppose qu'elle va désormais vivre en yogi, « nue, ou à peu près, sous un abri quelconque, sans meubles, sans serviteurs ». Très excités, les trois hommes « parlent tous ensemble », « tour à tour, ils discutent, raillent ou exaltent en paroles enflammées la gloire du Vedânta », mais Alexandra, remise de son étonnement, ne se laisse pas convaincre : ce n'est certes pas de cette manière qu'elle comprend « le fond du Vedânta ». Cependant, ses interlocuteurs ne l'entendent pas, eux, de cette oreille. Pour eux, celle qu'ils avaient prise pour une ascète accomplie se dupe elle-même, ou tente de duper autrui, elle ne cherche pas vraiment la libération spirituelle. Épuisée, interloquée, à bout d'arguments, Alexandra se tait et, « douloureusement désappointés », ses visiteurs la quittent, non sans avoir

1. Alexandra David-Neel a raconté tout au long cet extraordinaire épisode dans *L'Inde où j'ai vécu*, pp. 274-277.
2. Sectateurs du dieu Vishnou, comme leur maître Shankarâcharya.
3. *L'Inde où j'ai vécu*, p. 274.
4. Celui qui a renoncé au monde et même à son identité personnelle et est devenu un religieux errant.
5. « L'accomplissement des Védas », doctrine prêchée, entre autres, par plusieurs philosophes, dont, en particulier, Shankarâcharya.

lancé : « Il n'y a rien à faire pour vous... Vous ne comprenez point... Jamais les Occidentaux ne comprendront... »

Sans doute, comme elle l'a écrit à son mari, Alexandra a-t-elle ri de bon cœur, mais, en fait, elle est émue, car ces fanatiques qui « ne sont point des sauvages, mais des gradués des universités anglaises » viennent de lui démontrer que ses connaissances, sa compréhension la rendaient digne d'entrer dans leurs rangs et, qui sait même ? de les dépasser : « S'ils jugent que je suis apte à recevoir des propositions du genre de celles que je viens de te narrer, écrit-elle à son mari, et qu'ils peuvent s'adresser à moi comme à une personne capable non seulement de les entendre, mais de devenir un prédicateur autorisé de la doctrine védantiste, cela prouve que j'ai saisi l'esprit, réellement difficile à comprendre en sa subtilité, de cette doctrine [1]. » Et elle ajoute fièrement : « Quand je parle, ici, avec les brahmanes, ils sentent que je parle la même langue, que je comprends les choses auxquelles correspondent les termes dont ils se servent. Sylvain Lévi avec toute sa science serait pour eux un étranger [2]. » Toutefois cela ne l'empêche nullement de conserver tout son sens critique et de juger fort sévèrement ces dévots : « Quant à la mentalité de la plupart de ces védantistes elle est simplement déplorable, anti-humaine, anti-sociale et ce n'est pas étonnant qu'ils aient conduit l'Inde à l'état misérable où elle se trouve. Il faut voir cela de près, cette population d'esclaves grouillant dans le fumier. Qu'après cela, un Vivekanânda exalte ses compatriotes, ce sont paroles en l'air que la réalité dément, car la réalité, ici, c'est sauvagerie, brutalité, égoïsme sans aucune retenue, mépris complet de l'homme pour l'homme et saleté inexprimable. »

Désormais, seulement après quelques semaines de séjour — mais elle a observé, examiné, interrogé sans relâche —,

1. Lettre datée de Rajahmundry, 30 décembre 1911.

2. Lettre de Madras, 19 décembre 1911. Il est vrai qu'à l'époque, même un indianiste aussi remarquable que Sylvain Lévi « gardait ses distances ». Il écrivait en effet : « L'Inde a donné au problème de la vie et de la destinée une solution si particulière qu'elle se sépare du reste du monde. Impuissante à dépasser l'horizon de son pays natal, elle n'a jamais pu s'élever à une vision universelle de l'homme et de la vie humaine. »

l'opinion d'Alexandra David-Neel est fixée, et son point de vue ne variera plus. Son admiration pour la pensée indienne, son élévation, sa pénétration, sa subtilité et aussi son éclatante supériorité sur la pensée occidentale, si bornée, si irréaliste, somme toute, ne cessera de s'affermir, tandis que, dans le même temps, croîtront son irritation, sa méfiance et même son mépris à l'égard de ses applications à la vie sociale.

Cette singulière séance, pour elle si instructive, eut lieu juste avant son départ d'Adyar où elle avait séjourné un mois. Le 2 janvier 1912, Alexandra David-Neel arrive à Calcutta, après avoir visité sur son parcours le fameux temple de Jaggernath dans la ville sainte de Puri. A Calcutta, elle pense ne rester que quelques jours, avant de se rendre par mer en Birmanie, à Rangoon, où, tel un symbole, se dresse jusqu'à cent vingt mètres la plus grande pagode du monde, recouverte de feuilles d'or. En effet, après Sri Lanka, avec qui elle est depuis des siècles en étroite union religieuse, la Birmanie est l'un des deux principaux centres du bouddhisme *Théravada*, la tradition la plus ancienne, sinon ce bouddhisme primitif, ce « Bouddhisme du Bouddha », auquel s'est ralliée Alexandra.

Car, si le voyage en Inde est d'abord une enquête sur le Vedânta, exécution de sa mission, accumulation de matériaux pour le livre à écrire, il est aussi, à titre plus personnel, un pèlerinage aux sources du bouddhisme, le début d'un tour du monde bouddhique. Pourtant, c'est seulement cinq ans plus tard qu'Alexandra David-Neel atteindra Rangoon, où elle ne fera qu'une brève escale au cours du long voyage maritime qui la conduira de Calcutta au Japon. En effet, et nous pourrons le vérifier à maintes reprises, quels que soient ses projets, Alexandra sera toujours prête à les modifier au gré des circonstances et à saisir les occasions lorsqu'elles se présentent. Finalement, les unes et les autres la conduiront d'abord dans les Himalayas. Partout en Inde, même lorsqu'elle s'initie auprès des pandits[1] et des swâmis[2] à la philosophie védantine, c'est en tant que bouddhiste qu'elle se

1. Savants versés dans la connaissance des textes sacrés.
2. Appellation honorifique donnée aux moines et aux sannyâsins dans l'hindouisme.

présente. Dès Madras, elle n'a nullement caché cette appartenance ; à Calcutta, elle en viendra à prêcher le *Dharma*, à exposer aux hindouistes cette doctrine du « Seigneur Bouddha », née chez eux, mais, depuis des siècles rejetée par eux. En 1912, c'était assurément faire preuve d'une belle audace.

A Calcutta, Alexandra David-Neel est cordialement accueillie par de très riches Bengalis, les Naranath Mokerjee, à qui elle a été recommandée par Dharmapâla ; mais la saleté qui règne sous le luxe dans leur maison et surtout la cuisine redoutablement pimentée qui la rend aussitôt malade lui font rechercher très vite l'ambiance assurément moins pittoresque, mais plus rassurante, d'une pension de famille anglaise, où elle s'installe dès le 9 janvier. La Société théosophique et le *Mahâ-Bodhi Samaj* ont à Calcutta des centres importants et c'est probablement au siège de cette dernière association qu'elle recrute un « charmant » moine bouddhiste bengali, « très intelligent », avec l'aide de qui elle pourra poursuivre « les traductions pâlies commencées à Ceylan ». Ce jeune moine est « un intellectuel un peu dépaysé parmi les ritualistes » et qui se propose de la mettre en relation avec les érudits de Calcutta qu'il connaît. Mais c'est le milieu anglais que, munie d'introductions, elle fréquente d'abord par obligation. En effet, Calcutta est encore, mais pour peu de temps, la capitale de l'empire des Indes. En ce moment même s'y déroule le très impressionnant *durbar*, l'audience solennelle tenue à la manière des anciens souverains de l'Inde par George V, roi du Royaume-Uni et empereur des Indes depuis l'année précédente, qui est venu se faire reconnaître par les peuples de son empire. Cette manifestation imposante, qui culmine avec le *pagent*, un défilé interminable et d'une barbare somptuosité, dont, en ce début de janvier, Alexandra est le témoin, faisait suite au *Coronation durbar* de Delhi, où le nouvel empereur et roi avait annoncé le transfert de la capitale de Calcutta à Delhi, et aussi la fin de la partition du Bengale, cause d'une agitation fiévreuse qui venait seulement de s'apaiser.

En effet, en 1905, le vice-roi, lord Curzon, avait décrété le détachement du Bengale oriental, dont la population était en majorité musulmane[1]. Les nationalistes hindous s'étaient violemment opposés à cette mesure et de graves troubles s'en étaient suivis[2], tandis que la Ligue musulmane, qui venait de se créer à cette occasion, reconnaissait la partition. Cette mesure maladroite n'avait pas eu seulement pour conséquence d'opposer hindous et musulmans, mais d'amener le Congrès national indien, jusqu'alors fort modéré, à réclamer le *svârat*, c'est-à-dire la formation d'un gouvernement indien autonome.

Le transfert de l'administration vice-royale à Delhi, qui ne devint effectif qu'au cours des années suivantes, n'empêcha nullement Calcutta de demeurer la plus grande et la plus active des villes de l'Inde, et aussi la plus anglaise. Autour du Maidan, immense parc fleuri, se dressent statues et monuments à la gloire de l'Empire. Le palais du gouvernement, celui de la Haute Cour de justice, les banques et tous les immeubles qui les environnent sont construits selon les canons de l'architecture victorienne la plus officielle. « Calcutta, note Alexandra David-Neel, à part la foule en haillons bariolés qui encombre les rues, c'est Londres dans toute la ville européenne. Le soir, le Gange, jalousant la Tamise, nous envoie un brouillard gris qui noie les choses et met des halos aux réverbères. Hier, revenant à pied par le Chawringhee j'avais l'impression de côtoyer, au lieu des Eden Gardens, St James Park ou Kensington Garden... On s'habille pour dîner le soir parmi les ladies décolletées et les gentlemen en frac. Tout cela amuse un instant, mais deviendra ennuyeux demain[3]. »

Il existe un autre Calcutta. *Kâlikata* est le nom bengali de la ville et signifie : l'endroit où débarqua Kâli, la déesse assoiffée de sang, la Mère universelle sous son aspect terrifiant, celle qu'on célèbre dans son temple, au bord du Gange, en lui sacrifiant des chèvres. En ce début de janvier 1912, Alexandra David-Neel s'y rend avec une amie fran-

1. C'est là l'origine du Pakistan oriental, créé en 1947, lors de l'indépendance, mais aussi, par la suite, de la guerre du Bangladesh de 1971.
2. L'un des chefs de ce mouvement n'était autre que Sri Aurobindo, qui fut alors emprisonné et s'exila ensuite à Pondichéry.
3. Lettre de Calcutta, 9 janvier 1912.

çaise, et note : « Nous avons retroussé nos jupes jusqu'aux mollets et littéralement pataugé dans les mares de sang des sacrifices. Quel immonde charnier[1] ! » En revanche, ce culte répugnant était aisément accepté par un haut magistrat anglais qu'Alexandra rencontre dès son arrivée à Calcutta. Sir John Woodroffe (1865-1936), aristocrate et homme de grande culture, était un des personnages les plus importants de l'administration britannique — il exerçait les fonctions de juge à la Haute Cour —, mais, dans le privé, c'était un « dévot tantrika[2], un fidèle de Kâli, pratiquant les rites de la déesse, disciple d'un gourou et ayant été initié par lui[3] ». Il arriva même à sir John de participer au *pancha-tattva*, cette cérémonie secrète qui met en jeu les cinq substances ou pratiques interdites par l'orthodoxie brahmanique et tire justement sa valeur de cette transgression. Notons qu'Alexandra elle-même, après avoir reçu le *diksha*, sorte d'initiation préparatoire que lui avait proposée un gourou shakta, fut conviée à l'une de ces cérémonies, dont elle devait donner quarante ans plus tard[4] un récit circonstancié. Mais elle s'y rendit, précise-t-elle, en tant qu' « orientaliste reporter », et non, comme sir John, comme dévot pratiquant. D'ailleurs, l'adhésion totale et aveugle de celui-ci au tantrisme n'entraîne nullement l'approbation d'Alexandra qui la critique sévèrement : « Que cherchait-il auprès de la Déesse ? Il me l'avoua, il voyait dans le rituel shakta une sorte de magie et il croyait pouvoir obtenir par elle des bénéfices matériels[5]. » Et elle se gausse même de ce qu'elle considère comme une mascarade.

Néanmoins, sir John Woodroffe l'intéresse vivement par son désir de propager en Occident la littérature si peu connue du tantrisme : « Il avait mis au service de cette entreprise sa fortune et sa vaste érudition et était l'auteur de plusieurs ouvrages fortement documentés concernant les tantras. » Pendant un moment, elle songe même à traduire ces livres,

1. Lettre de Calcutta, 9 janvier 1912.
2. Adepte du tantrisme.
3. Lettre de Bénarès, 13 août 1913.
4. Dans *L'Inde où j'ai vécu*, pp. 181-187.
5. Lettre de Bénarès, 13 août 1913.

ainsi que sir John lui en a exprimé le désir [1]. C'est grâce à lui et à sa femme, qui l'invitent dès qu'ils ont appris son arrivée, qu'Alexandra David-Neel pourra pénétrer dans le milieu difficilement accessible dont ils sont devenus les familiers. Très accueillants, les Woodroffe reçoivent beaucoup et à leurs réceptions mi-anglaises mi-indiennes convient des musiciens indigènes. Dans leur salon, Alexandra découvre avec émerveillement l'authentique musique de l'Inde : « La musique hallucinée recommence, bien menue, bien chétive, semble-t-il, et peu à peu, cependant les nerfs se mettent à son diapason... elle va, elle coule, imperturbable, sans éclat, comme sûre de son triomphe... Les voix chuchotent ironiques, irritantes : " Choisis donc la voie !... " et qui donc, à travers cette variation de l'artiste où le tintement métallique des cordes sonne strident, a ricané : " Toutes les voies sont vaines et folles ; l'homme est une bulle à la surface de l'Océan... une bulle qui pense et qui a, mesquine, l'orgueil de ses pensées. " » Pour elle, cette musique qui enveloppe et pénètre à la fois est celle du détachement, c'est la même qui résonnait aux oreilles du Bouddha, lorsque, dans l'appartement des femmes, il résolut de tout quitter, de s'enfuir. Souvent aussi, les Woodroffe emmènent Alexandra avec eux, lorsqu'ils sont invités chez des hindous, ce qui lui vaudra d'assister à des *kirtans*, c'est-à-dire des assemblées religieuses des fidèles d'un dieu, au cours desquelles on célèbre ses louanges, et même à des *kirtans* secrets, réservés aux seuls membres d'une confrérie. Là, l'excitation des dévots engendre des manifestations spectaculaires, fort surprenantes pour un Occidental : « Certains se mirent à clamer le nom de Hari (Vishnou), puis à s'exhorter l'un l'autre à vociférer *Hari bole !* c'est-à-dire " dites Hari ", car prononcer le nom de Hari passe pour avoir un effet magique sur l'esprit de celui qui le prononce, pour amener le pécheur au repentir et faire naître

1. Lettre datée de Bénarès, 13 août 1913. Les livres nombreux et rassemblant une documentation de tout premier ordre de sir John, qui les signait Arthur Avalon, furent publiés à partir de 1918 à Londres et à Madras. Depuis lors, ils sont régulièrement réédités et jouissent, même en Inde, d'une grande autorité. Quant aux traductions françaises, il n'en existe encore qu'une seule, celle de *The Serpent Power* (*La Puissance du serpent*, Dervy-Livres, Paris).

en lui l'amour de Dieu... Sur leur tambour et leurs cymbales, les deux dévots musiciens tapaient de plus en plus vite, de plus en plus fort. Quelques-uns, saisis par une frénésie de dévotion, se mirent à danser, les bras levés, et les clochettes attachées à leurs chevilles mêlèrent leur tintement au vacarme... Et tous entrèrent en action, se heurtant, se bousculant sans s'en apercevoir dans la cour trop étroite pour leurs violents ébats... Quelques-uns tombèrent agités de convulsions, l'écume à la bouche, les autres ne les virent même pas... *Hari bole !*... la porte fut violemment ouverte et le flot des dévots éperdus se précipita en vociférant dans les ruelles étroites de la ville indigène [1]. »

On conçoit qu'assez rapidement Alexandra en soit venue à renoncer, au moins provisoirement, à son voyage à Rangoon. Ici, elle pouvait étudier dans ses manifestations les plus extravagantes et les moins connues des Européens cette religion et cette philosophie hindoues dont elle avait fait l'objet de son travail.

C'est une atmosphère plus calme, plus apaisée qu'elle trouve au math de Belur dans les environs de Calcutta, où elle se rend à l'occasion de la célébration par ses disciples du cinquantième anniversaire de la naissance de Vivekanânda.

Celui-ci, de son nom civil Narendranâth Datta, était né à Calcutta le 14 janvier 1862. Après avoir fait de brillantes études anglaises, il était devenu le disciple de Râmakrishna [2]. Avant de mourir, en 1886, Râmakrishna, malgré sa jeunesse — Vivekanânda avait alors vingt-quatre ans —, avait fait de lui son successeur. Mais, tandis que Râmakrishna avait été un pur ascète traditionnel, dont le rayonnement involontaire ne dépassa guère le cercle étroit de ses disciples, Vivekanânda se fit le propagandiste en Occident du message transmis [3]. Après avoir séjourné pendant plusieurs années dans l'Himalaya, puis avoir parcouru toute l'Inde, Vivekanânda décida, comme nous l'avons vu, de se rendre au parlement des

1. *L'Inde où j'ai vécu*, pp. 106-109.

2. Voir Romain Rolland : *La Vie de Râmakrishna* et *la Vie de Vivekanânda et l'Évangile universel.*

3. Non sans l'adapter, ce que lui reprochera avec aigreur René Guénon dans *le Théosophisme.*

Religions, qui se tint à Chicago en septembre 1893. Les interventions de Vivekanânda y suscitèrent un tel enthousiasme qu'il put fonder l'année suivante la Vedânta Society de New York.

Les théosophes considéraient alors Vivekanânda comme l'un de leurs alliés et l'appelaient même « un de leurs Frères de la race aînée », désignation qu'ils appliquaient aussi à leurs fameux « Mahâtmas ». Et pourtant, ils commençaient déjà à se méfier, car, lorsque à la veille de son départ pour l'Amérique Vivekanânda alla trouver à Adyar H. S. Olcott, alors président de la Société, afin de lui demander des lettres d'introduction, celui-ci lui en remit une pour Dharmapâla qui, au lieu de le recommander, mettait celui-ci en garde contre le personnage[1]. Sans doute redoutait-on, et non sans raison, comme l'événement le démontra, la concurrence que cet hindou authentique pouvait faire à la Société. A son retour en Inde, et précisément à Madras, Vivekanânda triomphant devait attaquer la Société théosophique dans son fameux discours intitulé « Mon plan de campagne ».

Le 1er mai 1897, Vivekanânda fondait à Calcutta la « Râmakrishna Mission ». C'était non seulement un ordre monastique de sannyâsins dûment ordonnés et portant le titre de swâmis, résidant dans des math (monastères) et des ashram (lieux de retraite), mais aussi une association chargée des œuvres d'utilité publique, philanthropiques et charitables, dont des écoles et des hôpitaux, et qui pourvoyait à l'envoi hors de l'Inde des missionnaires qui devaient y créer de nouveaux centres spirituels. L'année suivante commencèrent les travaux de construction du math central à Belur. C'est là que Vivekanânda mourut à trente-neuf ans, le 4 juillet 1902.

Alexandra David-Neel avait déjà rendu visite aux swâmis de Belur dès son arrivée à Calcutta et y avait été fort bien reçue. L'endroit lui plut ; quant aux swâmis, ce sont des « hommes instruits, des lettrés et leur conversation est intéressante », mais elle reproche à leur philosophie de

1. Selon le témoignage du Swâmi Suddhabanda, secrétaire de la Râmakrishna Mission, qui avait lu la lettre (cf. Romain Rolland, *Vivekanânda*, p. 24, note 1).

manquer de flamme et de se montrer dédaigneuse des souffrances du commun des mortels. Il est vrai qu'elle n'aimait guère Vivekanânda lui-même qu'elle avait dû entrevoir en France ou en Angleterre. Elle le montre : « l'air hautain, suffisant, presque arrogant » et ajoute : « Il fut un bel orateur, un impulsif, un désordonné mental, sautant d'une idée à une autre. Il eut quelques élans vers la générosité, la lumière, mais ce furent là de brèves étincelles vite éteintes[1]... »

Aussi, quand, après sa première visite, elle quitte le math de Belur en bateau avec des jeunes gens, est-ce avec plaisir qu'elle répond à leur curiosité, en leur parlant « de ce qu'enseignait le Seigneur Bouddha, il y a vingt-cinq siècles, plus haut sur le cours du même Gange à Bénarès ». Et l'apothéose de Vivekanânda, en ce 14 janvier, cette adoration qu'on témoigne à son image l'agace prodigieusement. En revanche, elle a le plus grand respect pour ce « saint » que fut Râmakrishna et c'est pourquoi, après le « festival », où elle note sans fierté qu'elle était « le seul Européen et la seule femme », elle remonte le Gange jusqu'à Dakshineswar, le temple dont il fut le desservant et où il connut l'union parfaite avec Dieu. « Le temple, note-t-elle, est l'un des plus beaux du nord de l'Inde, entouré de jolis jardins. J'ai été voir la chambre où Sri Râmakrishna a vécu, l'arbre où il a cherché l'illumination, et celui où il avait coutume de s'asseoir après son illumination[2]. » Mais on la reconnaît — dans certains milieux, tout au moins, on a déjà beaucoup entendu parler de cette singulière bouddhiste venue d'Europe — et elle se trouve, une fois de plus, en train de prêcher la doctrine à une « foule compacte », tandis que le soleil se couche tout rouge dans les nuages et qu'à leurs pieds coule le Gange, gris bleuté avec des reflets de cuivre. Elle s'aperçoit avec étonnement qu'on ne demande qu'à l'entendre et, par la suite, malgré les invitations à la prudence de ses amis anglais ou indiens, elle ne se privera pas de diffuser le message du Bouddha, même auprès des bouddhistes, ainsi que nous aurons sous peu l'occasion de le voir. En remontant le Gange, elle a pris une

1. Lettre de Calcutta, 13 janvier 1912.
2. Lettre du 13-15 janvier 1912.

photo, celle d'un cadavre à demi décomposé. Voilà, note-t-elle, « un charmant document à montrer aux chantres de l'Inde antique », mais, repassant au même endroit quelques heures plus tard, elle ne trouve plus rien : les vautours ont fait place nette. Et cela aussi, c'est l'Inde.

Son pèlerinage ramakrishnien ne serait pas complet sans une visite à celle qui fut l'épouse du Saint, Çarada Dévî, la petite fille de cinq ans que Râmakrishna vit au cours d'une transe, mais qui lui était inconnue, lorsque sa mère voulut qu'il se marie. Il avait vingt ans de plus qu'elle et elle ne le rejoignit que lorsqu'elle eut quatorze ans. Ce fut un mariage blanc et Râmakrishna rendit à sa jeune épouse un culte en tant que Mère divine. Le lundi 15 janvier, Alexandra David-Neel va s'incliner devant « la veuve de l'homme divinisé ». Elle lui trouve « un bien joli visage, très jeune, extraordinairement jeune pour une femme de soixante ans et une Orientale ; elle n'a pas de rides et ses yeux sont les plus beaux du monde, pleins d'intelligence et de vie[1] ».

Malgré les réserves qu'elle faisait sur la personnalité de Vivekanânda, Alexandra fut loin de demeurer insensible aux confidences que lui fit l'un de ses plus proches disciples, qu'elle ne nomme pas, mais qui était selon toute vraisemblance le swâmi Premânanda, car elle précise qu'il accompagna son maître « dans la dernière promenade qu'il fit avant de regagner sa chambre, où on le retrouva le lendemain mort, assis en posture de méditation[2] ». Elle ajoute « Je retiens de ces confidences que Vivekanânda a quitté volontairement ce monde par le moyen de l'extase libératrice. » Par la suite, Alexandra David-Neel ne manquera pas de rendre visite aux différentes missions Râmakrishna réparties dans toute l'Inde, non seulement à cause des facilités qu'elles pouvaient lui procurer, mais en raison de la sympathie qu'elle éprouvait pour les moines de l'ordre. Elle fut même particulièrement liée à l'un d'entre eux, swâmi

1. Çarada Dévî avait alors cinquante-six ans. Elle ne mourut qu'en 1924, « aimée et vénérée de tous », ayant survécu de près de quarante ans à Râmakrishna.

2. Telle était en effet la conviction profonde des disciples alors présents, dont Romain Rolland, qui a rassemblé leurs témoignages, se fait l'écho dans son livre sur Vivekanânda.

Turiyânanda, qu'elle devait rencontrer à Bénarès l'année suivante.

A Calcutta, Alexandra David-Neel est inlassable, infatigable ; elle veut avoir vu tous ceux qui peuvent apporter à son enquête quelque aspect nouveau, complémentaire. Elle explore systématiquement l'hindouisme, aussi bien dans ses formes les plus traditionnelles que dans sa renaissance moderne due en partie au contact avec l'Occident. Aussi note-t-elle au bout de trois semaines de séjour : « Les jours passent avec une rapidité vertigineuse, et toutes ces choses que je fais sont choses à élaborer lentement, sans précipitation. Un jour on cueille ceci, le lendemain cela. Les hindous sont lents à accoucher et, d'ailleurs, le sujet ne supporte pas la hâte afin de pouvoir exposer ensuite une relation qui ne soit pas une caricature. » Et aussi : « Plus je séjourne et je pénètre ici, plus cette idée du " tragique " m'apparaît claire en tout. Tout est tragique, ici, l'art, la religion, les imaginations, les consciences, la vie journalière ou les simples faits et gestes, il y a un reflet de la " terreur sacrée " dont parlent les anciens [1]. »

Ce voyage en Inde est donc une réussite inespérée et telle qu'elle ne peut pas ne pas le continuer : « Je suis partie sur un chemin que je ne retrouverai peut-être pas si je m'en détourne. Les relations affluent autour de moi et il semble qu'un bon génie marche devant moi pour m'ouvrir toutes les portes et me faciliter toutes choses [2]. » Mais elle a un mari qui l'attend, elle ne l'oublie pas, puisqu'elle lui écrit souvent et de longues lettres. Philippe Neel a remarqué au passage que des études du genre de celles qu'elle poursuit « pourraient bien la retenir en Asie toute une vie ». En réponse, elle lui demande son avis : honnêtement, serait-il raisonnable qu'elle rentre déjà, alors qu'elle est si bien partie ? L'accueil qu'on a fait à son livre, *le Modernisme bouddhiste*, les articles de critique qu'il lui a fait parvenir en Inde, et même « l'âpreté avec laquelle le clan clérical le combat », tout cela ne prouve-t-il pas qu'elle est sur la voie du succès, donc de l'indépen-

1. Lettre de Calcutta, 21 janvier 1912.
2. Lettre de Calcutta, 26 février 1912.

dance ? Bientôt, elle cessera de lui être à charge. Incontestablement, le futur ouvrage qu'elle prépare en Inde sur le Vedânta [1]« sera peut-être encore plus sensationnel », et puis, au retour, elle aura à faire des conférences qui la « mettront très en vue ». Seulement..., « ces situations-là demandent à être étayées par une érudition suffisante », car on la guette, sa position « est difficile parmi les orientalistes. Ils ne (la) considèrent pas comme une quantité négligeable et (la) discuteront » ; elle sera même d'autant moins épargnée qu'elle est femme et qu'elle a « la singularité d'être une bouddhiste pratiquante et militante [2] ». La conclusion ? Elle va de soi. Avant d'être en mesure de poursuivre, seule, auprès de lui, ses études, il faut d'abord qu'elle acquière sur place les bases indispensables, ce qui se traduit par la nécessité d'un voyage dans la Birmanie hinayaniste, complémentaire de son séjour à Ceylan, et aussi au Japon, afin d'y étudier le bouddhisme *Mahâyâna* [3]. Elle y a d'ailleurs des amis et, le matin même, elle a reçu la visite d'un prêtre japonais de la secte Nichiren qui l'a, bien sûr, convaincue de la nécessité de s'y rendre. « Ah ! que c'est compliqué d'être orientaliste et d'avoir un Alouch en même temps. » Mais Alouch est compréhensif, il va — n'est-ce pas ? — se rendre à ses raisons : « Dois-je te dire que ce programme exigerait encore des mois ? Penses-tu, Mouchy, qu'étant donné notre situation, nos caractères, nous devions faire le sacrifice de nous résigner à une séparation encore de quelque durée [4] ! »

Le 12 janvier, Alexandra se rend au collège de sanskrit qui fait partie de l'université de Calcutta. On l'y connaît déjà de réputation et elle est reçue avec les plus grands honneurs. Le principal du collège fera même passer le lendemain une note aux journaux relatant sa visite et indiquant qu'elle aurait eu des conversations du plus haut intérêt avec les professeurs. Il n'y a pas plus de dix jours qu'elle est arrivée à Calcutta et déjà

1. Ce livre, Alexandra l'écrira, mais ne le publiera pas ; le texte en existe, manuscrit, aux archives de Samten Dzong.

2. Lettre de Calcutta, 26 février 1912.

3. Rappelons ici qu'elle ne fera que passer en Birmanie, quatre ans plus tard, avant de se rendre au Japon.

4. « Résignée », elle l'est bien certainement. Quant à lui, il devra encore patienter quatorze ans.

tout le monde religieux sait qu'une femme, une Européenne, qui se proclame bouddhiste, ce qui est déjà surprenant, non seulement fait une enquête en règle sur les diverses formes de l'hindouisme et témoigne d'un désir ardent de s'instruire, ce qui étonne encore davantage, mais fait preuve de connaissances telles qu'elle peut discuter d'égal à égal avec les pandits les plus savants. Et l'on n'en revient pas. Aussi est-elle la bienvenue partout et partout fêtée. Cet accueil dépasse de loin tout ce qu'elle avait pu espérer, et elle le met à profit. Non seulement elle interroge les pandits du collège, qui sont choisis, précise-t-elle, parmi les membres les plus éminents du corps universitaire et qui sont en Inde les équivalents « de nos professeurs du Collège de France ou de la Sorbonne », mais l'un d'eux vient chez elle le lendemain passer « deux grandes heures » à lui parler des théories de Sankarâcharya [1]. Sans doute est-ce le même pandit qui, quatre fois par semaine et pendant deux heures, viendra lui expliquer les principaux ouvrages philosophiques, explications que non seulement elle notera le lendemain matin, mais qu'elle lui soumettra, afin qu'il corrige les erreurs qu'elle aurait pu commettre.

Les ressources intellectuelles et spirituelles de Calcutta lui paraissent infinies, Et, en effet, sont originaires de cette ville, ou tout au moins du Bengale, non seulement Râmakrishna, Vivekanânda et aussi Aurobindo, mais presque tous ceux qui furent à l'origine du renouveau de l'hindouisme au XIXᵉ et au début du XXᵉ siècle. C'est un brahmane bengali, Râm Mohan Roy (1772-1833), surnommé le « père de l'Inde moderne », qui, le premier, fit sortir l'hindouisme de son isolement et donna l'impulsion à un renouveau fondé sur la purification et la simplification doctrinales. Le *Brahmâ-Samaj*, qu'il fonda en 1828, était destiné à restaurer l'hindouisme dans son état supposé originel, c'est-à-dire monothéiste, en s'opposant au culte des idoles considéré comme une dégénérescence et, par là, à préparer l'avènement d'une future religion universelle. Mais c'est seulement avec son successeur Débendranath Tagore (1817-1905) que le *Brahmâ-Samaj*, organisé par lui en communauté à partir de 1843, s'épanouit et gagna une grande partie de l'élite bengalie. Débendranath Tagore appartenait à

1. Le grand maître de Védanta au VIIIᵉ siècle.

une illustre famille bengalie ; homme aussi cultivé que désintéressé, il jouit personnellement d'un très grand prestige qui lui valut le titre de Mahârshi (*mâha-rishi*, grand sage ou grand saint). Persuadé, à l'inverse de son maître, que le christianisme n'avait rien à apporter à l'Inde, il rechercha dans les textes anciens les éléments propres à appuyer la réforme, mais dut se rabattre sur les Upanishads de date récente et finalement en composer une lui-même, la *Brahmi-Upanishad*, considérée par les Brahmos comme le couronnement de toutes les autres. Malgré son attitude négative à l'égard du christianisme, il est facile de relever dans son œuvre de nombreux traits qui témoignent de cette influence : le livre intitulé *Brahmâ-dharma*, constitué d'extraits de textes sacrés anciens et modernes, par sa composition et l'usage qui en fut fait, s'inspirait du *Prayer Book* protestant ; la croyance en un Dieu unique, considéré comme une « Personne douée de hautes qualités morales », les notions de péché et du repentir nécessaire pour accéder au pardon et à la rédemption, étrangères à l'hindouisme classique, ressemblaient bien à des emprunts.

C'est cet aspect qui fut sensible à Alexandra David-Neel lorsque, le 13 janvier 1912, elle rendit visite à l'une des branches du *Brahmâ-Samaj* à Calcutta : « Là, cela sent le protestantisme, on se croirait un peu chez des unitariens... Les Brahmos se recrutent uniquement parmi les classes élevées de la société, il n'y a pas d'éléments populaires parmi eux, ce qui est le cas également chez les unitaires [1]. » Notons qu'en quelques mots, dans le style familier d'une lettre, l'essentiel est dit. Même impression quelques jours plus tard, lorsqu'elle assiste à un « service » dans une autre branche : « C'est tout à fait un temple (protestant) et j'ai, en y entrant, éprouvé l'impression de satisfaction et de confortable que donne un terrain connu. Le ministre, lui aussi, sent terriblement le clergyman. Trop, beaucoup trop, en ce pays des dieux exubérants. Il n'est pas orateur et s'éternise en des prières qui lassent l'attention des assistants [2]. » En janvier 1912 encore, Alexandra est invitée à une soirée dans la famille

1. Lettre de Calcutta, 13 janvier 1912.
2. Lettre de Calcutta, 16 janvier 1912.

Tagore puis se rend à Santiniketan (Demeure de la Paix), près de Belpour, à quelque distance de Calcutta, où Rabindranath Tagore a fondé, en 1901, une sorte de collège mixte qui allait être aussi un centre de spiritualité et de rayonnement artistique. Elle en goûte « l'atmosphère toute particulière de recueillement..., la gravité douce de cette thébaïde de jeunes ermites studieux[1] ». Elle n'y rencontra pas le maître de céans ; Tagore se trouvait alors en Occident où il faisait une série de conférences qui devaient lui acquérir un certain renom ; celui-ci se transforma en gloire, quelques mois plus tard, lorsque fut traduit en anglais son livre de poèmes, le *Gitanjali*, lequel lui valut en 1913 le prix Nobel, et fut traduit en français par André Gide, sous le titre *l'Offrande lyrique* en 1914. En revanche, Alexandra vit à Calcutta une exposition des peintures et des dessins de Tagore qui la laissa déconcertée, car, pour elle, cette œuvre graphique révélait un tout autre aspect, peu connu, de la personnalité du maître du Santiniketan. Ces œuvres étaient, notera-t-elle quarante ans plus tard, terrifiantes, c'étaient celles « d'un voyant qui avait contemplé un enfer beaucoup plus horrible que celui dépeint par Dante ». Ainsi se révélait à son œil perspicace de quel prix Rabindranath Tagore avait payé sa sérénité.

Mais, en 1912, le temps du *Brâhma-Samaj* scindé en plusieurs sectes était déjà passé. La branche primitive, devenue l'*Adi-Samaj*, survivait difficilement depuis la mort de son chef Débendranath Tagore. Rabindranath, son fils, bien que foncièrement attaché à l'hindouisme, mais occupé par son œuvre propre, le développement du centre de Santiniketan et aussi par ses très nombreux voyages, ne soutenait l'*Adi-Samaj* que par respect pour la mémoire de son père et, lorsqu'il mourut en 1941, l'*Adi-Samaj* cessa pratiquement d'exister.

En 1912, un autre groupe réformateur exerçait déjà une action beaucoup plus étendue ; l'*Arya-Samaj* comptait alors deux cent quarante trois mille membres, alors que le *Brahmâ-Samaj*, qui n'avait jamais touché qu'une élite occidentalisée, avait seulement quelques milliers d'adhérents. L'*Arya-Samaj* avait été fondé en 1875 à Bombay par Dayânanda Sarasvatî

1. Dans *L'Inde où j'ai vécu*, p. 213.

(1824-1883) qui, à la différence des précédents réformateurs, était de formation exclusivement indienne. En réaction contre ses prédécesseurs, Dayânanda rejetait toutes les religions, y compris l'hindouisme contemporain, au profit exclusif d'un monothéisme (hypothétique) appuyé sur les Védas, réinterprété par ses soins et considéré comme contenant déjà en substance les idées et les découvertes de la science occidentale. Par conséquent, nul besoin de chercher ailleurs. Bien que ces interprétations, souvent très fantaisistes, aient été contestées non seulement par les tenants de l'orthodoxie, mais aussi par les linguistes modernes, l'*Arya-Samaj*, qui entendait réunifier l'Inde et lui redonner son ancienne splendeur, satisfaisait et la fierté indienne et le mouvement nationaliste qui commençait alors à se développer ; de là vint son succès.

A la suite de la fondation de la Société théosophique, en novembre 1875, quelques mois seulement après la création de l'*Arya-Samaj*, quand Hélène Blavatsky fit des avances à Dayânanda Saravastî, celui-ci ne les repoussa nullement. La déclaration de principes de la Société théosophique proclamait en effet : « Le *Brahmâ-Samaj* a commencé sérieusement le travail colossal de purifier les religions hindoues des écumes que des siècles d'intrigues des prêtres leur ont infusées » et ajoutait : « Les fondateurs (de la Société théosophique), voyant que toute tentative d'acquérir la science désirée est déjouée dans toutes les autres contrées, se tournent vers l'Orient, d'où sont dérivés tous les systèmes de religion et de philosophie. » Le *Brahmâ*, alors très divisé, se tint coi ; en revanche, fut conclue en 1877 entre la Société et l'*Arya-Samaj* « une alliance offensive et défensive[1] », aux termes de laquelle, d'ailleurs, la Société devenait une des sections de l'*Arya-Samaj*. Cette alliance ne dura guère ; elle fut dénoncée en 1882 par Dayânanda qui déclara qu'Hélène Blavatsky, qu'il avait eu l'occasion de rencontrer lors de son voyage en Inde en 1878, était une « tricheuse » *(trickster)*, « qu'elle ne connais-

1. Lettre de Mme Blavatsky à sa sœur, 15 octobre 1877, citée par René Guénon dans *le Théosophisme*, p. 29.

sait rien de la science occulte des anciens yogis et que ses soi-disant phénomènes n'étaient dus qu'au mesmérisme, à des préparations habiles et à une adroite prestidigitation[1] ».

Quoi qu'il en soit, Alexandra David-Neel fut certainement en rapports très étroits avec l'*Arya-Samaj*, puisqu'on lui proposa d'étudier à l'Anglo Vedic College, établi par l'Arya à Lahore, et qu'elle reçut quelques jours plus tard une lettre du gouverneur de Gurukala, un autre collège sis à Harvâr, qui appartenait à la branche conservatrice de l'*Arya-Samaj*, alors que l'Anglo Vedic College était dirigé par les progressistes de cette association.

Ce n'étaient d'ailleurs là que deux des multiples propositions qu'elle reçut à Calcutta. L'une des plus tentantes lui venait de la Râmakrishna Mission qui lui offrait de séjourner pour l'été dans sa résidence himalayenne. En effet, Alexandra David-Neel pensait quitter Calcutta, avant que les fortes chaleurs qui commencent tôt au printemps lui en rendent le séjour insupportable. Mais s'ouvrait devant elle une autre possibilité, plus attirante encore, celle de se rendre dans l'Himalaya et en pays bouddhiste, le Sikkim. Dès février 1912, il semble que tout soit déjà au point : elle se rendra à Darjeeling, dès qu'elle aura « l'appui du rajah local ». A l'époque, Darjeeling est une ville anglaise ; elle fut achetée en 1838 au mahârâdjah du Sikkim, et le gouverneur du Bengale y a sa résidence d'été. A Darjeeling aussi est présente la Société théosophique : le mahârâdjah de Cooch-Behar y a établi une branche dont il est le président. Ce mahârâdjah, gendre de Keshab Chandra Sen, le célèbre réformateur du *Brahmâ-Samaj*, est mort en 1911, mais son fils et successeur semble avoir eu les mêmes orientations que son père. Et l'on peut donc se demander si ce n'est pas grâce à l'appui de la Société théosophique qu'Alexandra fut si bien introduite à Darjeeling. A la fin de février 1912, après avoir donné, « devant un auditoire lettré » une conférence sur le bouddhisme, dont le texte fut publié dans les principaux journaux de Calcutta, Alexandra annonce à son mari, le 14 mars, son départ imminent :

1. Cf. René Guénon, *le Théosophisme*, p. 31.

« Je pars cette semaine pour le Sikkim. » En effet, elle a dû quitter Calcutta vers le 20 mars. Elle pensait alors ne faire là-haut qu'un bref séjour ; en fait il durera sept mois, et ces sept mois seront décisifs dans son évolution.

Chapitre 4

Le petit mahârâdjah du Sikkim

« Oui, très cher, je suis partie ce matin avec mes gens. Juchée sur mon " coursier " dans le matin rose un peu lumineux, j'ai songé à Don Quichotte partant chercher aventure. » Ainsi, le 11 avril 1912, dans une lettre datée de Lopchoo (ou Lapchao), Alexandra David-Neel annonce-t-elle à son mari son vrai départ, son départ vers l'inconnu, avec un accent de triomphe, mais que corrige, comme toujours chez elle, une légère pointe de raillerie à son propre égard.

L'inconnu ? Le Sikkim l'est non seulement pour elle, mais pour presque tous les Européens. Sans doute y a-t-il un résident anglais et quelques officiers à la capitale et dans le pays deux ou trois missions protestantes, anglaises ou suédoises, mais, en 1912, ces implantations sont encore très récentes, car, si le Sikkim est protectorat britannique depuis 1861, cette « protection » n'a pas été reconnue par le Tibet, suzerain traditionnel du Sikkim, ni par la Chine dont le Tibet est lui-même vassal. En 1888, les armées tibétaines ont tenté, en vain d'ailleurs, car elles ont été battues, d'envahir le pays. Finalement Pékin a dû se résigner et, en 1890, accepter la présence du résident anglais auprès du mahârâdjah du Sikkim [1].

1. A la suite de l'indépendance de l'Inde, le Sikkim est devenu protectorat indien depuis 1949. La tension entre l'Inde et la Chine

Cette petite principauté himalayenne, située au pied de la chaîne de l'Everest, limitée à l'ouest par le Népal, au nord et à l'est par le Tibet et au sud-est par le Bhoutan, correspond au bassin supérieur de la Tista, affluent du Brahmapoutre, ainsi qu'aux vallées de plusieurs autres petites rivières. Du Kachenjunga qui culmine à huit mille cinq cent soixante-dix-neuf mètres, l'altitude s'abaisse progressivement jusqu'aux collines méridionales de la frontière indienne[2]. A moins de mille six cents mètres règne une végétation tropicale luxuriante et un climat chaud et humide, surtout lors de la mousson d'été qui remonte du golfe du Bengale, mais, entre mille six cents et trois mille cinq cents mètres, le climat devient tempéré et l'occupation humaine beaucoup plus dense.

Gouverné depuis 1642 par une lignée de souverains — les mahârâdjahs ou chogyals[3] —, d'origine tibétaine et vassale du Tibet, jusqu'à l'intervention britannique au XIXe siècle, le Sikkim a un peuplement hétérogène. Les premiers occupants du pays furent les Lepchas, d'origine mongole — aujourd'hui ils ne sont plus que mille trois cents —, chasseurs et forestiers, devenus paysans ; puis vinrent du proche Bhoutan les Bhoutias, montagnards d'origine tibétaine qui furent supplantés par les Népalais, envahisseurs des vallées périphériques ; petits, vigoureux et entreprenants, belliqueux aussi,

---

populaire a provoqué, à partir de 1962, un renforcement de la présence de l'Inde, soucieuse de protéger la frontière sikkimo-tibétaine, fermée depuis la fuite du dalaï-lama en 1959 et où les incidents avec les gardes-frontières chinois sont assez fréquents. La surveillance indienne est assurément justifiée : en effet, le col Natu La, voie d'accès traditionnel du Tibet, constituerait un passage idéal pour une invasion chinoise en direction de la vallée du Gange. Mais, malgré la modernisation des moyens de transport, le Sikkim, où ne sont accordés que minutieusement et pour une brève durée les permis de séjour aux étrangers, est en définitive plus difficile d'accès que du temps d'A. David-Neel, et l'on ne pourrait plus aujourd'hui y circuler, comme elle l'a fait.

2. Actuellement, frontière avec le Bangladesh.

3. Le dernier mahârâdjah, Palden Thondup Nanyyal, couronné en 1963, a été renversé en 1973 par un coup d'État. En 1975, l'Inde a mis fin à la monarchie et imposé le rattachement du Sikkim à l'Union indienne.

car ils forment le corps des Gurkhas, élément d'élite de l'armée, les Népalais forment aujourd'hui les trois quarts de la population. Si les Lepchas, païens convertis de longue date, et les Bhoutias sont bouddhistes, les Népalais, eux, sont hindouistes et, de ce fait, l'hindouisme est la religion la plus répandue. Cependant, la dynastie et beaucoup de moines étant d'origine tibétaine, la religion officielle demeure le Vajrayâna, bouddhisme tantrique lamaïste, lequel a reçu récemment un sérieux renfort avec l'arrivée de plus de quatre mille réfugiés du Tibet. Pour Alexandra David-Neel, cette entrée au Sikkim est une rupture, la pénétration enfin dans cette « Asie mongolique », cette « Asie jaune », dont elle rêve depuis bien longtemps, on pourrait même dire depuis toujours. « On se sent loin en traversant ces forêts himalayennes avec leurs arbres énormes, pourris de vieillesse, tout creux, vêtus jusqu'au faîte de longues mousses pendantes... On croise de temps en temps des cavaliers en costume tibétain, le fouet mongol à la main, des piétons ayant à la ceinture on ne sait quel extraordinaire coutelas recourbé, vraiment trop gigantesque pour qu'on puisse s'en servir pour tuer. » Depuis Darjeeling, à deux mille quatre cents mètres d'altitude, elle a emprunté le chemin des crêtes, un peu plus long, mais qui lui permet d'éviter la touffeur humide de la jungle du Téraï qu'elle ne rejoint que pour traverser la rivière Tista. Lorsqu'on a franchi les deux ponts suspendus, commence la lente remontée vers Kalimpong, à mille trois cent soixante mètres. A Kalimpong l'attend un des événements majeurs de sa vie, un de ceux auxquels elle n'aurait même pas osé rêver : elle va rencontrer le dalaï-lama lui-même. Bien qu'il n'en soit pas question dans sa correspondance, c'est là probablement la raison de son départ de Calcutta ; il est très vraisemblable qu'elle s'est munie de toutes les introductions désirables.

Celui qu'elle va rencontrer, T'ub bstan rgya mts'o, est le treizième successeur de dGe-adun-grub (1391-1475), disciple du grand réformateur Tsong-K'a-pa (1357-1419), lequel fit respecter les règles strictes de la discipline monastique, qui s'était beaucoup relâchée. Ces moines réformés constituèrent, sous le nom de Gelugs-pa, un nouvel ordre religieux qui se distingua des autres par le port, pendant les cérémonies, d'un haut bonnet pointu de couleur jaune. Les Gelugs-pa durent leur rapide succès à l'énergie de dGe -adun-grub devenu, à la mort de Tsong-K'a-pa, le chef de la nouvelle école. Lorsqu'il mourut à son tour, s'établit l'usage de rechercher l'enfant sous la forme duquel il n'avait pas manqué de se réincarner afin de poursuivre son œuvre, accomplissant ainsi sa mission de bodhisattva. Tsong-K'a-pa et dGe-'dun-grub furent alors identifiés à des incarnations terrestres du Grand Compatissant, le bodhisattva Avalokitesvara, en tibétain *s-Pyan ra Tchérenzi*, et il en fut de même de leurs successeurs jusqu'à aujourd'hui.

Cependant ce n'est qu'à partir de 1578 que les chefs des Gelugs-pa reçurent le nom de dalaï-lama. Il leur fut conféré par Altan Khan, le plus puissant des chefs mongols, qui dominait dans les régions frontalières du Tibet et de la Chine et avait été converti, ainsi que son peuple, par le troisième successeur de dGe-'dun-grub, Bsod nams rgya mts'o (1543-1588). Celui-ci sollicita l'aide des Mongols pour étendre l'influence des Gelugs-pa sur le Tibet. Il se rendit à cette fin auprès d'Altan Khan. Lors de son second voyage, en 1578, Altan Khan lui donna le titre de *Ta-le*, que nous écrivons « Dalaï » et qui signifie « Océan » — sous-entendu, de sagesse. Bsod nams rgya fut considéré comme le troisième dalaï-lama, ses deux prédécesseurs devenant rétrospectivement le premier et le deuxième dalaï-lama. Bsod nams rgya ne regagna pas le Tibet, mais mourut en Mongolie en 1588. Sa réincarnation se trouva être, comme par hasard, un arrière-petit-fils d'Altan Khan, né l'année qui suivit la mort du troisième dalaï-lama. L'aide militaire des Mongols était désormais acquise aux dalaï-lamas dont le cinquième, grâce à eux, put gouverner tout le Tibet. La dynastie mandchoue, qui régnait en Chine, succéda aux Mongols au XVIIIe siècle, en tant que protectrice et suzeraine du Tibet.

Quant au treizième dalaï-lama, T'chub bstan rgya mts'o — celui qu'allait rencontrer Alexandra —, né en 1876, il présentait cette particularité d'être demeuré en vie bien après avoir reçu les pleins pouvoirs, alors que ses quatre prédécesseurs immédiats étaient morts dans l'enfance, ou bien n'avaient eu qu'un règne nominal de quelques mois. Ce qui fit que, depuis le début du XIXe siècle, le Tibet n'avait été gouverné que par des régents. Lorsque T'chub bstan rgya mts'o prit le pouvoir à sa majorité en 1895, l'ex-régent tenta bien de le remettre en tutelle, mais le treizième dalaï-lama réagit énergiquement et le félon mourut en prison. La situation n'en était pas moins fort compliquée, surtout du fait des Anglais. Ayant déjà imposé leur protection au Sikkim, ceux-ci jugèrent qu'ils ne pouvaient se désintéresser du Tibet qui, depuis 1792, en accord avec la Chine, s'était hermétiquement fermé aux étrangers. L'empire chinois était alors singulièrement affaibli, mais une autre puissance devenait menaçante en Asie centrale, l'empire russe. Les Britanniques tentèrent de nouer avec le Tibet au moins des relations commerciales, mais un accord conclu en 1893 ne fut jamais exécuté par le Tibet et celui-ci ne répondit même pas aux avances anglaises. C'est alors que le vice-roi, lord Curzon, décida de frapper un grand coup. Une expédition militaire commandée par le colonel Younghusband passa la frontière et atteignit Lhassa en 1904. Le treizième dalaï-lama se réfugia en Mongolie, tandis que les autorités demeurées à Lhassa étaient contraintes de signer un traité qui ouvrait le Tibet au commerce indien. Mais la Chine, tenue à l'écart du conflit, entendait ne pas laisser oublier sa suzeraineté. Elle traita directement avec le gouvernement anglais, lequel n'avait guère goûté l'initiative prise par lord Curzon, qui dut d'ailleurs démissionner l'année suivante. La convention signée à Pékin en 1906 confirmait bien l'accord anglo-tibétain, mais reconnaissait le statu quo : suzeraineté chinoise et fermeture du pays. Un an plus tard, un accord anglo-russe garantissait la sûreté des frontières himalayennes.

Resté en Mongolie, le dalaï-lama se rendit à Pékin en 1908, où il fut reçu par l'empereur et l'impératrice douairière ; un an plus tard, il faisait son entrée à Lhassa. Mais la dynastie mandchoue, dont le pouvoir en Chine chancelait, crut habile de se ménager à peu de prix un succès éclatant. Elle plaça le Tibet oriental sous administration chinoise directe, puis, en 1910, lança un corps expéditionnaire sur Lhassa qui fut occupé. Le dalaï-lama dut à nouveau s'enfuir, mais cette fois en Inde et comme hôte du gouvernement britannique.

Quelques mois plus tard, la révolution éclatait en Chine et un empire millénaire cessait d'exister. La garnison chinoise de Lhassa, entrée en rébellion, fut maîtrisée par les Tibétains et dut capituler. C'est sur le chemin du retour triomphal vers Lhassa, où il allait châtier durement les partisans de la Chine, que s'arrêta à Kalimpong, en avril 1912, le treizième dalaï-lama.

Au rendez-vous historique de Kalimpong, Alexandra David-Neel arrive le 13 avril. Bien qu'elle ait des ennuis avec un jeune *boy*, elle est radieuse. Le mahârâdjah du Sikkim qui l'attendait a fait venir avec lui, pour s'occuper d'elle, un lettré, le directeur du collège de Gangtok, sa capitale. On ne pouvait mieux choisir, ainsi que nous le verrons plus loin. Ce jour-là, 14 avril 1912, Alexandra note simplement le plaisir qu'elle a eu à converser avec ce personnage : « Il m'a raconté des choses fort intéressantes... J'ai été ravie de ce que j'ai entendu de lui sur le bouddhisme tibétain. Vraiment j'avais l'intuition de ces choses et quand j'ai écrit à leur sujet que " probablement " l'interprétation était telle ou telle, j'étais dans la bonne voie. » Et en effet, une telle approbation avait plus de valeur encore que ne l'imaginait alors A. David-Neel.

Dès qu'elle est arrivée, le mahârâdjah, qui a été élevé en Angleterre, fait parvenir sa carte à l'étrangère. Elle se rend aussitôt auprès de lui et trouve « un jeune homme très aimable » et paraissant « fort intelligent », « magnifiquement habillé de brocart vieil or ». Ce jeune prince Kumar est le fils du mahârâdjah régnant. L'audience aura lieu le lendemain. Alexandra exulte : « C'est évidemment un événement pour moi, car être reçue par le " pape " d'Asie est, pour une Européenne, beaucoup moins banal que d'être reçue au Vatican. » Et elle ajoute : « Mais, pour lui aussi, c'est un événement, puisque je suis la première femme d'Occident qu'il consent à recevoir. » Cette réception, en effet unique, pose même quelques petits problèmes d'étiquette. Non seulement il a fallu choisir un jour et une date fastes, mais on se demande si, en tant qu'Européenne, elle exigera une chaise, ou si, en tant que bouddhiste, elle se contentera d'un coussin posé sur un tapis. Elle met aussitôt ses interlocuteurs à l'aise : le Premier ministre s'asseyant ainsi, elle ne voit vraiment pas pourquoi elle serait humiliée d'en faire autant. Mais, remarque Laden La, le directeur du collège, la coutume veut aussi que les fidèles s'agenouillent, afin que Sa Sainteté puisse les bénir. Alexandra a un sursaut : ce geste lui rappelle son enfance ; depuis lors, en bonne huguenote, elle a décidé de ne plus ployer le genou devant qui que ce soit. Elle fera seulement une révérence de cour, comme autrefois devant la reine des Belges. Quant à la bénédiction, eh bien ! elle s'en passera ! Laden La reste quand même préoccupé. Aussi croit-il bon d'en référer en secret au dalaï-lama et à son entourage afin de trouver une solution satisfaisante pour les deux parties. Le lendemain, avant l'audience, il est en mesure de préciser : « Quand vous aurez salué Sa Sainteté, approchez-vous, il posera sa main sur votre tête pour vous bénir, vous n'aurez qu'à vous incliner en signe de remerciement. » Ainsi, tout est réglé, mais maintenant Alexandra se demande si elle pourra poser au dalaï-lama, très absorbé par ses soucis politiques, la série de questions qu'elle a préparée, s'il aura le loisir d'y répondre. « Revenir avec une étude sur le lamaïsme faite auprès du dalaï-lama, c'est ça qui serait mirifique comme travail orientaliste. »

Une chaise à porteur vient la chercher. Pour l'occasion, elle a revêtu sa robe couleur d'aurore, celle que portent en Asie ceux qui se consacrent à la vie spirituelle. Sur le seuil de la provisoire demeure pontificale, un chambellan l'accueille. Peu après, Laden La fait monter Alexandra à l'étage, ouvre une porte et, subitement, elle se trouve en face de l'auguste personnage qui est assis sur une simple chaise près de la fenêtre. Elle le salue et lui présente l'écharpe de soie blanche voulue par le protocole. Elle allait oublier la bénédiction, mais Laden La, discrètement, la lui rappelle. Alors, elle baisse la tête, car, précise-t-elle, « le dalaï-lama est assis et il n'est pas grand ». La « voici bénie et voilà son amour-propre satisfait ».

Aussitôt, il lui pose les inévitables questions : depuis combien de temps est-elle bouddhiste, comment l'est-elle devenue, qui a été son gourou ? Elle lui répond : « Quand j'ai adhéré aux principes du bouddhisme, je ne connaissais aucun bouddhiste et peut-être étais-je la seule bouddhiste dans

Paris. » Cette repartie le fait rire et c'est dans une certaine gaieté que se déroule l'entretien. Alexandra lui explique que le « bouddhisme du Nord et, spécialement, le bouddhisme du Tibet étaient fort mal appréciés en Occident, probablement parce qu'ils étaient mal compris » ; c'est la raison pour laquelle elle avait souhaité s'adresser au chef du bouddhisme du Nord « pour avoir des éclaircissements qui fissent autorité en la matière ». La conversation dure trois quarts d'heure, au bout desquels le dalaï-lama consent à répondre par écrit aux questions de l'Européenne, qu'on lui aura traduites en tibétain. Ainsi, Alexandra est parvenue à ses fins ; elle va posséder une documentation unique au monde. « La gent pontificale me regarde avec respect et ébahissement pour être restée si longtemps à causer avec l'incarnation de Tchérenzi. Et moi je pense... que tout cela fera un bien joli article pour *le Mercure*[1]. » Cette phrase désinvolte ne doit évidemment pas donner le change ; elle est destinée à montrer à son mari que, malgré tout, elle ne perd pas la tête.

Au retour de l'audience, Alexandra retrouve au bungalow le petit mahârâdjah. Cette fois, ils ont le temps de parler. Et, tout aussitôt, curieusement, Kumar se confie à cette étrangère. Sans doute, il a déjà entendu parler d'elle ; très probablement sont venus jusqu'à lui les échos de la manière dont, en Inde, elle prêchait le Dharma et il a assisté la veille à la conversation sur le bouddhisme qu'elle a eue avec Laden La. Mais surtout, Alexandra lui en impose ; il a reconnu en elle une bouddhiste aussi ferme qu'éclairée. Aussi n'hésite-t-il pas à lui dire : « Ah ! Si j'étais le dalaï-lama, si j'avais le pouvoir de réformer le bouddhisme ! », ce à quoi elle répond en riant : « Si vous étiez le dalaï-lama, vous ne penseriez pas comme vous pensez, vous n'auriez ni voyagé, ni vu, ni étudié, comme vous l'avez fait et vous seriez ce qu'il est[2]. »

Mais lui, qui est-il ? Kumar, fils aîné du mahârâdjah régnant, a trente-trois ans, mais, très petit — il est à peine plus grand qu'Alexandra —, imberbe, « si absolument jeune de caractère, si gamin », il a l'air d'un adolescent. Il est d'un naturel joyeux et, autour de lui, tout le monde est d'humeur

1. Lettre de Kalimpong, 14-15 avril 1912.
2. *Idem.*

gaie. Gros lamas bedonnants et jeunes lamas, toute la petite cour est joviale. Pourtant, très tôt orphelin de mère, Kumar a eu une enfance malheureuse. Remarié, son père l'a envoyé faire son éducation religieuse — nécessaire car il est un tulkou — dans un monastère isolé, où il a passé huit ans. Puis le jeune prince héritier a été expédié en Europe afin d'y recevoir une éducation occidentale ; aussi connaît-il non seulement la Chine et le Japon, mais plusieurs pays d'Europe qu'il a visités lorsqu'il faisait ses études à Oxford. En principe, c'est lui qui doit régner sur le Sikkim à la mort de son père, mais celui-ci voudrait léguer toute sa fortune aux deux enfants nés de sa seconde femme et le trône au demi-frère de Kumar, âgé de vingt et un ans, lequel d'ailleurs s'entend fort bien avec Kumar. Alexandra, qui le considère comme un « gentil garçon », ne pense pas que ce soit lui qui pousse le vieux mahârâdjah à déshériter son fils aîné. Néanmoins, très entêté, le vieil homme voudrait amener Kumar, qui est moine, à renoncer au trône. Mais celui-ci tient bon et les rapports entre eux sont d'autant plus tendus que le vieux mahârâdjah est un impie superstitieux et un chasseur enragé, ce qui est tout à fait contraire à l'éthique bouddhiste. Pour le moment, le jeune prince est chargé de la direction de l'agriculture, des forêts et de l'instruction publique, tâche dont il s'acquitte fort consciencieusement, se levant tous les matins dès cinq heures.

Mais Kumar est aussi, et surtout, sous le nom monastique de Sidéong Tulkou, le chef religieux du Sikkim et considéré, ainsi qu'en témoigne son nom, comme une « réincarnation ». A ce titre, il est très conscient de ses devoirs et médite des réformes devenues nécessaires ; c'est là ce qui le rapprochera de cette bouddhiste européenne qui ne se privera pas de critiquer devant lui l'état en effet déplorable dans lequel elle a trouvé le bouddhisme sikkimais.

Le 19 avril, Alexandra David-Neel quitte Kalimpong pour se rendre à Gangtok la capitale. C'est là un voyage de trois jours, mais qui passeront vite, car, sur un ordre de Kumar, Laden La l'accompagne. Ils auront ainsi la possibilité de se mieux connaître et elle ne perdra pas cette occasion de s'instruire, car le lama lui semble « suffisamment érudit en choses tibétaines ».

En effet, il l'est. Laden La — comme l'appelle dans ses lettres Alexandra qui lui donne son nom de famille — portait aussi le titre religieux de Kazi Dawa Sandup[1]. Il se trouve que nous le connaissons assez bien, mais par une autre source. Né en 1868 — il avait donc le même âge qu'Alexandra — d'une famille tibétaine établie au Sikkim, il savait parfaitement l'anglais, ayant été interprète du gouvernement britannique au Bhoutan. C'est là qu'il avait rencontré son gourou, un ermite nommé Norbu, lama de l'école Kargyud, qui était non seulement un ascète, mais un homme fort cultivé. Initié par lui, Dawa Sandup voulait renoncer au monde, mais son père, très âgé, le rappela au Sikkim, lui demandant d'accomplir son devoir d'aîné de la famille, c'est-à-dire de se marier et d'assurer ainsi la continuité de la lignée. Dawa Sandup eut deux fils et une fille. En 1906, il fut nommé directeur du collège de Gangtok, mais, homme d'une foi fervente et d'une grande érudition, il n'en poursuivit pas moins la tâche qu'il s'était imposée de traduire en anglais les textes tibétains essentiels. Lorsque Alexandra fit sa connaissance, il travaillait à la traduction du *Jetsun-Kabhum* (la *Vie de Milarépa*) et lui en parla. Comme ce personnage n'occupera la scène qu'un moment, précisons que, quelques années plus tard, Dawa Sandup devait rencontrer au Sikkim un autre Européen, lui aussi passionné des doctrines tibétaines, W. Y. Evans-Wentz, docteur ès lettres et ès sciences de l'université d'Oxford. Pour Evans-Wentz, Dawa Sandup fut, plus qu'un guide, un maître spirituel. Il séjourna un an auprès de lui en 1919-1920 et traduisit avec lui le *Bardo Thödol*[2], ainsi que les traités qui composent les *Sept Livres de la Sagesse du Grand Sentier*[3]. En 1920, Dawa Sandup fut nommé à la chaire de tibétain de l'université de Calcutta,

1. Dans *Mystiques et magiciens du Tibet*, A. David-Neel le désigne par ce nom.
2. Traduction française : *le Bardo Thödol. Livre des morts tibétain*, Adrien Maisonneuve, Paris, 1969.
3. Traduction française : *le Yoga tibétain et les doctrines secrètes*, Adrien Maisonneuve, Paris, 1970.

mais, ainsi qu'il est arrivé à nombre de Tibétains, il ne put supporter le climat tropical du Bengale et y mourut en 1923. A sa mort, la traduction de la *Vie de Milarépa* n'avait toujours pas été publiée ; en 1924, Evans-Wentz se rendant à Kalimpong obtint le manuscrit de l'un de ses fils et le fit paraître par la suite en Angleterre [1].

En cours de route, Alexandra David-Neel ne manque pas d'examiner attentivement ces paysages tout nouveaux pour elle. Le Tibet est là tout proche. Elle vient de passer le carrefour, où bifurquent la route du Sikkim et la route du Tibet, celle qui conduit de Lhassa jusqu'en Inde. Mais cette voie, malgré son désir, elle ne peut l'emprunter. On se bat encore là-haut, vers Gyantsé. Les troupes chinoises défaites se fraient un chemin vers l'Inde. Sans la lui refuser nettement, le résident anglais à qui elle en demandera l'autorisation à Gangtok lui conseillera de ne pas s'aventurer dans une zone aussi dangereuse. Toutefois, elle espère pouvoir grimper jusqu'au Natu La, col situé à plus de quatre mille mètres et, de là, pousser jusqu'à quelques villages au-delà de la frontière [2]. Ainsi, au moins, elle aura posé le pied sur cette terre tibétaine qui la hante. Elle ne peut vraiment pas laisser passer une telle occasion : elle fera là « une de ces choses que, lorsqu'on a (son) âge, on n'espère plus jamais refaire, une chose qui restera sans doute unique [3] ».

Quelques jours après, le 26 avril, le petit mahârâdjah est de retour dans sa capitale et aussitôt invite Alexandra. Kumar, qui ne manquera pas de faire rencontrer à son hôte tous les érudits capables de lui fournir les informations qu'elle désire rassembler, a convoqué un très savant lama, Bermiak Kouchog, qui est l'aumônier en titre du mahârâdjah, et il pousse l'obligeance jusqu'à servir d'interprète. Alexandra en profite aussitôt ; sans préambule, elle pose les questions qui lui tiennent à cœur, aussi « ardues et compliquées » soient-elles. Triomphante, elle s'entend répliquer que le nirvâna,

1. *Milarépa ou Jetsun-Kahbum*, traduction française, Adrien Maisonneuve, Paris, 1955.
2. Alexandra entreprendra en effet cette expédition une dizaine de jours plus tard.
3. Elle a quarante-trois ans, mais ce n'est que douze ans plus tard qu'elle parviendra jusqu'à Lhassa.

c'est bien, ainsi qu'elle l'avait énoncé dans son livre *le Modernisme bouddhiste,* « la suppression de l'idée de la personnalité distincte, séparée et permanente ». Parfois, elle est obligée de se faire préciser l'acception de certains mots employés dans la discussion : « Qu'est-ce que vous voulez dire quand vous dites : Dieu ? » Sans hésitation la réponse est :

« Un bodhisattva. »

« Qu'est-ce que vous appelez âme ?

— L'instinct intime qui n'est pas l'esprit ni l'intelligence. »

La voilà avertie. Elle vient de mettre le doigt sur les confusions si fréquentes chez les Occidentaux lorsqu'ils parlent du bouddhisme ou écrivent sur lui, et dont la source réside souvent dans le fait que les mêmes mots ne recouvrent pas toujours les mêmes concepts, toute assimilation hâtive donnant alors naissance à l'un de ces malentendus qu'il est difficile ensuite de faire cesser, ce qui est très exactement le cas dans les deux exemples qu'elle donne. Par la suite, elle prendra toujours garde d'éviter ce genre de traquenards qui nous ont valu tant d'ouvrages suspects ou même irrecevables.

Bermiak Kouchog appartenait à la secte des Karmapa, une des branches de l'ordre Kargyud. Peu après, Alexandra, toujours par l'entremise de Kumar, fera la connaissance de Kouchog Chös-dzed, abbé du monastère d'Enché voisin du palais. C'était un Gelug-pa, fort érudit, et dont la mémoire ressemblait « à une bibliothèque miraculeuse », car, non seulement il connaissait par cœur tous les textes, mais il en comprenait les nuances les plus subtiles. C'est à ces deux hommes, déclare-t-elle dans *Mystiques et magiciens,* qu'elle dut d'avoir été, dès son arrivée au Sikkim, « initiée aux croyances fort peu connues des lamaïstes concernant la mort et son au-delà ».

Mais voici maintenant plus de dix jours qu'elle est à Gangtok et elle a le sentiment de s'ankyloser. Le 3 mai, elle est de nouveau sur les pistes, tentant de réaliser l'excursion à la frontière tibétaine qu'elle s'est promise. Son intention est de « camper le premier jour à plus de trois mille mètres, le second à quatre mille cinq cents mètres et le troisième un peu plus haut ». Mais il pleut et la route est coupée en plusieurs endroits. Elle doit redescendre, prendre un nouveau chemin. Bien qu'il s'agisse des grandes voies de communication qui relient le Tibet à l'Inde, ces « routes » ne sont en fait que de « simples sentiers » taillés dans la paroi de la montagne et hérissés d'éclats de roche : « On n'a pas idée de ce que c'est que de marcher en tenant en équilibre sur le tranchant aigu de ces pierres. » Malgré tous ses efforts et son obstination, elle n'atteindra pas sa destination. Mais qu'importe ? Au moins aura-t-elle vu des paysages différents de tous ceux qu'elle connaît : « Il y a surtout un certain col au milieu duquel bondit un large torrent qui est entièrement boisé d'arbres morts et tous ces arbres sont brisés, ont les branches arrachées, sont décapités, coupés en deux, les morceaux gisant sur place. C'est une scène de muet carnage, un champ de bataille parmi des êtres d'un autre règne, l'effet est extraordinaire. Et tout cela est éclairé par cette étrange lumière himalayenne unique et surtout saisissante par les jours de soleil. Tout est brumeux, sombre et, chose invraisemblable, une luminosité blanche enveloppe les choses et l'ombre rayonne mystérieusement d'une clarté qui n'est ni soleil ni lune, qui semble ne pas descendre du ciel mais émaner des objets eux-mêmes, ou plutôt de quelque chose qui serait eux, derrière leur forme matérielle. Quel pays [1]... » Si nous avons fait cette longue citation, c'est qu'il nous semble que, pénétrée de son sujet, Alexandra David-Neel se surpasse. D'ordinaire, elle écrit avec exactitude, certes, mais avec une correction un peu froide, comme si elle craignait d'en dire trop, de se livrer. Cela est un trait de son caractère, elle se tient toujours sur la réserve, elle se méfie, même, surtout, peut-être, lorsqu'elle écrit à son mari. Mais ici il faut qu'elle dise ce qu'elle a ressenti, et qui est presque indicible. Spontanément, cela déborde et c'est superbe, elle nous fait avec elle approcher du mystère. En lisant ces quelques phrases, on ne peut que regretter qu'elle ne se soit pas plus souvent laissé aller.

L'excursion qui devait durer trois jours en a pris sept, mais Alexandra ne veut pas s'avouer vaincue. Elle se repose cinq jours à Gangtok, puis repart le 15 mai, cette fois vers le nord.

1. Lettre de Karponang, 4-9 mai 1912.

De ce côté, le paysage est complètement différent : tout d'abord elle traverse une jungle tropicale avec des lianes gigantesques et des orchidées qui pendent des arbres ; dans la lumière verte voltigent d'extraordinaires oiseaux de vives couleurs et des papillons gros comme des oiseaux. Puis elle gagne les hauteurs et, à l'étape du second soir, découvre un immense panorama de montagnes qui bleuissent, le paysage même devant lequel méditent les sages. Alexandra est définitivement conquise et il est bien évident qu'elle ne pense pas du tout au retour. Toutefois elle croit bon de rassurer son mari : « Ah ! oui, il se prolonge ce voyage... Je suis emportée par quelque chose... quelque chose qui est fait de la force de mes désirs concentrés, accumulés, pendant tant d'années. Je vis des heures que je sais ne devoir jamais revivre[1]... » Prudente, elle annonce : « Voici mon séjour au Sikkim qui tire à sa fin. » En fait, il se prolongera cinq mois encore, jusqu'en octobre. Au surplus, de quoi Philippe Neel s'inquiéterait-il ? Au départ, elle était hantée par l'idée que tout cela lui arriverait trop tard, qu'elle aurait dû « commencer de telles randonnées dix ans plus tôt », qu'elles seront désormais « sans lendemain ». Et puis, le miracle s'est produit : elle rajeunit : « Oui, en vérité, il est des jours où je ne me reconnais plus dans la glace. Des années ont disparu de mes traits. J'ai maigri un peu, pas énormément, et j'ai des yeux où luit toute la clarté des Himalayas[2]. »

Assurément lui conviennent et l'altitude et, plus encore, les déplacements continuels, ces marches qui seraient pour d'autres harassantes. Tant qu'elle est en route, tout va bien, ce n'est qu'aux haltes qu'elle ressent de la fatigue, une lassitude qui peut aller jusqu'à l'exténuation. Parfois les conditions sont si rudes qu'elle envisage — très tranquillement d'ailleurs — de mourir là : « J'étais arrivée à l'étape bien avant mes porteurs et mes tentes... Il me fallut attendre trois heures durant, sans abri, sous les rafales et la neige cinglante. Mon cuisinier se dit malade en arrivant, je n'eus un peu de thé chaud que bien après. La nuit je me couchais sans feu, naturellement. Ma tente fermait mal. Au matin, il y

1. Lettre de Karponang, 4-9 mai 1912.
2. *Idem.*

avait un épais tapis de neige sur toute la vallée, la tente en était couverte. Je ne pouvais me mouvoir, j'étouffais, ayant dans la poitrine un petit sifflement qui ne me parut pas de bon augure. Je me dis : " Voilà la pneumonie ou l'angine de poitrine. Avec ce froid, sans soins, cela ne va pas traîner. " Je réfléchis un instant et me dis qu'après tout c'était là une belle mort, parmi les solitudes majestueuses au milieu d'un voyage pareil au mien et que je n'avais plus qu'à prendre les choses du bon côté. Ce que je fis sans difficultés... A midi je me sentis un peu mieux, mais toujours fort oppressée, je fis seller le poney et partis jusqu'au soir. J'ai vu cet après-midi-là un pays de rêve », avec des monts orange tranchant sur un ciel d'un bleu intense et couronnés de neige, en d'étroites vallées dormaient de petits lacs aux eaux gelées. Et elle redescend ravie, en somme elle s'en est très bien tirée ; simplement, elle n'a « plus de peau sur la figure », ses yeux sont « complètement brûlés avec de gros bourrelets rouges aux paupières », son « nez couvre toute sa figure, énorme » et pelant, ses « lèvres sont de bout en bout une énorme cloche, dans le genre des ampoules à fièvre[1] ». Quant aux Sikkimais qui l'escortent, insensibles au paysage, ils semblent au martyre ; de les traîner derrière elle, gémissants, l'a obligée à brusquer son retour, ce qu'elle regrette infiniment.

Voilà donc où elle en est : à épuiser ses guides, à devoir renoncer, à cause de leur fatigue à eux, des montagnards du pays. En fait, Alexandra s'est découvert une santé de fer, une robustesse à toute épreuve qu'elle ne soupçonnait même pas. Finis ses ennuis de santé, sans gravité, mais continuels et lancinants, dont elle se plaignait si souvent en bas.

Mais, à vrai dire, ce que redoute Philippe Neel, ce ne sont pas ces risques extérieurs auxquels il sait fort bien que sa femme est capable de faire face, mais bien plutôt ces dangers psychiques plus insidieux et dont elle ne paraît même pas se rendre compte, tout ce qu'il appelle son « mysticisme croissant ». Lorsqu'il lui en parle, elle répond avec modestie et ménagement pour son point de vue à lui, qui se situe à l'opposé du sien, mais avec fermeté : « La grande joie, la grande lumière qui mettent un rayonnement autour de notre

1. Lettre de Tangu, Sikkim, 9 juin 1912.

vie, n'est-ce pas précisément de voir au-delà de notre personnalité chétive et étroite ?... On a goûté à autre chose, entrouvert une autre porte... sans doute, c'est encore une nursery, pleine de fables chantantes et d'images enfantines à l'usage des " tout-petits " que nous sommes toujours, mais déjà approchons-nous du seuil au-delà duquel cessent la foi, l'espérance, l'anxiété, le désir... et c'est là, à peu près, toute la sagesse [1]. »

D'ailleurs, toutes ses fatigues sont bien oubliées, lorsque se produit un événement dont elle ne peut encore mesurer toute l'importance :

« Mon bien cher, réalise (comme disent les Anglais) si tu le peux l'étrangeté de la scène. C'est dans un oratoire lamaïste : sur l'autel sont Chérensi, le Bouddha et Padmasambava le grand apôtre du Tibet. Sur les murs, des fresques, où les divinités symboliques, sous leur forme terrible, rappellent aux initiés l'activité de l'existence, la destruction produisant la vie et la vie ne surgissant que pour être happée par la mort. Ce sont les couples aux formes horrifiques s'unissant, des cadavres sous leurs pieds et des guirlandes de crânes autour de leur cou... Des bannières anciennes pendent du plafond très bas, deux masques démoniaques ornent les piliers trapus peints en rouge violent avec un chapiteau à dessins de style chinois bleu et vert. Une clarté rare entre par l'étroite fenêtre aux vitres coloriées. Dans ce décor, assis en " lotus " sur des tapis, un personnage étrange et fascinant : le supérieur du monastère *(gömpa)* de Lachen, un homme jouissant d'une extraordinaire réputation. Une sorte de Siddhipurusha [2] magicien et saint qui vit la moitié de l'année hors de son couvent, seul dans une grotte, à l'abri d'un rocher dans des endroits écartés, seul, méditant à l'exemple des grands yoguis dont parlent l'histoire et les légendes. Les gens du pays lui prêtent des pouvoirs merveilleux, entre autres le classique pouvoir de voler à travers l'espace. Il n'a rien du type du pays. C'est un géant, mince sans être osseux, il porte sa

1. Lettre du 11 juin 1912.
2. Celui qui a acquis des pouvoirs supranormaux par la pratique assidue des yogas.

chevelure en une tresse qui lui bat les talons. Il est vêtu de rouge et de jaune, d'un costume tibétain très différent de celui des lamas du Sikkim. Sa figure est extrêmement intelligente, hardie, décidée, éclairée par ces yeux spéciaux, des yeux du fond desquels jaillit une lumière, une sorte d'étincelle, que donnent les pratiques yoguistes... Et nous causons... nous nous comprenons, le lama et moi, tandis que notre intermédiaire n'y entend rien [1]. J'ai retrouvé, dans cet entretien, une nouvelle confirmation de mes idées sur la pénétration des théories du Vedânta dans le bouddhisme du Nord et, même, au fond, une nouvelle preuve que l'idée fondamentale de l'École advaiëiste est incluse dans la doctrine bouddhiste. Mais il y avait, aussi, beaucoup plus qu'une satisfaction d'érudition dans l'heure passée là. Il était beau, grand, souverainement impressionnant de voir le yogui balayant d'un geste large tout l'entourage d'images et de symboles, le reniant : " Ils sont bons pour les gens de petite intelligence, seulement " et reprenant la pensée des Upanishad, la pensée maîtresse de l'Inde : " trouver tout en soi "... Le lama, à son tour, me pose quelques questions, puis il dit : " Vous avez vu l'ultime et suprême lumière, ce n'est pas en un an ou deux de méditation qu'on parvient aux conceptions que vous exprimez. Après cela, il n'y a plus rien. " [2] »

La scène se passe le 28 mai 1912 dans l'humble monastère, perché sur un éperon rocheux qui domine Lachen, petite bourgade de montagne, la dernière avant la frontière tibétaine, tout au nord du Sikkim. De cet entretien, Alexandra sort bouleversée. Voici enfin un interlocuteur capable de la comprendre et qui lui en impose. Pour la première fois, quelqu'un d'autorisé non seulement par son rang et sa réputation, mais par son expérience personnelle est en mesure de lui certifier qu'elle est parvenue au terme de sa quête, ce qui — elle démontrera par la suite qu'elle l'a parfaitement compris — ne veut nullement dire que le travail

1. Un missionnaire protestant, le révérend Owen, qui sert de traducteur, quelque peu effaré par les propos qu'il transcrit de son mieux.

2. Lettre de Lachen, 28 mai 1912. La même scène est rapportée, mais en termes quelque peu différents, dans *Mystiques et magiciens*, écrit seize ans plus tard.

est terminé, mais, bien au contraire, qu'il commence. Et elle en vient à penser qu'on l'a conduite à Lachen, qu'il y a eu dans tout cela « un extraordinaire enchaînement de circonstances » : « Ainsi j'étais partie comptant passer huit jours à Lachung avec les Owen. A trois miles de Lachung je les rencontre qui s'en vont à Lachen... Je viens ici, M. Owen s'y trouvant, j'ai un interprète pour m'entretenir avec le lama. N'étant pas restée huit jours à Lachung je rencontre le mahârâdjah ici et cela me facilite l'ascension de la route des neiges puisqu'il a des tentes. N'est-ce pas qu'il y a des Dévas bienveillants dans les Himalayas [1] ? »

Émue, certes, elle l'est, mais pas au point de perdre son habituel sens critique, toujours aiguisé, toujours à l'affût et elle n'hésitera pas dès le surlendemain à semoncer le gomchen [2] en présence de Kumar. En effet, en route pour le Tibet où il va rendre visite à son demi-frère, le petit mahârâdjah vient d'arriver. C'est, rappelons-le, le chef religieux du Sikkim. Aussi, accompagné d'Alexandra, se rend-il en grande pompe au monastère : « Dès que nous quittons le bungalow, les lamas musiciens commencent à jouer. Des gens surgissent le long du chemin, se prosternent à plat ventre... A l'entrée du monastère, tous les lamas rouges, le grand lama supérieur en tête, nous reçoivent. Les musiciens, les porteurs d'ombrelles, de bannières sont rangés en haie. Il y en a qui soufflent dans des trompes tibétaines si longues que le bout en est appuyé à terre. C'est extraordinairement pittoresque. Nous sommes sur une sorte de terrasse dominant la vallée, j'ai l'impression d'être sur une scène de théâtre... Nous entrons dans le sanctuaire. Le prince se prosterne trois fois, un peu gêné par ma présence. Il connaît mon opinion sur les cérémonies de ce genre. Je me contente d'honorer de l'ordinaire salut hindou Chérensi-Avalokiteçwara qui est, d'ailleurs, le symbole de la plus belle idée orientale [3]. Les lamas chantent alors la formule du " triple

1. Lettre du 29 mai 1912. Notons au passage que les nouvelles semblent à Alexandra si importantes qu'elle écrit à son mari trois longues lettres en trois jours, alors que d'ordinaire elles sont fort espacées.

2. Ermite contemplatif.

3. Le concept de bodhisattva, l'être prêt à devenir un Bouddha, mais qui y renonce, afin de délivrer avec lui tous les autres êtres vivants.

refuge[1] "... Enfin, c'est terminé. Je puis quitter mon siège épiscopal. Le supérieur nous prie de monter dans son oratoire et de prendre le thé. Et me voilà de nouveau dans l'oratoire où j'ai eu la conversation que je t'ai rapportée... Voici le thé : thé au beurre et au sel, avec un soupçon de farine d'orge. Je raffole de cette mixture et j'en absorbe trois tasses. C'est la grande naturalisation tibétaine. Et nous parlons, le lama et moi, des doctrines de l'École à laquelle il appartient. Puis, comme j'ai un sermon, une mercuriale à lui adresser à cet ermite aux longs cheveux, je parle de la grande doctrine que ces lamaïstes ont oubliée ou qu'ils se contentent de connaître égoïstement, laissant la foule dans sa superstition grossière. Le prince traduit, très impressionné lui-même. Est-ce qu'il aura compris, l'ascète chevelu, qu'il n'est pas de salut égoïste et que la " tour d'ivoire " du penseur insouciant de la misère mentale des autres est une tour de perdition ? Mon jeune ami me dit que la parole d'une étrangère aura plus d'effet sur lui que la sienne et qu'il pense qu'il a compris[2]. » Ce qu'Alexandra rappelle ici au gomchen, c'est tout simplement l'idéal mahâyâniste du bodhisattva, représenté par Chérensi-Avalokiteçwara, devant lequel elle vient de s'incliner, en entrant dans le sanctuaire. Ces critiques, parfois acerbes, elle peut se permettre de les formuler. Tous ces moines semblent fort impressionnés non seulement par ses connaissances, tout à fait inattendues chez un Occidental et, qui plus est, chez une femme, mais aussi par la rigueur de son bouddhisme, par sa fidélité envers l'idéal originel, éclipsé par des pratiques qu'elle considère comme puériles. Tous les moines, et surtout celui qui est leur chef suprême, Sidéong Tulkou, autrement dit Kumar. Celui-ci saisit toutes les occasions de la mettre en avant, de lui permettre d'exprimer des vues qui prépareront l'exécution de ses desseins de réforme.

Le 9 juin, Alexandra David-Neel est sur la voie du retour à Gangtok après cette expédition dans le nord qui a duré plus

1. Il s'agit de l'invocation trois fois répétée : « Je prends refuge dans le Bouddha, je prends refuge dans le Dharma [la loi universelle], je prends refuge dans le Sangha [la communauté des fidèles]. »

2. Lettre du 30 mai 1912.

de trois semaines. Triomphante, comblée, elle écrit : « Me voici redescendant des nues... J'ai complété la traversée de l'Himalaya de part en part, de l'Inde au Tibet à peu près en ligne droite, directement du sud au nord. Je m'y suis hissée à cinq mille mètres d'altitude et même un peu plus haut[1]. » D'ailleurs, elle porte les marques de ce premier contact avec les cimes : « J'ai l'air de sortir d'un incendie. » Ce qui est vrai, non seulement littéralement, mais aussi de manière symbolique. Car, au moment où le supérieur du monastère de Lachen quittait le mahârâdjah Kumar et Alexandra, il y a eu cette scène saisissante dans sa simplicité, sa spontanéité : « Le matin du départ, le lama a dit (au prince) qu'il désirait me parler. Je me suis approchée et il a parlé longuement, paraissant fort ému, et, quand il a eu terminé, il m'a posé sur l'épaule l'écharpe qu'il avait reçue (de Kumar). C'est une sorte de bénédiction et d'hommage en même temps. De la traduction il résulte qu'il reconnaît que j'ai raison, que la doctrine de Bouddha a beaucoup dégénéré, que l'on doit éliminer les superstitions qui se sont greffées sur elle. Et ceci est une belle victoire que d'entendre, dans ce décor fleuri d'un sentier de l'Himalaya, un personnage religieux très vénéré... se rendre aux raisons d'une adepte du bouddhisme primitif. Le mahârâdjah m'a dit : " Gardez l'écharpe en souvenir... " Le lama avait dit aussi : " C'est par un effet de notre bon *karma* (d'heureuses circonstances, produit de causes lointaines et antérieures même à notre présente existence) que nous nous sommes trouvés tous les trois réunis pour réfléchir ensemble et travailler à la réforme et à la propagation du bouddhisme. " C'est de cela que mon jeune ami (Kumar) souhaite que je me souvienne. Et, de fait, j'ai promis de coopérer avec lui et d'écrire différentes choses qui seront traduites en tibétain et répandues dans le pays et, très probablement aussi, au Tibet[2]. »

Désormais, elle peut bien s'affirmer à elle-même, mais surtout à lui qui l'attend : « La hantise du retour me vient. J'aurais souhaité aller plus loin vers le cœur du Tibet, mais puisque cela était impossible, il me semble que le reste n'a

1. Lettre de Tangu Sikkim, 9 juin 1912.
2. *Idem.*

plus d'intérêt. » Pourtant, elle ne peut s'empêcher d'ajouter : « Pour l'instant, je reste ensorcelée, j'ai été au bord du mystère... » Et cet attrait du mystère, ce vertige qui la saisit à son approche ne la quittera plus ; ils ne feront que s'accroître jusqu'au jour où ils deviendront irrésistibles.

Bien certainement, le mahârâdjah Kumar pense que cette rencontre est voulue par le destin, les Dévas et qu'Alexandra vient à point pour cristalliser ce désir de réforme qui, jusqu'à présent, dans l'isolement où il se trouvait, était demeuré à l'état de velléité, pour l'obliger à tenter tout au moins de le réaliser. Alexandra lui apparaît comme une alliée providentielle. C'est à sa demande expresse qu'elle rédige « une brochure à l'usage des bouddhistes », c'est aussi à l'initiative de Kumar qu'à l'issue d'une importante cérémonie elle va, en sa présence, prêcher au monastère de Gangtok, le 30 juin 1912. Bien sûr, elle a une conscience aiguë de l'étrangeté paradoxale de la situation ; cependant elle n'éprouve aucune gêne, car s' « il y en a beaucoup qui sont plus érudits que moi en religions asiatiques, il n'y en a pas beaucoup qui aient pénétré si près dans leur intimité [1] », et elle savoure le plaisir d'être en ce moment vraiment unique en son genre : « Et quant à avoir été assis sur un petit trône en face d'un grand chef religieux et " incarnation " à côté de l'autel et à avoir prononcé un discours... cela certainement, absolument certainement, nul Occidental ne l'a fait. » De ce discours, elle donne à son mari un court compte rendu : « J'ai tracé un bref historique des études orientalistes en Europe. Comment le bouddhisme y a été connu, quels livres ont été traduits, etc. Puis j'ai expliqué que la nécessité présente était de s'élever au-dessus des distinctions d'école et de secte pour se rattacher à la doctrine philosophique primitive. J'ai alors brièvement rappelé le discours fondamental du Bouddha à Isipatana [2], expliqué et cité des passages de textes, rappelé l'activité missionnaire des premières générations de disciples,

1. Lettre de Gangtok, 30 juin 1912.

2. Le premier sermon prononcé par le Bouddha après son illumination à Isipatana (le parc des Gazelles) à Sarnath, près de Bénarès, où, devant ces cinq premiers disciples, il proclama les « Quatre Nobles Vérités » du bouddhisme.

expliqué ce que doit être un vrai membre du *Sangha*[1]. »

Elle exulte, elle voudrait faire partager ses sentiments à son mari. Mais cet égoïste Mouchy, lui, s'ennuie seul à Tunis et il le lui écrit. Cette lettre la surprend, la contrarie. Elle lui en veut de ternir sa joie. Que répondre au mari abandonné, si ce n'est pas des paroles lénitives, rassurantes, sincères sans doute, mais elle brûle d'envie qu'il ne les prenne tout de même pas au pied de la lettre. « Ta dernière lettre... m'a profondément affectée. Vois-tu, mon très cher, si vraiment tu supportes si difficilement mon absence, je m'en vais revenir... Ne me vois pas, pourtant, transformée en momie, en extatique yogui scellé à sa place sur les bords du Gange », car elle travaille, elle accumule les matériaux et, pour se justifier, énumère les livres qu'elle projette d'écrire, en ajoutant tout à la fin : mais « s'il t'en coûte trop de me laisser poursuivre le cours de ces studieuses aventures, je reviendrai[2] ». Entre ces protestations, il y a toute une longue digression qui, sans qu'elle le veuille peut-être, les contredit quelque peu : « Et si cela, le rêve démesuré qui a fasciné les Bouddhas et tant d'autres, a passé devant moi, avec sa gloire impérieuse, irrésistible, qu'y ferai-je ? Il y a des pensées qui balaient tout, qui vous balaient vous-même d'au-dedans de vous-même. La pensée de l'Inde, que ce soit celle des Upanishads " ou celle du bouddhisme, est de celles-là... " » Le « cher Mouchy » a-t-il compris, se résigne-t-il, accepte-t-il ? Il le semble, puisque, en août, elle pousse hardiment son avantage : « Ce voyage est peut-être le dernier... Le continuer, c'est un surcroît de sacrifices moraux et matériels pour toi... C'est là, je le sais, demander beaucoup de générosité. » Oui, mais quel rôle glorieux ne jouerait-il pas ainsi ? A son insu, bien sûr, et bien malgré lui. Car le retour à Bénarès qu'elle lui a annoncé comme imminent dès le mois de mai n'aura lieu finalement qu'en mars 1913, près d'un an plus tard. Quant au vrai retour, celui qui lui fera retrouver Philippe Neel, il ne se produira qu'au bout de treize ans. Mais ni lui — fort heureusement — ni elle non plus ne s'en doutent.

1. La communauté bouddhiste.
2. Lettre de Gangtok, le 19 août 1912.

Après la grande expédition de trois semaines — en mai-juin 1912 — qui l'a conduite à plus de cinq mille mètres, au pied des cimes de l'Himalaya, Alexandra séjourne à Gangtok. Elle aurait voulu accepter l'hospitalité que lui ont offerte le mahârâdjah et son fils Kumar, mais elle craint de blesser les quelques Anglais vivant à Gangtok qu'il lui faut bien ménager. Alors, à son corps défendant, elle loge à la Résidence, où elle dispose « d'une bonne chambre donnant sur un beau jardinet », mais elle évite le plus possible le contact avec ses hôtes, jugeant qu'après tout elle n'est pas venue là pour « vivre parmi des bourgeois anglais », pour écouter leurs commérages malveillants, leurs commentaires ineptes sur ces Sikkimais, qu'ils ne peuvent comprendre et qui leur sont tellement supérieurs.

Au contact des religions de l'Orient, le christianisme convertisseur qui entend extirper ces « idolâtries » et faire des Orientaux des sous-produits de l'Occident lui apparaît non seulement comme nocif et destructeur, mais témoignant d'un positivisme rebutant, bassement matérialiste et à bien courtes vues. L'Angleterre profite de la révolution chinoise pour remettre la main sur le Tibet; l'Europe qui en Asie divise pour régner et pousse les uns à se battre avec les autres paiera cher finalement cette politique cynique : « Ils se battront un jour, tous ces Jaunes et tous ces Aryens dont la peau n'est pas blanche et ces Dravidiens au visage obscur, et ce jour-là les Blancs paieront... Cela mettra fin aux querelles entre les " puissances ". »

Mais tout cela, qui indigne, qui révolte n'est qu'un des actes et, somme toute, pas le plus important de cette « comédie humaine » qu' « il est impossible de regarder sans être saisi — suivant son tempérament — de colère, de mépris, de dégoût ou d'infinie pitié... Oh ! de profonds anarchistes logèrent sous la sainte robe, des vrais, de ceux qui pensent, non de ceux qui, dans leur candeur, imaginent qu'une bombe ou un coup de poignard peuvent changer la lente évolution des choses[1]. »

1. Anarchiste, Alexandra le fut en sa prime jeunesse, mais c'est en Orient qu'elle a finalement trouvé les vrais « destructeurs », ceux qui sont aussi les vrais libérateurs.

A Gangtok, Alexandra travaille assidûment. Elle y a retrouvé Dawa Sandup qui lui lit et lui traduit des ouvrages tibétains, sur lesquels elle prend ses notes, mais elle le trouve lent et même « fainéant ». Et puis ce milieu anglais où elle est bien obligée de vivre l'oppresse. Alors, elle saisit toutes les occasions de s'évader. A la fin de juin, elle repart, en compagnie des deux mahârâdjah qui vont saluer le dalaï-lama, lequel repasse par le Sikkim pour rentrer dans son pays, définitivement cette fois, bien que les nouvelles de Lhassa soient mauvaises : « Les Chinois y ont envoyé des troupes fraîches. La ville est incendiée, les rues sont encombrées de cadavres. » Au retour du dalaï-lama, le gouvernement lamaïque aurait donné l'ordre de couper le nez aux Tibétaines qui avaient épousé des Chinois pendant les événements ; le bruit courut même qu'on coupait la langue à quiconque donnait des nouvelles de ce qui se passait dans le pays.

Alexandra ne s'attendait pas à rencontrer le « pape jaune », mais seulement à assister au spectacle et à prendre des photos ; cependant, prévenue de sa présence, Sa Sainteté tient à la recevoir. Conformément à ce qu'il lui avait promis en avril, il a fait parvenir à la bouddhiste blanche les réponses aux questions qu'elle lui avait soumises par écrit, mais certaines ne semblent pas claires à Alexandra. Tranquillement, elle le lui dit et lui, fort aimablement, lui propose : « Demandez-moi les explications que vous voudrez, Mr. Bell[1] se chargera de me les faire parvenir au Tibet et je vous répondrai toujours. » Malgré tout, le personnage ne lui est pas sympathique : « Je n'aime pas les papes, je n'aime pas l'espèce de catholicisme bouddhiste auquel celui-ci préside. Tout est apprêté en lui, il n'a ni cordialité ni bienveillance », encore qu'il soit « bien plus instruit et intelligent en philosophie qu'on ne le suppose en Occident. » « Mais sa physiono-

1. Sir Charles Bell, alors résident à Gangtok, qu'Alexandra considérait comme « un homme instruit » à la différence de la plupart de ses compatriotes, fut par la suite chargé d'une mission à Lhassa (1920-1921) et publia plusieurs volumes intéressants sur le Tibet. Il était considéré, par les spécialistes eux-mêmes, comme un érudit en langue tibétaine.

mie est dure, têtue, autoritaire, on le dit cruel et sa figure en donne l'impression[1]. » En fait, c'est un homme d'État tout occupé de problèmes politiques — nous avons vu qu'ils étaient urgents et complexes —, pour lui les questions religieuses passent au second plan. En somme, « il n'y a pas plus d'espoir à placer dans la papauté asiatique que dans celle de Rome[2] ».

A la fin du mois d'août 1912, Alexandra, sur l'invitation de Kumar, participe à une expédition au cours de laquelle il doit visiter le monastère dont il est l'abbé. Dawa Sandup les accompagne. C'est là l'occasion pour le prince et la voyageuse de vivre quelques jours dans la plus grande intimité ; il leur arrivera de coucher dans la même pièce, qui est d'ailleurs le sanctuaire d'un temple. Le matin, ils méditent en même temps, assis sur des rochers, en pleine nature, mais à quelque distance l'un de l'autre pour ne pas se gêner. Le soir, quand Kumar en a terminé avec ses obligations, ils reprennent leurs interminables conversations sur les réformes projetées ou sur les vérités éternelles du bouddhisme, ce qui les conduit parfois jusqu'à une heure du matin. En route, Alexandra a rencontré un lama fameux, descendu spécialement du Tibet pour la voir. Ainsi donc, sa renommée a gagné jusqu'au Tibet. Quel dommage que les circonstances l'empêchent de s'y rendre !

La présence de ce lama, fort érudit et aussi intelligent, qui l'accompagne à Gangtok, l'amène à prolonger son séjour. Mais, rentrée à la capitale, le 1er septembre, elle n'en bougera plus pendant un mois. Elle travaille avec le lama tibétain et Dawa Sandup qui sert de traducteur, de deux heures à huit heures du soir sans interruption ; le reste du temps, elle prend note de ce qui s'est dit la veille. Elle prépare aussi d'autres questions au dalaï-lama et un second questionnaire destiné au panchen ou taschi lama qui est la deuxième autorité spirituelle du Tibet. De lui aussi, elle recevra quelques mois plus tard une longue réponse. Alexandra se hâte d'assembler sa documentation, car elle va bientôt quitter le Sikkim et pense n'y revenir jamais. Et pourtant... elle

1. Lettre de Rhenok, 25 juin 1912.
2. Lettre de Rhenok, 24 juin 1912.

aurait « bien envie de (se) retirer quelque temps dans une caverne sans rien faire, comme (son) ami " le grand Yogui " de la frontière tibétaine [1] ». Or, peu avant son départ, elle reçoit de lui une longue lettre, ce qu'elle considère, et non à tort, comme une faveur insigne. Le gomchen de Lachen lui écrit « d'une caverne située dans les montagnes arides... où il s'est retiré pour méditer et où il va passer l'hiver, bloqué par les neiges, seul, séparé du reste du monde [...]. Il y a, dans cette lettre, des éclairs jetant des lueurs rapides sur des théories singulièrement hautes et le ton général des conseils qu'il me dispense est passablement altier ». Et Alexandra ajoute : « J'espère par lui pénétrer plus avant dans les enseignements des sectes mystiques tantriques très peu accessibles aux étrangers [2]. » Sans doute veut-elle dire qu'ils communiqueront par lettre, mais il est clair qu'en elle se forme le projet de le rejoindre dans sa solitude himalayenne. Projet fou, irréalisable, que cependant un jour elle réalisera. Enfin, l'heure est venue, il va falloir redescendre dans la plaine gangétique. Un regret cependant la point : être parvenue au seuil du Tibet et n'avoir pu le franchir. Le 2 octobre 1912, Alexandra David-Neel quitte Gangtok, elle mettra huit jours pour parvenir à Darjeeling. Elle n'est pas seule comme à l'aller, le prince Kumar l'accompagne et, pour elle peut-être, emmène avec lui un yogi du nord du Tibet. C'est un de ces lamas nécromanciens-sorciers-magiciens si pittoresque avec « leur attirail magique, un petit tambour, une sonnette, un *dorjee* [3], et un tibia qui sert de trompette ».

Par la suite, Alexandra aura tout loisir de fréquenter ces inquiétants personnages et elle en parlera longtemps dans *Mystiques et magiciens du Tibet*, mais celui-ci est probablement le premier qu'elle ait rencontré. Elle le trouve « jovial la plupart du temps, mais (prenant) parfois une expression de folie inquiétante et cela n'est pas étonnant étant donné le genre de méditation auquel il se livre, mais ses aperçus dépassent de loin ceux de notre officiel M. Bergson. Je

1. Lettre de Gangtok, 21 juillet 1912.
2. Lettre de Gangtok, 16 septembre 1912.
3. Littéralement « diamant » ou « foudre », objet rituel formé d'un noyau d'où sortent, de part et d'autre, des rayons qui se réunissent en haut et en bas pour former une pointe unique.

prends des notes, comme tu penses[1]. » Un peu plus loin, Kumar fait appeler un second yogui venu, lui, du Tibet oriental. Et entre ces quatre personnages, tout aussi passionnés l'un que l'autre, s'engage une discussion des plus animées. Nouvelle halte, nouvelle rencontre : ce sont cette fois quatre anachorètes hirsutes, vivant dans les forêts, que Kumar a fait mander pour elle.

Enfin, le cortège parvient à Darjeeling. Et, d'un coup, l'enchantement se dissipe : « C'est un choc brusque, déplaisant ; plus que déplaisant, douloureux comme si je tombais de quelque paradis dans un monde inférieur... L'avouerai-je, j'ai presque envie de pleurer. » Avant de la quitter pour une séparation qu'ils croient tous deux définitive, Kumar lui apporte « avec l'écharpe que l'étiquette tibétaine exige comme témoignage de respect... un présent peu banal », une petite statuette de bronze représentant le Bouddha Gautama, mais cette statuette, conservée jusqu'alors comme relique dans un monastère sikkimais, a toute une histoire. Elle fut remise au premier lama qui vint du Tibet au Sikkim par le chef de l'école Karmapa[2]. Il la tint dans ses mains pendant tout le voyage et quand il arriva au Sikkim, ses mains étaient remplies d'*amrita*, le breuvage d'immortalité.

1. Lettre de Pemionchi, 5 octobre 1912.

2. L'école Karmapa est la principale branche de l'ordre Kargyud-pa, l'un des quatre grands ordres monastiques tibétains. Cette école était et est restée la plus répandue au Sikkim. Son arrivée du Tibet se situe probablement au XVIIe siècle.

Chapitre 5

Dans les pas du Bouddha

Le 15 octobre 1912, après un séjour au Sikkim qui devait être fort bref, mais qui finalement a duré sept mois, Alexandra David-Neel prend à Darjeeling le train qui la déposera le lendemain à Calcutta, où elle arrive pour la célébration de la fête de Durga, qui, au Bengale, revêt une particulière solennité et passe en éclat toutes les autres. On y célèbre la grande déesse, la Mère universelle sous son aspect chaste et rassurant, alors que Kâli, assoiffée de sang, en est l'aspect impur. Mais cette fois, Alexandra passe à Calcutta à peine un mois. Celle qui, maintenant, prêche le bouddhisme aux bouddhistes eux-mêmes considère que, pour elle, le moment est venu d'accomplir son pèlerinage sur les lieux mêmes où le Bouddha a vécu. Il est vrai que les circonstances s'y prêtent. Un « très haut personnage britannique[1] » s'est proposé pour lui faciliter ce voyage et le mahârâdjah du Népal, qui a beaucoup entendu parler d'elle, est tout prêt à l'accueillir ; non seulement il la recevra à Katmandou, mais, par la suite, contribuera généreusement à l'entretien de la dame-lama, pour qui il manifestera la plus haute estime, lorsqu'elle décidera de s'établir en ermite dans l'Himalaya. Si

1. Très probablement le vice-roi lui-même, sir Charles Hardinge, qui occupa ce poste jusqu'en 1916 et avec lequel Alexandra resta en relations épistolaires.

l'intention d'Alexandra est de se rendre sur le site de Kapilavastou, où naquit le Bouddha, dans le Térai népalais, en chemin, elle s'arrêtera tout d'abord à Bodh-Gaya, dans le Bihar, au sud du Gange, où il connut l'Éveil.

Le 13 novembre, Alexandra prend le train pour Gaya, une des principales villes sacrées de l'hindouisme et gagne, à une dizaine de kilomètres plus au sud, la cité sainte des bouddhistes, où afflue une foule bariolée venue de toute l'Asie. Non loin de l'immense stupa en forme de tour pyramidale qui se dresse à plus de cinquante mètres et, maintes fois restaurée, remonte cependant au VIIe siècle, se trouve, préservé, le lieu même de l'Illumination, ombragé par les branches du grand figuier *(Ficus religiosa)* qui, deux mille cinq cents ans plus tôt, abrita le Bouddha, assis immobile et inébranlable dans la posture de la méditation qu'il s'était promis de ne pas quitter tant qu'il n'aurait pas obtenu l'Éveil. Si l'arbre actuel n'est plus le même, au moins provient-il des boutures du figuier primitif qui furent, au cours des siècles, replantées à sa place. Sous le *Bo Tree* s'élève le *Vajrasan* ou trône de diamant qui marque l'endroit exact où s'assit Sakyamuni. L'entourent encore les piliers magnifiquement sculptés de la balustrade attribuée à l'empereur Asoka. C'est sur cet emplacement dont l'énorme charge fut entretenue par la piété des millions de pèlerins qui se sont succédé ici pendant plus de deux millénaires que se concentre Alexandra. Elle vient passer une nuit de méditation sous l'arbre de la Bodhi et note brièvement dans son agenda : « Le sujet qui m'est venu spontanément est : le Bouddha, après avoir quitté Gaya, rencontrant l'ascète sur la route et lui disant : “ Je suis un *Jina* ” (c'est-à-dire un Victorieux)... Être un *Jina*, c'est peut-être simplement savoir qu'on en est un. C'est en soi que la transformation doit se produire et je suis un *Jina*, si j'ose l'être », ce qui, notons-le, est parfaitement conforme aux enseignements les plus élevés du bouddhisme pour qui tout être humain est un Bouddha, c'est-à-dire un « Éveillé » ; ce qu'il faut faire étant de se reconnaître en tant que tel.

Poursuivant sa route, Alexandra passe le 18 novembre la frontière indo-népalaise à Raxaul et le 21 arrive à Katmandou. Elle est accueillie à la résidence anglaise et, le surlendemain, reçue en audience par le mahârâdjah. Celui-ci appartenait à la famille des Rana, dont les membres, avec le titre de Premier ministre, puis de mahârâdjah, gouvernèrent, de 1846 à 1951, avec l'appui des Anglais, un pays où le roi ne jouait plus qu'un rôle fictif.

Le plus grand des États himalayens se trouve situé entre le Tibet, au nord, dont le sépare la chaîne de l'Himalaya, laquelle atteint ici avec l'Everest, son point culminant, et l'Inde, au sud, dont le Népal est isolé par la barrière des monts Mahâbharata et par la jungle du Terai qui s'étend à leurs pieds. L'activité humaine se concentre surtout dans la vallée de Katmandou, au climat tropical tempéré par l'altitude. C'est là que s'élève la capitale, ainsi que les principaux centres religieux, où se mêlent les influences hindouistes et bouddhistes, le bouddhisme s'y étant propagé d'abord à partir de l'Inde, puis par les missionnaires venus du Tibet ; la majorité de la population pratique une sorte de syncrétisme religieux.

A Katmandou, le mahârâdjah comble d'égards et de présents celle à qui l'on donne le titre de *Jétsune Kouchog* ou de *Jétsunema*, c'est-à-dire « Dame-Lama ». Lors d'un entretien, au cours duquel il lui a promis son appui pour les expéditions qu'elle compte entreprendre, le mahârâdjah va même jusqu'à se livrer à des confidences « très personnelles, d'ordre mystique » et sollicite d'elle une réponse. « De retour chez moi, la réponse à donner me vint, catégorique, assez brutale, peu faite pour plaire et je pensai qu'elle pouvait faire écrouler comme château de cartes l'amabilité du prince et le voyage à Lumbini... Cependant je l'ai envoyée telle, résignée par avance à ne jamais voir la ville où vécut le Bouddha, le sol où il est né. L'effet a été tout autre. On est accoutumé dans l'Inde à la rudesse de ceux qui portent la robe orange[1]... »

Pendant tout le mois de décembre 1912, Alexandra David-Neel, accompagnée de son *boy* Passang, excursionne autour de Katmandou, tantôt dans le landau mis à sa disposition, avec « un cocher vert et or et deux valets de pied chamarrés », tantôt montée sur un poney, mais toujours escortée des cipayes à cheval qui, sur ordre du résident anglais,

1. Lettre datée de Katmandou, 12 décembre 1912.

doivent la suivre partout. Cette mascarade l'amuse un moment, mais lui paraît vite fastidieuse.

Elle visite, un à un, les sanctuaires bouddhistes, Bodnath, le plus ancien, puisqu'il remonte aux premiers siècles de l'ère chrétienne, Swayanbu Nath où, sur une colline, se pressent temples et stupas, bizarrement décorés sur fond d'or de ces immenses yeux, symboles de la compassion du Bouddha, qui sont caractéristiques de l'art népalais, mais elle se rend également à Pashupati Nath, le Bénarès népalais, au bord de la Bhagmati, qui joue ici le rôle du Gange. Grâce à un haut personnage népalais, Râm Singh, à qui elle a été recommandée par ses amis indiens de Calcutta, elle est admise en présence de son gourou, le célèbre ascète Shivânanda [1], dont elle écrira [2] que « sa physionomie respirait un calme profond, un parfait détachement » et que « ses paroles étaient empreintes d'une singulière sagesse ».

Mais Alexandra voulait aussi pénétrer plus avant dans la connaissance des rites tantriques, particulièrement celle du *pancha tattva,* au cours duquel sont outrepassés les interdits majeurs de l'hindouisme, entre autres *maithuna,* l'union sexuelle. Elle se ménagea la possibilité d'assister à l'une de ces séances — qui était donnée par un paysan sorcier — déguisée en jeune garçon tibétain et couchée à plat ventre dans un grenier à foin sous lequel s'étaient réunis les *shakta.* Elle vit, non sans répugnance, sacrifier une chèvre, du sang de laquelle les assistants, jeunes hommes et jeunes femmes mêlés, se firent des marques sur le visage, tandis qu'ils buvaient plus que de raison. Puis, « tout à coup, la lampe s'éteignit. Un bruit d'escabeaux renversés, de piétinements, de hoquets d'ivrognes, de halètements, de sourds grognements bestiaux s'éleva dans les ténèbres. L'orgie abjecte commençait [3] ». Gênée, surtout à cause de la présence de

1. D'abord médecin, Shivânanda (1887-1963) renonça à tout pour devenir ascète errant. En 1936, il fonda à Hrishîkesh la *Société de la Vie divine (The Divine Life Society)* qui a encore aujourd'hui un grand rayonnement. En français, on peut lire de lui *La Pratique de la méditation* (Albin Michel).

2. *Au cœur des Himalayas. Le Népal,* Dessart, Bruxelles, 1949, p. 131. Nouvelle édition aux éditions Pygmalion.

3. *Ibidem.*

Passang qui l'avait accompagnée, Alexandra descendit du grenier sans bruit et s'éloigna dans la nuit.

Tout cela n'était pour elle qu'un prélude à l'expédition qui doit lui permettre de visiter le lieu de l'origine terrestre du Bouddha Sakyamuni. Pour cela, il lui faut redescendre à travers la chaîne des Mahâbharata jusqu'au Terai, la jungle qui forme la frontière indo-népalaise. C'est le mahârâdjah lui-même qui a organisé ce voyage ; aussi Alexandra fait-elle le trajet en palanquin, accompagnée de toute une escorte, même double, car le résident anglais n'a pas voulu être en reste, et suivie de quatre éléphants. A Roummindéî, qu'elle atteint le 7 janvier 1913, elle installe son campement ; elle dispose d'une grande tente qui contient même une toute petite salle de bains. Roummindéî sera le point de départ d'excursions à dos d'éléphant, car on ne peut guère circuler autrement dans cette jungle pestilentielle et fiévreuse, où des souvenirs bouddhiques ne subsistent plus que des ruines, fort anciennes, puisque Kapilavastou, la capitale des Sakyas, fut détruite, alors que le Bouddha vivait encore, et tous ses parents furent massacrés. Néanmoins, les bouddhistes ont depuis toujours visité ces lieux et le plus illustre d'entre eux, l'empereur Asoka, qui y vint en pèlerinage en l'an 244 de notre ère, fit dresser un imposant pilier monolithe sur le site même de la naissance de Sakyamuni, le jardin de plaisance de Loumbinî (devenu de nos jours Roummindéî), où sa mère Mâyâ, qui s'y promenait, le mit au monde.

A dix ans, la petite Alexandra David avait lu la belle légende du Bouddha et de la tigresse. Au cours de l'une de ses vies antérieures, le Bouddha, alors bodhisattva, ayant rencontré une tigresse qui cherchait en vain quelque proie à rapporter à ses petits affamés lui offrit son propre corps en pâture. L'histoire, elle ne savait au juste pourquoi, avait bouleversé l'enfant. C'est à Mam Bouddha, près de Badgaon, que se serait déroulée cette scène édifiante. Alexandra s'y était rendue en décembre et ses retrouvailles avec un souvenir d'enfance l'avaient si fort impressionnée qu'elle en parle dans deux lettres successives à son mari. Or, à Roummindéî, il lui arriva ceci. S'étant écartée dans le sous-bois, afin d'y faire sa méditation, Alexandra songeait à « la parole revenant si souvent dans les textes : " Que la jungle est un délicieux séjour pour les sages... " Je ne suis pas un sage, mais je trouve la jungle délicieuse tout de même. Je suis partie, les yeux clos, en des méditations dont le sujet importe peu, lorsque j'entends, vers ma gauche, des pas ouatés dans les feuilles mortes. Des pas précautionneux de chat, mais de chat pesant. Je me dis que la distraction est chose mauvaise et m'efforce de ramener mes pensées à mon sujet. Pourtant, au bout de quelques instants j'ouvre les yeux et regarde. A ma gauche, dissimulé à demi par le feuillage, à une vingtaine de mètres, il y a un corps long au pelage strié de noir, de la tête je ne vois que les oreilles droites. Ma première pensée est idiote, je dis : un zèbre ! Et puis je songe qu'il n'y a pas de zèbre dans le pays et que le pelage est trop roux pour être celui d'un zèbre et alors je songe : un tigre. Nous sommes près du crépuscule, mais il fait encore tout à fait clair, je vois bien le corps long et les oreilles dressées. Je dis : un tigre et, ma foi, confessons-le, j'ai un battement de cœur, dont je souris très railleusement pour moi-même. Eh ! oui, quoi, un tigre qui me voit probablement comme je le vois et qui songe immobile, comme je songe immobile. Que faut-il faire ? Me lever, m'en aller ? S'il le souhaite, en deux bonds il m'aura atteinte... Et puis il est de tradition, dans l'Inde, qu'un sannyâsin ne fuit devant aucun danger, cela m'intéresse de sentir le petit reste d'émotion nerveuse qui s'agite en moi, je me demande : que vas-tu faire s'il sort du taillis, s'il s'avance vers toi ? et je sais déjà que l'espèce d'entraînement, d'autosuggestion, si tu veux, pratiquée de longue date, seront les plus forts, que je ne bougerai pas, que je ne déshonorerai pas la robe couleur d'aurore qui m'enveloppe. Et puisque je le sais, je me dis qu'il convient aussi de laisser ce tigre pensif à ses méditations et de reprendre les miennes. Ce n'est qu'un tout petit effort, j'ai fermé les yeux de nouveau... après tout, tout n'est qu'un rêve... J'ai oublié le tigre et la jungle et moi-même. Lorsque je sors de mes pensées, l'idée du tigre me revient et je me dis : Bah ! j'ai vu un tas de feuilles rousses tranchant sur des feuilles noircies. Je vais le revoir toujours à sa place, mon tigre de feuilles sèches. Je regarde... rien. J'essaie de toute ma volonté de créer une image identique parmi le feuillage, mais en vain. Il n'y a pas de feuilles rousses et, entre les branches vertes à la place où le grand corps long interceptait ma vue, je vois un coin du ciel.

« L'éléphant est arrivé, je retourne au camp. Dans la nuit le rugissement d'un tigre, bien que venant d'assez loin, met tout mon monde sur pied. Coïncidence ou bien est-ce le même fauve qui a passé près de moi ? Je te le dis, quand ces choses-là sont vieilles de quelques jours, volontiers on s'imagine les avoir rêvées[1]. »

Le 4 février 1913, Alexandra redescend dans la plaine, la plaine déjà brûlante en cette saison, où le Gange déploie ses vastes méandres, avec, sur l'une de ses rives, la cité sainte par excellence, Varanasi (Bénarès), l'antique Kâshî, dont le nom signifie : qui resplendit de la lumière divine, et qui passait déjà pour la ville la plus ancienne du monde — sa fondation, selon les Purânas remonterait à 6000 avant l'ère chrétienne —, à l'époque (fin du VIe siècle avant Jésus-Christ) où le prince Siddharta Gautama, devenu à Gaya le Bouddha, vint prêcher pour la première fois le Dharma, dans le parc des Gazelles qui faisait partie de l'un de ses faubourgs, devenu Sarnath. Ainsi, pour Alexandra David-Neel, qui avait visité au Népal le lieu de sa naissance et à Gaya celui de son illumination, la boucle de son pèlerinage se refermait-elle ici. Mais son arrivée à Bénarès en 1913 était aussi un retour. Elle y avait séjourné en 1892 et c'est à Bénarès, aux pieds du vieil ascète Bashkarânanda, qu'elle avait été initiée à la pensée de l'Inde. Aussi, vingt ans après, se rendit-elle aussitôt au jardin de roses, dont le souvenir parfumé lui avait apporté quelque espoir de paix dans les tribulations qu'elle avait depuis lors subies : « Un air d'abandon régnait dans l'enclos poussiéreux... Bashkarânanda reposait maintenant sous le mausolée de marbre blanc que ses disciples lui avaient élevé, enterré le buste droit, les jambes croisées, en posture de méditation[2]. »

Cette visite est comme le prélude à un nouveau cycle d'études et de recherches. Là, elle franchira une nouvelle étape dans la compréhension et la pénétration de l'hindouisme dont Bénarès est comme le cœur. Mais cette expérience sera aussi une épreuve, ne serait-ce qu'en raison du climat qui fait de la ville au printemps et jusqu'à la venue de la mousson une véritable fournaise. En effet, dès son

1. Lettre datée : Népal, Sinamena, 19 janvier 1913.
2. *L'Inde où j'ai vécu*, p. 304.

installation, elle rencontre une chaleur qui croît de jour en jour, une chaleur à laquelle elle ne peut échapper ; dans quelques semaines, elle enregistrera, accablée, quarante-cinq degrés à l'ombre dans la journée et quarante degrés la nuit. Aussi, peu après son arrivée, évoque-t-elle déjà [1] l'Himalaya, les lacs où se mirent les pics neigeux, les cascades dans les forêts. Et, nostalgique, elle note : « une partie de moi est restée là-haut », elle sait qu'elle ne remontera plus, qu'il est trop tard et qu'il faut bien qu'elle renonce.

Mais, s'il en est ainsi, pourquoi ne rentre-t-elle pas enfin ? lui répond Philippe. Voilà maintenant près de deux ans qu'elle l'a quitté et qu'il l'attend. D'ailleurs, n'a-t-elle pas déjà promis à plusieurs reprises de revenir bientôt ? « La question de mon retour me paraît, d'après tes lettres, devenir pressante », lui réplique-t-elle. Quand donc le cher Philippe, qui manque décidément de générosité et même, tout simplement, de tact, comprendra-t-il enfin ? Puisqu'il veut des précisions, les voici : « Après l'épouvantable crise morale qui m'a tenue quatre années [2] et dont tu n'as jamais soupçonné la profondeur et la torturante intensité, j'ai retrouvé ces " chemins hors du monde " qui m'avaient tentée et captivée dans ma jeunesse. Je me suis étonnée qu'ils puissent se rouvrir et, lorsque j'ai eu compris que la paix, la sérénité reviendraient, j'ai conçu pour la doctrine qui me les avait ramenées une reconnaissance sans bornes... » Désormais, elle est morte au monde. « Je suis peut-être imprudente de te dire ces choses... ; comment le prendras-tu ?... Je n'ai plus de prudence humaine, j'en ai tant eu, trop... je n'en veux plus user. » Alors, elle lui met le marché en main, qu'il choisisse lui-même : ou bien, elle rentre, mais seulement après avoir achevé les études commencées, elle pourra alors écrire les livres qu'elle ne peut préparer qu'en Asie, faire « des conférences dans les milieux savants » et vieillir paisiblement auprès de lui, « l'âme souriante », ayant accompli ce qu'elle avait à accomplir ; ou bien, si, par suite de son impatience à lui, elle devait renoncer à cet avenir qu'elle décrit, alors, elle est « prête à la renonciation... prête à bien des choses

1. Lettre de Bénarès, 19 mars 1913.
2. Ce n'est pas d'hier qu'il s'agit, mais de la période 1900-1904.

extrêmes et peut-être peu sages... ». Et, au cas où il ne comprendrait pas, ou feindrait de ne pas comprendre qu'il s'agit là d'une menace et d'une menace précise, elle lui dit nettement que, s'il n'accepte pas la première solution, elle rompra tous liens et, premier de tous, celui qui les unit : « une cabane dans les palmes de Ceylan ou sur un éperon de montagne dans les Himalayas[1] semble un séjour souhaitable » pour qui ne souhaite plus que la paix et l'oubli. Là, elle n'aura plus besoin de lui et il n'entendra plus parler d'elle.

Le voilà donc prévenu ! Mais elle l'aime pourtant, elle veut son bien. Comment, lui, un homme intelligent, n'a-t-il pas encore compris que ce monde n'est que troubles et misère, mais aussi que tout cela n'est qu'apparences qu'il faut percer, par-delà lesquelles il faut aller ? Bien sûr, toutes les religions, toutes les fois servent de refuge aux croyants, elles leur font perdre tout sens critique, elles les aveuglent. Il a parfaitement raison de se méfier, de demeurer sceptique à leur égard et son attitude à elle, qu'il ne s'y méprenne pas, est identique. Le seul abri digne « des esprits plus raffinés » est « la paix dans l'agnosticisme, la sérénité dans l'incroyance » ; là, on se trouve par-delà « l'adoration des dieux, dont on a mesuré le néant », mais aussi au-delà de la complaisance envers un moi « dont on a aussi percé à jour la vanité... l'irréalité ». On se situe alors par-delà les apparences, on a atteint alors, et définitivement, « la rive paisible, le Nirvâna ». Elle-même y est parvenue. Elle croyait simplement « payer une dette de reconnaissance à la doctrine qui (l')avait sauvée d'une longue et douloureuse crise morale », et « il s'est trouvé que la porte du *Nirvâna* s'ouvrait derrière le voile orange... Pourquoi retournerait-(elle) en arrière, à l'inquiétude, au rongement de cœur, à la souffrance ? ». Et pourquoi pas lui ? « Pourquoi ne peux-tu pas trouver l'oasis que j'ai trouvée ? »

En effet, c'est bien là tout le drame, tout leur drame, même lorsqu'il s'exprime en détails presque sordides, en perpétuelles questions d'argent, en ce chantage qu'elle doit exercer afin de pouvoir continuer sa quête, mener à bien,

1. Ce qu'elle décrit ainsi, c'est la situation du monastère de Lachen, mais s'en rend-elle compte ?

jusqu'au bout, son expérience vitale. Vraiment, il est plus facile de prêcher le bouddhisme à des Indiens, fussent-ils de dévots hindouistes, qu'à un mari, Occidental sceptique, qui ne voit dans tout ce qu'elle lui dit qu'un mysticisme oriental dont elle s'est entichée.

Mais Philippe Neel, s'il ne comprend pas, s'il ne peut pas comprendre, est néanmoins un homme de cœur. Il ne s'est nullement mépris sur ce qu'elle voulait dire en parlant de « solution extrême », il a saisi « avec une grande sagesse » qu'il ne pouvait exiger son prompt retour. Et il a évoqué en réponse : « Un oiseau ramené de force à la cage, enfoncé dans un coin, la tête sous son aile, un oiseau qui ne chante plus », c'est bien en effet ce qu'elle serait, commente-t-elle, « une triste et misérable chose ». Par cette réponse généreuse, elle est « touchée intensément » et elle reconnaît qu'il a « agi en vrai sage ». Grâce à son attitude, il lui évitera ce qu'elle redoute le plus : « l'infini désespoir qui pourrait surgir au seuil de la mort, celui de s'être oubliée, de n'avoir pas été *soi*. » Quant à revenir, c'est absolument dans ses intentions et dans son programme[1], seulement elle ne dit pas quand.

L'alerte est passée et Alexandra se remet au travail. Elle reprend au point où elle l'avait laissée à Calcutta son enquête sur la philosophie Vedânta, délaissant le lamaïsme qu'elle n'entrevoit pas alors le moyen d'approfondir plus. Aimablement accueillie à Bénarès par les membres de la Société théosophique, elle « accepte l'offre d'un appartement dans leur beau parc[2] ». Outre cet « European Quarter » où elle loge, dépend aussi de la Société le collège hindou, créé par Annie Besant et qui deviendra en 1915 l'université hindoue, célèbre par le renouveau des études hindouistes qui s'y manifestera. Son logement lui plaît, il s'ouvre sur une véranda et est bien protégé du soleil par un double toit, mais la chaleur est accablante, les moustiques sont aussi nombreux que tenaces et l'épidémie combinée de peste et de choléra qui sévit alors en ville oblige à prendre d'indispensables précau-

1. Lettre de Bénarès, 10 juin 1913.
2. Dans ses carnets inédits, elle a noté : « Cela ne me plaît qu'à demi d'être dans ce milieu, mais trouver un logement à Bénarès est un problème difficile. »

tions d'hygiène ; aussi règne-t-il chez elle une odeur de phénol, aussi forte que déplaisante. Sa journée est bien remplie. Elle se lève très tôt, afin de pouvoir méditer devant le lever du soleil. Après son bain, elle déjeune d'un cacao accompagné de pain grillé. Puis, « le pandit[1] arrive — il est huit heures — et la leçon de sanskrit commence. Lui parti, je m'occupe encore des raccommodages en train et je lunche... Le menu (du jour), soupe aux épinards, œufs brouillés aux tomates et aubergines frites... Ensuite, je me rends, à travers les rues torrides, chez un yogui de mes connaissances. Un homme très cultivé, d'une philosophie étrangement nihiliste qui porte un nom religieux extravagant, Satchitânanda, ce qui signifie existence-connaissance-béatitude... Nous causons pendant près de quatre heures... De telles conversations sont des cours. Retour à ma cellule, et puis le pandit de nouveau et, de nouveau, du sanskrit. Je vais dîner bientôt avec une soupe au lait et du macaroni et puis, j'irai au lit[2]. »

A l'égard du pandit, Alexandra manifeste peu d'indulgence. Il est assez superstitieux et assez borné pour lui demander un jour de l'initier au tantrisme, afin d'être en mesure de « faire quelques miracles » susceptibles d'impressionner ses disciples et de s'attirer de riches présents ; il est prêt pour cela « à renoncer à tout, même à son salut » (*moksha*, la délivrance du cycle des naissances et des morts), et Alexandra, malicieuse, lui répond qu'il doit propitier un vétala, c'est-à-dire une goule qui hante les cimetières et se repaît de cadavres. Mais l'autre ne se laisse pas démonter pour si peu, il est prêt, s'il ne peut obtenir les pouvoirs qu'à ce prix, à se rendre au champ de crémation et « à manger la cervelle d'un cadavre[3] ».

Le yogui, lui, est d'une tout autre trempe ; il impose le respect à celle qu'il a consenti à recevoir comme disciple. Fils de parents aisés qui voulaient lui faire donner une éducation européenne, il fut obligé de faire de sérieuses études et devint professeur de mathématiques, mais, depuis l'enfance, il ne

1. Il vient très probablement du collège hindou.
2. Lettre de Bénarès, 25 mars 1913.
3. Lettre de Bénarès, 30 septembre 1913 et *L'Inde où j'ai vécu*, pp. 289-290.

rêvait que d'ascétisme et, depuis longtemps déjà, quand Alexandra fit sa connaissance — il était âgé alors d'environ quarante ans —, il avait quitté le monde. Vivant en ermite et en ascète, il n'avait pourtant pas prononcé le vœu de suprême renonciation des sannyâsins, mais était resté brahmacharin, c'est-à-dire étudiant et voué à la chasteté. C'était de sa part un scrupule, celui de n'en être pas digne, mais aussi, comme il l'avouera un jour à Alexandra, « un reste de superstition » : le sannyâsin se plaçant en dehors de toute expiation possible, s'il tombe sur la route où il s'est engagé, il est définitivement perdu. Satchitânanda n'en était pas moins un Védantin des plus stricts, « un des rares véritables et inflexiblement logiques » qu'elle ait rencontrés. « Il n'existait pas la moindre étincelle de pitié condescendante dans sa doctrine, pas la moindre concession à la faiblesse humaine qui mendie des compromis [1]. » A la suite du premier entretien qui avait duré quatre heures, Satchitânanda et Alexandra se revirent sans doute, mais peu souvent, car il s'enfermait pour de longues périodes de retraite. Néanmoins, il lui écrivait fréquemment [2].

C'est à Satchitânanda qu'elle dut de se voir conférer un titre honorifique par « un cénacle comprenant des lettrés laïques et des sannyâsins » au cours d'une cérémonie non seulement extraordinaire, mais certainement unique en son genre, car on lui demanda de prononcer une conférence sur le bouddhisme ; or, comme on le lui fit remarquer, « il y a dix ans, si vous aviez tenté de vous présenter ici pour y parler du bouddhisme, on vous eût lapidée [3] ». Si Satchitânanda se fit « l'un des plus enthousiastes promoteurs » de cette manifestation, c'est bien parce qu'il avait été à même de reconnaître l'étendue de ses connaissances hindouistes. Celle-ci apparaît donc comme un témoignage de sa profonde estime. Pourtant,

1. *L'Inde où j'ai vécu,* p. 281 et suivantes.

2. Ces lettres, Alexandra David-Neel pensait les publier, car, dit-elle dans *L'Inde où j'ai vécu,* « elles pourraient constituer un intéressant contraste avec cette sorte de Vedânta édulcoré que certains Indiens ont propagé en Occident ». Mais elle ne l'a pas fait.

3. Dans sa lettre du 18 juin, où elle raconte cette cérémonie qui a eu lieu la veille, A. David-Neel précise que c'est la troisième conférence qu'elle a donnée à Bénarès.

il devait être bien difficile à deux êtres aussi entiers, aussi intransigeants, aussi susceptibles de ne pas s'affronter un jour. Ils s'affrontèrent, en effet, et ce fut la rupture immédiate et définitive. En apparence, la cause en fut bénigne. Satchitânanda ayant proclamé avec véhémence l'évidente supériorité des brahmines s'entendit répondre par son élève, vexée, et qui surtout venait de découvrir en lui aussi le mépris qui couvait pour les Occidentaux impurs, ignares et barbares : « Si les brahmines se croient supérieurs à tous dans l'Inde, les Blancs se considèrent comme les brahmines du monde entier. » C'était évidemment une maladresse, sinon une grossièreté. Sa riposte fut accueillie par une colère qui mit fin à leurs relations [1].

A Bénarès, Alexandra David-Neel devait connaître bien d'autres hindouistes, moins éminents sans doute, mais assurément plus pittoresques, tel l'ineffable Hariprasad qu'elle consulta sur les interprétations à donner à la théorie attribuée à Madhwa, célèbre philosophe indien du XIIIe siècle, théorie qui lui paraissait offrir de curieux points de ressemblance avec la prédestination calviniste qu'elle avait elle-même rejetée avec horreur. Intriguée, Alexandra se rend par quarante-cinq degrés à l'ombre chez un missionnaire anglais, érudit indianiste, pour lui demander son aide. Seul, à son avis, le pandit Hariprasad serait à même de répondre et il propose à Alexandra d'aller auprès de lui ; toutefois, afin qu'elle ne soit pas par trop surprise, il la prévient : Hariprasad est un de ces mystiques qui, dans leur dévotion à Krishna, se considèrent comme étant des femmes, les épouses du dieu. La chose n'est pas si exceptionnelle en Inde et le grand Râmakrishna lui-même, pendant un temps, adopta une telle conduite. Quant à Hariprasad, c'était, rapporte Alexandra, « un homme aux proportions de bel athlète, portant les cheveux longs, artistiquement disposés en un chignon dans lequel une touffe de jasmin était piquée... Il avait les pieds nus dans des babouches de satin rouge, ornées

1. En 1951, soit près de quarante ans après l'événement, A. David-Neel écrit : « Je continuais à avoir indirectement des nouvelles du brahmacharin par des amis communs. Il est devenu de plus en plus solitaire et vit presque constamment dans une stricte réclusion... » (*L'Inde où j'ai vécu*, p. 284.)

de broderies de fil d'or, plusieurs colliers en pierres précieuses s'étalaient sur sa poitrine et des bagues de grand prix brillaient à ses doigts minces. Il était violemment parfumé[1] ». Mais le décor somptueux de la maison l'étonne encore davantage. Quelque peu ahurie, Alexandra réussit cependant à poser la question qui, au milieu de ce faste, lui semble singulièrement incongrue. Et, en effet, le dévot vishnouite se récrie : « Qui peut imaginer pareille horreur ! Jamais l'idée d'une chose aussi atroce ne lui serait venue. Hari (Vishnou) est tout amour ! » Peu après, parviennent d'une pièce éloignée des mélopées langoureuses. Soudain, Hariprasad, qui avait jusqu'alors conversé très lucidement, se tait. « Sa figure prend une expression extatique et, après quelques instants d'immobilité complète, il se lève lentement et se met à danser. » Mais, commente Alexandra, sa danse n'avait rien de grotesque ni de frénétique, elle exprimait seulement une exaltation mystique, tenant éperdument à une union spirituelle avec un bien-aimé de rêve[2].

A Bénarès, Alexandra David-Neel est toujours aux aguets ; aussi, lorsqu'on lui parle un jour d'un certain Râmashram, qu'on lui dépeint comme un personnage terrible, capable de saper toutes les croyances et de ne plus laisser que ruines et vide, sa curiosité est-elle aussitôt éveillée et elle n'a de cesse d'être conduite auprès de ce sannyâsin. Parvenue à l'ermitage du maître situé en pleine campagne, elle trouve une douzaine d'Indiens, les mains jointes, les yeux levés vers le ciel et gardant un profond silence. Sans doute attendent-ils l'arrivée du gourou, se dit-elle. Mais, levant à son tour les yeux, elle le voit assis sur le toit de sa maisonnette ; c'est de là qu'il répandait son enseignement. Bien entendu, Râmashram feint de ne pas voir l'étrangère qui persiste cependant à venir. Un jour enfin, le swâmi lui fixe un rendez-vous. Il est seul, non plus sur le toit, mais derrière une fenêtre munie de barreaux de fer et fait signe à la visiteuse d'approcher. De la conversation qu'ils ont ce jour-là, il résulte que Ramâshram est un Vedântin extrémiste, qui professe que « rien n'existe que le jeu de l'énergie totalement impersonnelle et parfaite-

1. *L'Inde où j'ai vécu*, pp. 114-117.
2. *Ibidem.*

ment inconsciente ». Voilà qui n'était point pour déplaire à Alexandra, profondément antireligieuse depuis son adolescence, qui recherchait précisément les gourous les plus rudes et aussi les plus logiquement conséquents, les seuls capables d'aller jusqu'au bout de leur pensée et d'en assumer intrépidement toutes les conséquences, alors qu'elle fuyait le sentimentalisme des dévots, la trahison des compromis, tout affadissement d'une doctrine fort rude en soi, virile et inacceptable pour les êtres faibles. Ce que sont à la fois, et l'Adavaïta Vedânta de Shankaracharya et aussi le bouddhisme originel, celui des prédications du Bouddha qui, lui-même, disait : « doctrine difficile à comprendre, difficile à pratiquer ». Comme elle fait allusion devant Ramâshram à la déclaration faite par le sannyâsin au jour de sa profession, par laquelle il rejette les trois mondes : le séjour des hommes, celui des ombres et celui des dieux, celui-ci riposte sarcastique : « Rejeter quoi ? Ni ces trois mondes ni aucun autre qu'on puisse imaginer n'existent. » Cette brusque et terrible riposte la conquiert : enfin, voilà un homme ! Elle brûle de s'approcher davantage de ce maître. Bientôt l'occasion s'en présente. Râmashram l'a autorisée à se joindre à ses disciples. Or, un soir qu'il discute avec eux, une phrase retient l'attention d'Alexandra : « Le Bouddha, dit-il, se trouve maintenant au Tibet... parmi les Dakinis (sortes de fées). » A l'intention de son voisin, Alexandra murmure : « Cette histoire a un sens ésotérique, je l'ai entendu raconter au Tibet. » Râmashram l'a entendue et, quelques jours plus tard, il lui propose l'initiation. Surprise, Alexandra hésite, mais finalement accepte : c'est là une excellente occasion de pénétrer dans un domaine inaccessible à celui qui n'a pas été dûment initié. Elle s'étonne de l'avoir obtenue à si bon compte ; d'ordinaire, les gourous font passer les postulants par une longue série d'épreuves aussi sévères que variées. Mais elle s'est réjouie trop tôt, ce n'était que partie remise.

Quelques jours plus tard, lorsqu'elle se présente à l'ermitage, un obstacle l'empêche d'y accéder. Le Gange en crue a noyé la campagne et la demeure du maître est isolée par une large dépression remplie d'eau. Alexandra charge le *boy* qui l'accompagne de l'excuser de ne pouvoir se rendre auprès du maître. Le garçon entre dans l'eau et, soudain, s'y enfonce jusqu'aux épaules. Au retour, il porte la réponse de Râmashram : celui-ci exige qu'elle vienne. Alexandra n'a pas une minute d'hésitation ; elle remonte en voiture et s'éloigne. Mais, pendant le retour à Bénarès, son *boy*, le jeune Tibétain Passang, qu'elle a pris à son service au Sikkim, lui dit timidement, comme s'il avait lu dans ses pensées : « Vous auriez sans doute traversé l'eau si un " Autre " vous l'avait demandé. — Probablement, mais cet " Autre " ne me l'eût pas commandé [1]. »

Cet « Autre », elle croit qu'elle ne le reverra jamais ; pourtant elle ne peut l'oublier. Non seulement il est un maître plus authentique que tous ceux qu'elle a rencontrés, mais il est bouddhiste comme elle. Que fait-elle à s'attarder auprès de ceux qui, pour proche qu'elle se sente d'eux, demeurent malgré tout des étrangers ? Les paroles du jeune garçon ont fait surgir dans sa mémoire « la vision des solitudes transhymalayennes et d'un ermitage encastré dans une crête rocheuse ».

Mais, puisqu'elle est maintenant à Bénarès, qu'elle mette au moins à profit les ressources inégalables de la ville sainte. Pour cela, il lui faut s'enfoncer dans les ruelles obscures, visiter les sanctuaires qui s'y dissimulent. Ce qu'elle fait souvent, le soir ou même la nuit, vêtue à l'indienne et accompagnée de son *boy* tibétain. Le garçon parle couramment l'hindi et le népalais et ne suscite aucun soupçon. Quant à elle, elle joue le rôle de sa tante effectuant un pèlerinage. Dès 1913, c'est donc à Bénarès qu'Alexandra met au point la technique qui lui permettra d'accomplir son fameux voyage à Lhassa, dix ans plus tard. Cette technique, elle l'aura d'ailleurs perfectionnée : son compagnon sera un authentique lama et elle se présentera comme sa vieille mère.

Cependant, le plus souvent Alexandra n'a pas à recourir à de tels subterfuges. Sa réputation est solidement établie. On sait qu'elle est strictement végétarienne, qu'elle fait de fréquentes ablutions ; surtout on a appris qu'elle est née de parents âgés et seulement quatorze ans après leur mariage. Or, cette circonstance, dont elle a tant souffert dans sa jeunesse, qui l'a en quelque sorte mise à l'écart et vouée à la

1. *L'Inde où j'ai vécu*, pp. 266-273.

solitude, voici qu'en Inde elle est un signe d'élection. L'enfant apparu tardivement est un don des dieux et « demeure l'objet de la sollicitude particulière de ceux-ci qui ont des intentions spéciales à son égard ». Selon la légende, le très illustre Shankara, le grand maître du Vedânta, serait venu au monde douze ans après l'union de ses parents. Et elle, si l'on peut dire, le bat de deux ans ! Elle est donc suffisamment pure pour pénétrer jusque dans les sanctuaires interdits en principe aux non-hindous.

C'est ainsi qu'elle obtint de passer une nuit, seule, « en tête à tête » dans son temple avec le terrible Bhakirava, un des aspects de Shiva vénéré par les tantriques et représenté par un homme à tête de taureau, à trois yeux et à crocs aigus. Qu'en attendait-elle ? Non, bien sûr, ce qu'on lui promettait : celui qui passe la nuit aux pieds de Bhakirava, ou bien y atteint l'illumination spirituelle complète, ou bien meurt sur place et à l'aube on ne retrouve que son cadavre, mais bien de découvrir le « sinistre truc » qu'on y pratiquait pour entretenir cette croyance. Malgré le vent, la pluie et les éclairs de l'orage qui se déchaîne pendant la nuit, Alexandra se retrouve à l'aube, saine et sauve, ayant même un peu dormi ; point d'illumination, mais point non plus de mort subite, en somme, elle est déçue.

Parfois, cette crédulité indienne l'exaspère, parfois aussi elle s'en amuse. Se promenant avec une dame étrangère, fort éprise de religiosité hindoue, elle lui démontre que tel saddhou[1], apparemment plongé dans la plus profonde méditation, mais à côté d'une sébile destinée à recevoir les offrandes des passants, n'est qu'un imposteur, en promettant une roupie à un gamin, s'il va dérober la sébile. Et, bien entendu, le saddhou se lève d'un bond et, proférant d'épouvantables jurons, court après le voleur.

Mais, comme elle le note elle-même, « raillerie et plaisanterie s'insèrent difficilement dans l'atmosphère de religiosité sombre qui prévaut dans la cité de Shiva », car Bénarès est aussi la capitale de la mort. Vers ce lieu béni entre tous, où terre et ciel se rejoignent, où la divine Ganga, qui donne la

1. Au sens propre, les « bons », ceux qui ont renoncé à tout.

vie, entraîne les cendres des morts[1] jusqu'à l'océan, où ils se fondent dans l'unité retrouvée, convergent de toute l'Inde ceux qui viennent pour y mourir. Aussi, à Bénarès, la mort ne se cache-t-elle pas ; elle s'exhibe et des morts en sursis se mêlent aux vivants, en un spectacle assurément déconcertant, mais seulement pour les Occidentaux irréalistes. Cette atmosphère si particulière règne surtout sur les ghâts, des gradins qui, sur plusieurs kilomètres, longent la rive du Gange sur laquelle est établie la ville et qui permettent d'atteindre le niveau du fleuve. Sur ces gradins plus ou moins larges s'étagent une multitude d'édifices religieux de toutes tailles, du petit temple à la simple niche abritant l'image d'un dieu ou seulement son emblème ; elle atteint son maximum d'intensité au ghât de l'Oreille de Shiva *(Manikarnika)* où, enveloppés de leur linceul blanc ou rouge, les morts attendent dans la fumée bleue des bûchers.

Dès les premières lueurs de l'aube, les rues de la ville sont envahies par une foule silencieuse de fantômes qui se dirigent vers le fleuve : on dirait que, à la manière d'une migration de lemmings, la ville entière est irrésistiblement attirée par les eaux. En effet, le lever du soleil est le moment le plus propice aux ablutions, qui sont ici une véritable immersion, car on se plonge tout entier dans le Gange, tête comprise, et l'on se rince la bouche dans cette eau glauque qui charrie pêle-mêle fleurs fanées des offrandes, cadavres de bêtes noyées et cendres des morts. Les femmes qui, généralement, se baignent à part entrent dans l'eau sans quitter leur sari qui se plaque sur le corps dont il dessine les formes en contre-jour. Mais les ablutions se poursuivent pendant tout le jour et l'affluence sur les ghâts est constante. Des familles entières s'abritent sous de grands parasols de paille, semblables à des champignons géants. Les dévots méditent en posture de lotus et psalmodient leurs mantras. Nulle part ailleurs n'est plus dense la multitude des sannyâsins et des saddhous presque nus, le corps enduit de cendres d'un blanc grisâtre ou drapés de chiffons ocre, les longs cheveux ramenés en chignon au sommet de la tête, le front marqué à la peinture blanche ou

1. Celles d'Alexandra David-Neel, mêlées aux cendres du lama Yongden, y seront immergées suivant son vœu en 1973.

rouge des signes de leur secte et portant piques ou tridents. Certains d'entre eux exhibent aux yeux d'un public blasé d'effarantes austérités destinées à démontrer de façon éclatante la maîtrise qu'ils ont acquise sur leur corps, les uns s'immobilisant pour des jours, voire des mois, dans les attitudes les plus inconfortables, d'autres restant couchés sur des lits de cactus ou de pointes de fer, certains se transperçant la langue avec des couteaux ou des broches. En principe, ces saints hommes n'ont même pas à solliciter les aumônes des passants, ceux-ci les leur doivent. Mais il n'en va pas de même de ceux qui se mêlent à eux : mendiants aux infirmités soigneusement entretenues ou lépreux, hideuses caricatures de la race humaine. Eux tendent la main, en implorant, harcèlent l'étranger et, parfois, s'agrippent à lui.

Ce monde grouillant, pitoyable et répugnant, mais aussi vénérable, Alexandra David-Neel eut tout loisir de le côtoyer, de s'y mêler pendant les neuf mois de son séjour à Bénarès. Presque dès son arrivée, le 22 mars, elle a pu assister à l'animation exceptionnelle que faisait régner sur les ghâts une éclipse de lune, présage de malheur public qu'il faut conjurer par un redoublement de piété : « Il y avait là cent mille personnes, peut-être plus. Des villages entiers étaient arrivés. Des trains spéciaux déversaient des pèlerins depuis trois jours[1]. » Sur un des escaliers du Dasâwamedha ghât, pendant trois mois environ, elle a observé un saddhou qui se tenait debout jour et nuit devant une sorte de pupitre où, parfois, il prenait appui pendant quelques minutes ; mais jamais il ne s'asseyait ni ne se couchait. La nuit, on l'attachait au pupitre, de façon qu'il puisse reposer le buste sur la tablette, en gardant toujours les jambes rigides.

Celles-ci étaient devenues énormes et noires par suite de la stagnation du sang. Elle a interrogé les Indiens présents : jamais on n'avait pu surprendre le saddhou assis ou couché. Puis un jour il disparut et l'incorrigible ironiste, ainsi qu'elle se nomme elle-même, conclut : « Il sera allé se reposer en jouant ailleurs le saddhou qui demeure toujours assis », réflexion qui fut accueillie par un silence réprobateur. Mais, quelque temps après, ce n'est pas la raillerie que suscita chez

1. Lettre de Bénarès, 25 mars 1913.

elle un incident dramatique. La crue estivale du Gange commençait, qui allait recouvrir un à un les degrés des ghâts. Or, un homme avait pris place dans une petite chapelle abritant le lingam en marbre noir qui symbolise Shiva. Il s'était assis en posture de méditation et ne bougeait plus. Jour après jour, l'eau montait vers lui ; impassible, le saddhou méditait et jeûnait, suscitant dans la foule une admiration respectueuse : on jetait des fleurs devant la chapelle, on y suspendait des guirlandes. Seule, Alexandra s'inquiétait. Ses amis hindous, qu'elle pressait d'intervenir pour empêcher le suicide de ce fanatique, ou même de requérir l'aide de la police britannique, hochaient la tête, paraissant sourire de sa naïveté. Tous approuvaient ce geste sublime. Plus les eaux montaient, plus l'homme demeurait immobile et plus grande devenait la ferveur de la foule. Et quand le Gange submergea sa tête, sans qu'il ait même esquissé un geste, retentirent les cris des dévots qui avaient contemplé la fin du drame : « *Jaî ! Jaî !* (Victoire ! Victoire !). » Sans doute, conclut-elle, « un tel acte est absurde... Pourtant... dans l'inflexible et stoïque attitude mentale de celui qui le commet, il y a une effroyable grandeur qui commande un religieux respect[1] ». Une autre forme de suicide sacré, plus courante, consiste à se faire attacher au cou une cruche remplie de pierrailles et de se jeter à l'eau d'une barque au milieu du fleuve. Lorsqu'elle était à Bénarès eut lieu un suicide de ce genre.

Bien entendu, ce n'est pas de tels spectacles qu'Alexandra David-Neel recherche, lorsqu'elle va se promener sur les ghâts, mais bien plutôt la présence de ces hommes à la fois religieux et érudits dont elle fait sa compagnie et dont elle se sent à la fois si proche et très différente. S'étant rendue au ghât de Tulsi Dass, très éloigné du centre de la ville, et s'étant assise au bord de l'eau, elle a le plaisir de voir venir jusqu'à elle un brahmine qui, en allant accomplir ses dévotions vespérales, l'a reconnue. Et, tandis que descend sur eux le calme de la nuit étoilée, ils parlent longuement des Védas et du suprême Brahman.

A Bénarès, comme partout ailleurs où elle séjournera,

1. *L'Inde où j'ai vécu*, pp. 256-258.

Alexandra est prête à toutes les expériences. Certes, ce n'est pas elle qui se contenterait d'étudier l'hindouisme dans les livres, comme les philologues de la Sorbonne, de l'École des Hautes Études ou du Collège de France, qui se garderaient bien de l'expérimenter ; ceux-ci semblent oublier que l'hindouisme n'existe pas que dans les bibliothèques, qu'il est toujours vivant et pratiqué par quelques centaines de millions d'hommes, le dixième de l'humanité contemporaine. Et les expériences auxquelles intrépidement elle se livre sont souvent ardues, voire même périlleuses. Si Alexandra ne va pas jusqu'à imiter la dévotion scrupuleusement aveugle de sir John Woodroffe, dont amicalement elle se raille, elle n'en passe pas moins par ces épreuves qui accompagnent toute initiation afin d'obtenir communication des mantras : c'est d'elle-même qu'elle se livre au redoutable exercice des « cinq feux » qu'elle a vu pratiquer à des saddhous au bord du Gange. Cela consiste à s'exposer nu, tête découverte, à la réverbération aveuglante du soleil, tandis qu'on est encadré par quatre brasiers, alors que la température extérieure atteint déjà cinquante degrés. Il fallait bien, dit-elle, qu'elle se rende compte des sensations que procure ce genre d'austérité. Et, scrupuleusement, elle note : « Ces sensations ne sont guère agréables en premier lieu, mais ensuite un début de congestion qui amortit la souffrance peut aisément être pris par des mystiques crédules pour l'entrée en extase. Je crus prudent de ne pas prolonger l'expérience beaucoup plus d'une heure[1]... » Sa curiosité de « reporter orientaliste », comme elle aime s'appeler, est inlassable, insatiable. Avec la complicité monnayée d'un jardinier, elle peut entrevoir la célébration tantrique secrète, le *pancha tattva*, qu'elle avait pu observer à Calcutta, puis au Népal ; écœurée, elle assiste à l'immolation d'une chèvre ; en revanche, la consommation du « cinquième élément », l'union sexuelle, lui paraît ici aussi discrète que décente, car, dans ce cas, il s'agit vraiment d' « un acte religieux exempt de toute lubricité[2] ».

Enfin, elle fréquente les maths, ces monastères hindous,

1. L'*Inde où j'ai vécu*, p. 244.
2. *Idem*, p. 192.

où elle est toujours bien reçue, car elle est fort connue en ville. C'est ainsi qu'un éminent sannyâsin appartenant à la secte Jaïn sollicite une audience. A sa grande surprise, puisque les Jaïns ont été de tout temps les rivaux acharnés du bouddhisme, ils s'entendent à merveille ; quelques jours plus tard, Alexandra est reçue en grande pompe au collège jaïn, où l'on va jusqu'à réciter des vers en son honneur et, ce qui est plus étonnant encore, à la gloire du Bouddha. Elle visite aussi le math de la secte fondée par Kabir[1], où elle s'entretient avec les moines. Et surtout, elle ne manque pas de se rendre souvent au math de la Mission Râmakrishna, où elle trouve, comme quelques mois plutôt à Belur, des érudits et des universitaires « qui ont porté l'habit et ont été initiés à la science et à la civilisation occidentales, mais sont revenus à l'antique tradition. Ils ont de longs cheveux dressés en chignon sur leur tête, ils marchent nu-pieds et s'enroulent dans une pièce de coton rougeâtre[2] ». De l'un d'entre eux, le swâmi Turiyânanda, elle se fait un ami. Celui-ci annote pour elle le livre de Deussen sur les Upanishads, qui fait alors autorité en Europe, et écrit un rapport sur les passages qui lui paraissent ne pas être d'accord avec l'interprétation hindoue classique. Par la suite, le swâmi l'aidera à traduire les deux Gitâ qu'elle devait publier beaucoup plus tard en français[3]. De lui, elle apprend aussi maints détails concernant la mission de Vivekanânda et le personnage avec qui Turiyânanda avait été fort intime[4].

En juillet 1913, Alexandra David-Neel assiste à Bénarès à la fête de Jaggernath, Vishnou considéré comme Roi du monde. En septembre-octobre 1913, elle a la chance d'être invitée par le mahârâdjah de Bénarès au Râmlila (jeu de Râma), longue série de représentations théâtrales, au cours desquelles sont récités et joués tous les épisodes du

1. Lettre de Bénarès, 28 juillet 1913. Grand mystique du XVe s., Kabir rejeta également l'hindouisme et l'islam. Il est encore vénéré aujourd'hui en raison de la pureté de son expérience qui transcende toute séparation religieuse.
2. Lettre de Bénarès, 24 juin 1913.
3. L'*Ashtavakra Gitâ* en 1951 et l'*Avadhutâ Gitâ* en 1958.
4. Romain Rolland : *la Vie de Vivekanânda, op. cit.*

Râmayana, l'un des deux grands poèmes épiques nationaux, dont le héros est Râma, avatar de Vishnou. Ce cycle théâtral qui s'étend sur un mois entier et se déroule sur la rive du Gange qui fait face à la ville entraîne d'énormes dépenses et n'a lieu qu'à intervalles de plusieurs années. « La particularité la plus marquante de la mise en scène, écrit-elle [1], est qu'il n'y a point de " théâtre ". Les décors représentant les lieux où l'action se déroule sont disséminés à plusieurs kilomètres les uns des autres, dans l'immense plaine. Ces décors sont de véritables constructions légères, du genre de celles que l'on érige chez nous pour les expositions. » Dans ces représentations tous les rôles sont tenus par des adolescents, y compris ceux des femmes, mais, remarque-t-elle, « les pauvres garçons gênés par les atours féminins, par le maquillage qui leur collait au visage, par les anneaux accrochés à leurs oreilles et à leur nez, et embarrassés dans leur marche par les lourds cercles d'argent pesant à leurs chevilles, avaient l'air affreusement gauches et piteux ».

Alexandra se rend souvent à ces représentations, bien qu'il s'agisse pour elle de toute une expédition : il faut traverser le Gange en barque, après une longue marche, puis monter à dos d'éléphant avant de parvenir à l'endroit où ont lieu ce soir-là les exploits du dieu. Le spectacle en vaut la peine, et pas seulement celui que donnent les acteurs, mais aussi celui que procurent les spectateurs, en particulier les rajahs et autres personnages de marque, le visage fardé, couverts de bijoux et siégeant majestueusement sur leurs éléphants richement caparaçonnés et maquillés. De plus, ces courses à éléphant à travers la campagne au crépuscule, puis le retour aux étoiles l'enchantent.

Mais le séjour à Bénarès touche à sa fin. Alexandra David-Neel ne se doute pas alors que son enquête sur l'hindouisme va pratiquement en rester là. Sans doute, elle reviendra en Inde, à plusieurs reprises, mais elle n'y sera plus que de passage et, à ce moment-là, elle sera requise par d'autres préoccupations. En effet, des aventures, beaucoup plus sensationnelles, l'auront entre-temps entraînée dans un

1. *L'Inde où j'ai vécu*, pp. 88-96.

monde bien différent, celui qu'elle soupçonnait déjà être le sien, mais qui le sera réellement devenu. C'est là sans doute la raison pour laquelle l'hindouisme tiendra finalement une place mineure dans son œuvre. En 1912-1913, elle projetait de composer au moins un livre sur le Vedânta, et peut-être un autre sur le yoga. En fait, elle ne publiera, et seulement très tardivement, que deux traductions du sanskrit d'œuvres védantines : l'*Ashtavakra Gitâ* et l'*Avadhuta Gitâ*, ainsi que *l'Inde hier-aujourd'hui-demain* qui n'est, en aucune façon, un ouvrage érudit sur l'hindouisme, mais plutôt le recueil où elle a rassemblé les impressions, rencontres et conversations qui marquèrent ses différents séjours en Inde [1].

1. Publié en 1951 et devenu *L'Inde où j'ai vécu*, dans la réédition complétée et mise à jour de 1969.

Chapitre 6

Une caverne dans l'Himalaya

Soudain, sans l'avoir prévu d'avance, paraît-il, Alexandra David-Neel quitte Bénarès en novembre 1913 et remonte dans l'Himalaya. Sur les raisons de ce nouveau voyage, elle ne donne aucune indication, sinon cette brève et énigmatique mention : « un concours de circonstances qui me sont toujours demeurées obscures [1] ». D'après la suite des événements, il semble bien qu'elle ait été informée que le moment était devenu propice, pour visiter le Bhoutan, si elle le désirait, ce qui lui permettrait de compléter son circuit à travers les petits États himalayens sous influence tibétaine. Situé dans l'Himalaya oriental, entre le Sikkim à l'ouest, l'Assam au sud et à l'est, enfin le Tibet au nord, et devenu protectorat britannique depuis 1910, le Bhoutan est la plus inaccessible des principautés himalayennes et, de ce fait, celle où se sont le mieux conservées les anciennes traditions. Gouverné depuis peu (1907) par un mahârâdjah héréditaire, le Bhoutan est, depuis sa conversion au VIIIe siècle, un pays entièrement bouddhiste, où les moines, plus nombreux que partout ailleurs, jouent un rôle essentiel. Ils appartiennent à l'ordre des Kargyud-pa (Bonnets rouges) qui a formé au Bhoutan une branche devenue pratiquement indépendante, celle de Brug-pa, fondée au XIIIe siècle. Beaucoup mieux

1. *Mystiques et magiciens du Tibet*, p. 56.

qu'au Népal et même qu'au Sikkim, Alexandra pourrait y observer la civilisation lamaïque qui, de nos jours encore, rythme la vie quotidienne.

Mais, en fait, les circonstances ne semblent guère favorables en cette fin d'année 1913. Les troubles qui ont eu lieu récemment au Tibet, la situation de la Chine devenue république et que ses difficultés intérieures tenaient provisoirement à l'écart avaient incité les Anglais à renforcer leur influence sur toute cette région. Aussi la Grande-Bretagne avait-elle réuni en 1913 à Simla, la résidence d'été du vice-roi dans l'Himalaya central, une conférence anglo-sino-tibétaine, destinée à régler les problèmes de frontières restés en suspens. Au moment où Alexandra David-Neel arrivait au Sikkim, les pourparlers de Simla traînaient en longueur et la situation semblait loin de s'éclaircir, comme elle dut bientôt s'en rendre compte à son vif désappointement.

Cependant, une question demeure : qui l'avait ainsi attirée de nouveau au Sikkim ? Très vraisemblablement son ami, le jeune mahârâdjah Kumar. Peut-être parce qu'il souhaitait la revoir, mais sans doute aussi parce qu'il pensait qu'il allait avoir besoin d'elle. Son père était âgé et malade — il devait mourir en février 1914 —, Kumar allait donc probablement prendre bientôt le pouvoir ; le moment ne serait-il pas venu de prévoir la mise en application du mouvement de réforme religieuse dont ils avaient si souvent parlé ensemble ? Et puis, bien sûr, la pensée du gomchen de Lachen et de son ermitage montagnard n'avait pas quitté Alexandra. A-t-elle reçu alors une lettre de lui ? Cela n'est pas impossible.

Toujours est-il que, malgré l'hiver déjà commencé, elle remonte par Darjeeling et Kalimpong jusqu'à Gangtok, la capitale. A peine se retrouve-t-elle dans les vallées et les jungles au travers desquelles passe sa route que les difficultés du voyage jusqu'alors « émaillé d'incidents peu agréables » se dissipent et que l'enchantement la reprend. Venu au-devant d'elle, Kumar lui a préparé l'accueil qu'on réserve d'ordinaire aux plus hautes autorités. A quelques kilomètres de Gangtok, les garçons de l'école forment une haie d'honneur, leur maître s'avance pour lui présenter l'écharpe de cérémonie ; un peu plus haut, elle rencontre une députation de lamas, des notables, puis un grand lama, enfin le prince héritier en personne, portant lui aussi l'écharpe de bienvenue que, du fait de son rang, il ne doit qu'à son père et aux très hauts dignitaires religieux. Les Anglais aussi sont venus au-devant d'elle et c'est à la résidence qu'elle sera logée. Malheureusement, le résident lui-même, Charles Bell, est toujours retenu à la conférence de Simla et, ce qui est plus grave, a oublié de faire les démarches nécessaires auprès du mahârâdjah du Bhoutan pour qu'Alexandra puisse se rendre dans ses États. Or, jusqu'alors, « aucune femme européenne n'est allée au Bhoutan, fort peu d'Européens et seulement quelques fonctionnaires y sont entrés[1] ». Il va falloir que la Résidence à Gangtok communique officiellement ses lettres d'introduction et qu'elle attende la réponse, ce qui va demander un mois, six semaines peut-être.

La voilà donc immobilisée, situation qu'elle supporte toujours fort mal. « Tout allait à l'encontre de mes désirs, écrira-t-elle par la suite[2]... Peu à peu les choses, autour de moi, me parurent prendre une physionomie hostile. Je fus obsédée par des êtres invisibles qui m'incitaient à quitter le pays, me repoussaient littéralement, insinuant qu'ils ne me permettaient pas d'avancer plus loin ni dans mon étude du lamaïsme, ni matériellement sur le sol du Tibet. En même temps, une sorte de clairvoyance me montrait ces ennemis inconnus triomphant après mon départ et se réjouissant de m'avoir chassée. » Comme nous allons le voir, une partie au moins de ces appréhensions se trouvèrent justifiées par les événements. Autre source de contrariété : sans doute, à la résidence, elle a une belle chambre qui donne sur les jardins et on y est avec elle d'une gentillesse extrême, mais cela justement lui crée des obligations qui l'excèdent.

Alors, pour échapper à cette atmosphère, au début de janvier 1914, Alexandra David-Neel va passer trois jours au monastère de Rumtek, ce qui lui permet d'étrenner sa nouvelle tente ; toutefois, ce n'est là qu'un simulacre du campement dont elle avait rêvé, puisque le monastère est tout proche de Gangtok. Aussi saute-t-elle sur l'occasion qui lui est offerte quelques jours plus tard. Étant allée expliquer un

1. Lettre de Gangtok, 7 décembre 1913.
2. Dans *Mystiques et magiciens*, p. 57.

sutta pâli[1] à de jeunes lamas, elle a entendu son auditoire parler d'une excursion projetée dans une région qu'elle n'a fait qu'entrevoir, mais qui lui a paru sublime. Ses auditeurs comptent y visiter quatre monastères tapis dans les forêts à flanc de montagne, dont celui de Tashiding qui passe pour avoir abrité Padmasambhâva[2] et est de ce fait considéré comme le lieu le plus sacré du Sikkim. Alexandra obtient sans peine de faire partie de cette expédition et paiera « son écot par quelques discours sur la vie et l'œuvre de Padmasambhâva[3] ». Une dizaine de jours plus tard, vers le 22 ou 23 janvier 1914, elle est de retour à Gangtok. Elle a cheminé plus souvent à pied qu'à cheval au cœur de la brousse, ou au milieu des éboulis rocheux qui dévalent en pente roide, mangeant peu, dormant moins encore : « Réveil de bon matin, déjeuner et puis une longue journée de marche, dîner à l'arrivée et, après, causeries, discussions philosophiques jusqu'à minuit[4]. » Elle rentre, fatiguée, certes, mais toute ragaillardie par l'air des Himalayas et aussi parce qu'elle a vu des yoguis tibétains appartenant vraiment à un autre monde. Lors d'une halte, elle a même eu la chance de loger dans la chambre voisine de celle occupée par l'un d'entre eux, ce qui lui valut d'assister à une psalmodie nocturne accompagnée de la clochette et du tambourin et ponctuée des rugissements qui sortent de la trompette creusée dans un tibia humain, « concert exotique que peut-être, note-t-elle satisfaite, nul Européen n'a jamais entendu[5] ».

Mais jamais non plus une Européenne n'a reçu pour son

1. Un des textes sacrés du bouddhisme ancien, le Théravada de Ceylan et de Birmanie, car, en accord avec Kumar, c'est en se référant à ces textes, en les faisant connaître au Sikkim qui les a oubliés qu'indirectement elle prépare cette réforme religieuse qui sera d'abord un retour aux sources.

2. Venu au Tibet à la fin du VIIIe siècle, Padmasambhâva, s'étant révélé grâce à ses pouvoirs miraculeux comme très supérieur au clergé indigène, y fut considéré comme une nouvelle incarnation du Bouddha venu prêcher le troisième état de sa doctrine, le Vajrayâna. C'est à partir de cette prédication que le bouddhisme commença à pénétrer au sein du peuple et prit une forme proprement tibétaine.

3. Lettre de Gangtok, 11 janvier 1914.

4. Lettre de Gangtok, 25 janvier 1914.

5. *Idem.*

Nouvel An cette superbe robe de *lamina* (femme lama) de haut rang, dûment consacrée par les rites lamaïstes et qui la consacre elle-même, puisqu'on l'estime digne de la porter. Elle est émue, profondément émue. A l'intention de Philippe Neel, elle envisage de faire faire son portrait dans ce costume très oriental. Ce portrait existe, et il est parvenu jusqu'à nous. Alexandra y paraît, le chapelet à la main, toute ronde, enveloppée dans les replis de la vaste toge, l'air ravie, avec une sorte d'autorité bonhomme, et c'est un des très rares portraits, le seul peut-être, où elle sourit vraiment.

A son mari qui, depuis l'algarade de Bénarès, semble avoir compris ou, tout au moins, paraît s'être résigné, et qui lui demande quels sont ses projets, elle les expose calmement : d'abord, séjourner un peu au Tibet, si elle parvient à en obtenir l'autorisation, y compléter ses études tantriques, puis partir pour le Japon et finir là son « cycle d'études comparatives du bouddhisme du Nord et du Vedânta ». Cela prendra un an, dix-huit mois peut-être, mais, au moins, elle sera à son retour « un personnage de quelque importance dans le monde orientaliste ». Prudente, elle ajoute qu'en définitive tout dépend de lui, puisque c'est de lui qu'elle tient l'argent dont elle a besoin pour continuer son voyage. S'il est las de faire des sacrifices pour une cause qui au fond lui déplaît, il n'a qu'un mot à dire et elle rentrera. Elle a bien envoyé un rapport au ministère de l'Instruction publique à Paris, afin de demander une prolongation de sa mission, et donc une nouvelle subvention, mais elle sait que ne pouvant faire sur place les démarches, elle a bien peu de chances de l'obtenir [1].

Pour le moment — en février 1914 —, elle attend la toute proche venue d'un orientaliste écossais, grand spécialiste des Écritures pâlies qui a été invité au Sikkim par le mahârâdjah Kumar. En effet, McKechnie arrivera à Gangtok le 14 février. Alexandra pense profiter de son séjour pour examiner avec lui certains points qui l'intéressent dans les enseignements anciens du bouddhisme ; ils en auront tout loisir, puisqu'ils entreprendront ensemble plusieurs expéditions et ne se quitteront qu'en octobre, quand Alexandra aura décidé de vivre auprès du gomchen de Lachen. Ce McKech-

1. Lettre de Gangtok, 7 décembre 1913.

nie, elle le dépeint comme « un libre penseur convaincu », fort mal vu de certains en Angleterre pour avoir écrit : « Le bouddhisme est une religion sans Dieu, c'est-à-dire un athéisme selon le vieux et vrai sens du terme », affirmation qu'elle approuve, mais non toutefois sans la nuancer : « Le bouddhisme est une religion sans Dieu, qui ne se préoccupe ni d'affirmer ni de nier l'existence d'un Dieu, qui ignore, tout simplement, cet être extraordinaire et inimaginable : le Dieu personnel, tel que l'entendent les religions sémitiques. » Ce qui est à la fois moins agressif, moins sommaire et beaucoup plus exact. Si McKechnie a été invité au Sikkim, c'est donc pour y appuyer cette campagne de réforme, de retour au bouddhisme premier que prépare, aux côtés de Kumar, A. David-Neel. D'ailleurs, elle va recevoir un sérieux renfort avec l'arrivée d'un moine appartenant au bouddhisme du Sud *(Hinayâna),* lui aussi convoqué par Kumar, afin de prêcher au Sikkim.

Pourtant, en ce début de l'année 1914, Alexandra ne voit guère le petit mahârâdjah, car celui-ci est absorbé par les affaires de l'État. Son père, mourant, persiste encore dans son intention de transmettre le pouvoir à son plus jeune fils, né d'un second mariage, mais Kumar refuse de se laisser dépouiller de ses droits, ainsi d'ailleurs qu'Alexandra le lui a conseillé. Le 10 février au soir, le vieux mahârâdjah s'éteint et commence le règne de Kumar. Devenu souverain, celui-ci se trouve dans l'obligation de se marier, alors que, jusqu'à présent, en tant que tulkou et haut dignitaire ecclésiastique, il avait dû demeurer célibataire, ce dont, nous dit Alexandra, il s'accommodait fort bien. Le deuil terminé, Kumar va donc épouser Ma Lat, la petite princesse birmane qu'on lui destine et qui, venue d'un pays où les femmes jouissent d'une grande indépendance, et quelque peu exubérante de nature, lui fait un peu peur. Cela s'arrangera, pense Alexandra, qui connaît Ma Lat et correspond amicalement avec elle, dès qu'ils auront des enfants, car le petit mahârâdjah les adore.

Le 16 février 1914, Alexandra David-Neel rentre de Rangpo à Gangtok afin d'assister aux funérailles. Elle n'a pas encore trouvé d'endroit où se fixer, où s'établir. C'est alors que Kumar lui propose un appartement dans le monastère de Podang, dont il est l'abbé et qu'ils visitèrent ensemble en

1912. A une quinzaine de kilomètres de la capitale, Podang est situé au milieu de forêts noyées dans les brumes. Alexandra va y séjourner deux mois, du début du mois de mars à la fin d'avril 1912. Elle occupe, au premier étage du temple, une immense pièce d'angle, à laquelle fait suite une cuisine gigantesque où couchent ses deux domestiques. Deux baies éclairent la chambre, mais, mal jointoyées, laissent également passer le vent, la pluie et la grêle. D'un coin, elle fait son « cabinet de travail » : table et chaises pliantes, livres disposés sur une saillie de la muraille ; l'autre coin est aménagé en chambre à coucher : accrochée aux solives, sa tente isole son lit de camp. Comme dans tous ses déplacements, Alexandra a apporté son tub en zinc qui lui permet ces ablutions dont elle ne saurait se passer.

Elle arrive à Podang à point nommé pour assister aux imposantes cérémonies qui marquent le début de l'année tibétaine. Alors, au milieu d'un déchaînement d'instruments et de psalmodies, le redoutable Mahâkala, forme bouddhiste de Shiva, le destructeur du monde, est solennellement sorti de l'armoire où il reste d'ordinaire confiné ; pendant quelques jours, à la grande terreur de tous, les démons errent en liberté jusqu'à ce que les incantations des lamas les obligent à pénétrer dans une cage qui sera précipitée dans un brasier flambant. Ce spectacle fascinant lui fait oublier ses malaises psychosomatiques. Elle goûte le calme retrouvé que ponctue seulement, à l'aube et au coucher du soleil, le son grave de la cloche, suivi de la mélodie en mineur jouée par les hautbois et les trompettes et que conclut le roulement de tonnerre des cymbales, dans laquelle elle perçoit l'expression « sans heurt, sans éclat ni passion de la détresse universelle[1] ». Les distractions, qui sont pour elle autant d'occasions de s'informer, de s'instruire, ne lui manquent pas. Pendant son séjour, le nouveau mahârâdjah rendit visite au monastère. Ensemble, ils discutèrent de la mission du moine venu du Sud pour combattre les superstitions et les coutumes contraires à l'esprit du bouddhisme : la sorcellerie, le culte des esprits, l'usage des boissons alcoolisées. Au cours d'une de ces

1. *Mystiques et magiciens*, p. 59.

conversations, Alexandra s'en prenait à Padmasambhâva [1], dont le nom servait à autoriser ces pratiques, lorsque, tout à coup, elle dut s'interrompre, comme si on lui avait coupé la parole. Elle avait senti une force hostile qui, par sa seule présence, proclamait : « Rien de ce que vous tenterez ne réussira. Les gens de ce peuple sont miens... Je suis plus fort que vous. » Or, c'est à ces paroles non prononcées que répondit Kumar : « Pourquoi ne réussirais-je pas ?... Les démons ne se résigneront pas facilement à mourir de faim, mais j'aurai raison d'eux quand même [2]. » De Podang, Alexandra alla visiter deux ermites venus du Tibet oriental et installés depuis peu dans la région. L'un d'eux, le gomchen de Sakyong qui, à la requête de Kumar, avait entrepris une tournée de prédication, l'impressionna fort par la véhémence de ses discours, inhabituelle chez un bouddhiste et qui laissaient tremblants ses auditeurs. Comme Alexandra l'interrogeait sur quelques points de doctrine, il lui répondit *ex abrupto :* « Vous devriez aller au Tibet et être initiée par un maître de “ Sentier direct [3] ”, vous êtes trop attachée aux doctrines (du bouddhisme du Sud). Je pressens que vous seriez apte à saisir l'enseignement secret.

— Et comment pourrais-je aller au Tibet ? Les étrangers n'y sont pas admis.

— Bah ! fit-il légèrement, il existe beaucoup de routes pour entrer au Tibet. Tous les lamas n'habitent pas U et Tsang (les provinces centrales avec Lhassa et Jigatzé pour capitales). L'on peut en trouver de plus savants dans mon pays. »

Si elle ne prête alors guère attention à la seconde phrase de l'ermite, dont elle ne devait se souvenir que plus tard, lorsqu'elle décida d'aborder le Tibet, non plus par le sud, mais par l'est, par la Chine, en revanche la première affirmation du *naldjorpa* trouva en elle aussitôt un écho. Elle

1. Voir note 2, p. 150.

2. Le lama Anagarika Govinda qui vécut dans la chambre qu'occupait A. David-Neel à Podang, vingt-trois ans plus tard, fait allusion à cette étrange communication dans *le Chemin des nuages blancs*.

3. Le Vajrayâna, en tant que méthode capable de faire accéder à l'illumination finale dans le cours d'une seule vie.

ne cessait de penser à ces enseignements secrets et de songer à celui qui peut-être consentirait à les lui communiquer.

Ainsi, un soir, voit-elle apparaître à Podang le gomchen de Lachen « revêtu de ses atours de mage noir... Debout en plein air, près d'un grand feu, il esquissait des gestes avec le spectre-dorjé et poignardait le vide en récitant des incantations à voix basse[1] ». Était-il vraiment là ou s'agissait-il d'une vision ? Alexandra ne le précise pas, mais un peu plus tard elle reçut une lettre qui l'invitait à passer quelques jours auprès de lui, à Lachen. Ce voyage, pour difficile qu'il soit, l'attire irrésistiblement. Si le gomchen, qu'elle tient « en haute estime pour la netteté de ses vues et l'audace des théories qu'il professe », la convoque, c'est bien qu'il a l'intention de lui enseigner « les mystérieuses doctrines et pratiques du tantrisme tibétain dont il est un adepte ». Or, malgré l'accueil dont elle est l'objet au Sikkim, elle n'a pu encore en obtenir la communication. « Les gens sont toujours réticents, murés. » Si certains l'ont admise, d'autres, beaucoup plus nombreux, se méfient, on la « suspecte encore d'être missionnaire chrétienne, assumant un déguisement bouddhiste, pour tromper le peuple et lui faire abandonner sa religion[2] ». A cela il convient d'ajouter ce qu'Alexandra ne dit pas, ce qu'à l'époque peut-être elle ne sait pas : le rôle qu'elle joue dans les tentatives de réforme religieuse confirme ce point de vue.

Elle rêve maintenant de rejoindre le gomchen dans son ermitage à quatre mille mètres d'altitude. Pourquoi pas, puisqu'elle dispose d' « une bonne tente bien close[3] » ? Comme s'ils devinaient sa pensée, les moines de Podang proposent de lui bâtir une hutte sur les sommets où elle puisse faire retraite : « C'est déférence de leur part que cet empressement à me pourvoir de ce qu'ils jugent que je requière de façon urgente », sans doute, mais c'est aussi qu'ils veulent se rendre compte si cette prétendue dame-lama, qui porte « les bagues symboliques des gomchen[4] », n'est pas un « ermite de papier mâché ».

1. *Mystiques et magiciens*, p. 62.
2. Lettre de Gangtok, 5 mai 1914.
3. Lettre de Podang Gömpa, 18 mars 1914.
4. Ces bagues lui ont été remises par l'abbé de Lachen.

Le 24 avril 1914, Alexandra David-Neel est de retour à Gangtok. Quelques jours plus tard, le 5 mai, elle reçoit la lettre d'invitation du gomchen. Elle n'attendait que ce geste qu'elle n'osait même pas espérer. Une petite catastrophe domestique va-t-elle l'empêcher de partir ? Son *boy* tibétain est tombé amoureux, ce qui l'a rendu fou — il a eu l'audace d'introduire sa belle dans le monastère, il y a eu scandale et les moines entendent bien châtier l'impudent — et, pire encore, voleur. Elle a dû s'en séparer [1]. Le seul domestique qui lui reste ne peut lui suffire, mais, fort opportunément, chez Enche Kazi, noble personnage dont la famille est propriétaire du temple et du monastère d'Enche, elle fait connaissance d'un jeune garçon âgé de quatorze ans qui lui paraît faire l'affaire. Né dans une famille très pauvre, mais désireux de faire des études, Aphur Yongden a été recueilli dans la maison d'Enche Kazi comme petit serviteur, ce qui lui permet, sa subsistance assurée, d'étudier au monastère. Avec l'assentiment d'Enche Kazi, Alexandra décide de l'emmener avec elle. Le lama Anagarika Govinda, qui connut Enche Kazi à Gangtok et relate cette rencontre, remarque : « Cette décision transforma Yongden et le cours de sa vie et contribua à faire connaître le Tibet à des millions de lecteurs dans le monde entier », et il ajoute : « Ce n'est pas le seul cas où la destinée d'un homme se décida chez Enche Kazi [2] », faisant allusion à un événement qui le touche personnellement de fort près. Quelques années plus tard, son propre gourou, l'illustre Tomo Géshé Rimpoché, abbé de Dungkar, étant venu à mourir, promit de revenir parmi ses disciples. En effet il fut découvert quatre ans plus tard par le Grand Oracle d'État de Lhassa en la personne d'un enfant sikkimais qui, dès son plus jeune âge, prétendait être tibétain et s'appeler Jigmé (l'intrépide), nom sous lequel l'oracle avait prédit que Tomo Géshé renaîtrait. Ayant passé victorieusement les épreuves qui sont d'usage en telle occasion, l'enfant fut intronisé comme abbé de Dungkar. Or, ce petit garçon

1. Après avoir quitté Alexandra David-Neel, Passang entrera dans l'enseignement, peut-être grâce à ses leçons, et mourut, jeune encore, instituteur en chef dans une école anglo-tibétaine.

2. Anagarika Govinda : *le Chemin des nuages blancs*, traduction française, Paris, 1969.

n'était autre que le fils unique d'Enche Kazi, partagé entre le chagrin de perdre son fils et la fierté d'être le père d'un « réincarné »[1].

Comme s'il fallait qu'à ce moment précis de sa vie Alexandra soit libre de tout attachement, là-bas, très loin, Philippe Neel, nommé à Bône, doit quitter Tunis et cette grande maison où ils ont vécu tous les deux, ce havre, cet « asile calme » qu'elle se réjouissait de retrouver un jour[2]. De cette nouvelle demeure « qui, en fait, proteste-t-elle, est (son) domicile légal » Philippe ne lui a même pas donné l'adresse, mais seulement celle de son bureau. Et cela, Alexandra l'interprète comme un geste de rupture. A-t-elle tout à fait tort ? Probablement pas, puisque son mari lui écrit brutalement que, si elle revient, elle devra être « prête à marcher dans l'ornière fangeuse », et il ajoute qu'il s'apprête à chercher « un cœur compatissant », qui n'est évidemment pas celui d'Alexandra. Ces mots la font littéralement exploser. Alors remontent en elle toutes ses rancœurs, le souvenir de ces « humiliations calculées » qu'il lui a fait subir, de ces « tortures morales » où il l'a autrefois jetée, tout cela qu'elle aurait voulu oublier — n'est-ce pas aussi pour cela qu'elle était partie ? — maintenant qu'elle avait enfin trouvé la paix. Elle s'est bien « méprise sur les mobiles de (sa) conduite (à lui) depuis son départ pour ce voyage » ; décidément, il appartient à « ce troupeau » où il l'invite à reprendre sa place, « ce misérable troupeau d'êtres occupés à se tourmenter les uns les autres et à se torturer eux-mêmes[3] ». Mais finalement sa colère fait place à une pitié, bien plus offensante, ce dont elle ne veut pas se rendre compte : « Je te comprends mieux qu'autrefois. Toi aussi, tout petit aimé, tu es ce que j'ai été et ce que sont la plupart, un pauvre papillon affolé voletant autour de la lampe, se brûlant les ailes à la flamme. Toi aussi, tu es dans la fournaise, dans la chambre de torture qui s'appelle le monde, la vie. Tu t'es agité et meurtri et tu n'as, pas plus que tes frères en illusion, réussi à

1. Anagarika Govinda : *le Chemin des nuages blancs*, traduction française, Paris, 1969.
2. Lettre de Gangtok, 27 avril 1914.
3. Lettre de Gangtok, 1er juin 1914.

saisir l'eau du mirage, le fantôme du bonheur[1]. » Et ensuite elle s'étonne que Philippe ne réponde pas, ne lui écrive plus pendant des semaines et des semaines[2]. Cependant, elle persiste à lui donner de ses nouvelles, glissant cette phrase désolée : « Je crois tout de même, vois-tu, que tu as eu un peu tort de me faire de la peine et de m'acculer à une résolution extrême pour laquelle l'heure n'avait peut-être pas encore sonné... Mais au fait, qui peut dire quand l'heure sonne réellement[3]. »

Malgré ses doutes, en effet, l'heure a bien sonné. L'Europe sombre dans le feu et le sang; les divinités terribles, descendues des fresques tibétaines, dansent là-bas sur des cadavres. Cette conflagration qui va gagner l'Europe entière, Alexandra ne l'a pas vue venir. Pour elle, le 28 juillet, jour où l'Autriche-Hongrie déclare à la Serbie la guerre qui va provoquer une réaction en chaîne, « en fait d'événements, il y a eu une violente secousse de tremblement de terre[4] ». Et c'est seulement le 10 août que lui parvient à Gangtok, « en soudain coup de foudre », la nouvelle du déclenchement général des hostilités. Dans tout l'Empire britannique se manifeste aussitôt un ample mouvement de solidarité. Dès le 10 août, Alexandra peut écrire : « Les Anglais viennent d'accepter deux cent mille (hommes) que l'Australie se charge d'équiper et de défrayer pendant toute la durée de la guerre... Les râdjahs de l'Inde offrent des millions... Même le mahârâdjah du Népal vient d'offrir son armée pour aller combattre en Europe », à quelques milliers de kilomètres de ses États. L'Allemagne apparaît bien comme l'ennemi public et Alexandra pense qu'elle ne va pas pouvoir tenir bien longtemps. Elle compte sur l'énorme armée russe et, plus encore, sur l'interruption des livraisons de blé venu de Russie : « Cela va être la famine dans quelques mois[5]. » Alexandra écrit à Philippe comme si leur dispute postale

1. Lettre du 27 mars 1914.
2. Il semble qu'elle n'ait reçu aucune lettre entre le mois de mai et celui de septembre. Quand elle en recevra, elle sera déjà en route vers sa caverne.
3. Lettre de Gangtok Palace Guest House, 9 juin 1914.
4. Lettre de Gangtok, 28 juillet 1914.
5. Lettre de Gangtok, 10 août 1914.

n'avait pas eu lieu. N'est-ce pas le moment d'oublier leurs querelles ? Et c'est bien finalement ce que pense de son côté Philippe Neel, car la première lettre qu'elle reçoit — le 28 septembre seulement —, après cette longue interruption, est datée du 3 août 1914, c'est-à-dire du jour de la déclaration de guerre de l'Allemagne à la France.

Bien entendu, il n'est plus question pour elle de rentrer. Qu'irait-elle faire là-bas ? Si elle n'était pas depuis longtemps convaincue de la folie meurtrière des hommes, les événements auraient suffi à l'en persuader ; ils démontrent de manière éclatante à quel point elle avait raison de préférer ces solitudes, où l'on rencontre parfois des brigands, mais aussi les seuls quelques sages véritables qu'on puisse trouver en ce monde. Maintenant, rien ne la détourne plus de sa voie, au contraire tout l'y pousse. Et c'est avec un peu d'agacement qu'elle répond à son mari en octobre : « La guerre ?... que veux-tu que j'en sache, revenant du Tibet [1]. » Sans doute, au reçu de la nouvelle, a-t-elle été émue et, plus encore, quelques jours après, lorsqu'elle a appris qu'un avion allemand s'était abattu à Assche, en Belgique, là où ses parents avaient une maison de campagne. Ainsi le monde qu'elle a connu allait-il peut-être disparaître. Mais le bouddhisme n'est-il pas, avant tout, prise de conscience de l'impermanence des choses, de toutes les choses, y compris de nous-mêmes ? Alors, elle préfère ne plus rien savoir. Et, quand Philippe lui écrit : « Peut-être regretteras-tu un jour d'être restée loin tandis que tous, ici, nous vivions ces heures tragiques », elle réplique : « Je ne le crois pas », car, au fond, quels services rendrait-elle là-bas ? Et redescendre maintenant, ce serait renoncer à tout jamais à revenir en Asie, à poursuivre ses études, sa quête spirituelle, au moment même où elle la sent sur le point d'aboutir [2]. Un dernier lien se tranche de lui-même, lorsque Philippe lui apprend que désormais, il ne pourra plus lui envoyer de fonds. Que lui reste-t-il à faire, sinon ce à quoi elle s'apprête : mener une vie d'ermite ?

1. Lettre de Thangu, 17 octobre 1914.
2. Lettre du monastère de Lachen, 14 février 1915.

fermentées dans les *gömpa* (monastères)[1]. » Mais, par ailleurs, le yogui de Lachen partageait le point de vue qu'exprime Alexandra : Kumar « se préparait un malheureux mariage... Depuis quelque temps, il errait à l'aventure hors de la voie qui aurait pu lui assurer le bonheur. Ici, parmi les hauts lamas, on donne des raisons mystiques à sa mort. Je puis, moi aussi, être dupe d'une illusion superstitieuse, mais je crois que s'il avait été fidèle à sa vocation de *tulkou* il serait encore vivant. Je lui ai parlé plusieurs fois, ayant de vagues pressentiments de malheur et, chose étrange, je n'étais pas la seule. Il y a six mois, le lama près duquel je suis (le gomchen de Lachen) lui avait écrit dans le même sens[2] ». Pour ses amis, l'échec de Kumar et sa mort provenaient de ce qu'il avait abandonné ses dignités proprement religieuses en retournant à l'état laïc pour régner contre la volonté obstinée de son père qui, au fond, n'était peut-être qu'une sorte de clairvoyance inconsciente. Et, finalement, c'est bien à son demi-frère que revint le trône du Sikkim, conformément aux dernières volontés du vieux mahârâdjah. Tashi Namgyal devait le conserver près de cinquante ans, jusqu'en 1963. Alexandra, qui le considérait comme intelligent et cultivé, s'entendait fort bien avec lui et, dès son avènement, ce jeune homme lui écrivit pour se mettre à sa disposition.

Après avoir quitté Kumar, Alexandra David-Neel s'attarde dans la vallée du Lonak. C'est là qu'à la fin de septembre la rejoint l'orientaliste McKechnie. Leurs deux caravanes fusionnent, ils continuent ensemble et passent la frontière. Pendant quelques jours, c'est au Tibet qu'ils excursionnent dans les steppes venteuses qui s'étendent au pied des derniers pics neigeux. Durant quatre jours, ils errent « au pas lent des yacks », car ils ont dû laisser leurs chevaux, et soudain s'éveille en elle comme un lointain souvenir remontant du fond des siècles : elle s'est sentie « une antique nomade, balancée au rythme d'une lente

1. Lettre de la *Gömpa* de Lachen, 18 janvier 1915.
2. Lettre de la *Gömpa* de Lachen, 10 janvier 1915.

monture à travers les déserts de l'Asie centrale[1] ». La destination de leur excursion est un couvent de nonnes situé au pied du col du Chörten[2] du Soleil *(Chörten Nyima La)*, dont on lui a recommandé à Gangtok la visite, afin qu'elle puisse se faire une idée d'un vrai monastère tibétain. La *gömpa*[3] est en ruine, trois nonnes seulement l'habitent, « sales, en guenilles mais extrêmement hospitalières », et le site est sublime : « C'est un paysage d'un autre monde. »

Puis elle repasse la frontière et vient s'installer au bungalow de Thangou, à trois mille six cents mètres d'altitude, afin de s'y reposer quelques jours dans un relatif confort, car le bungalow est une de ces haltes aménagées par l'administration britannique à l'usage des voyageurs étrangers. C'est là, probablement, que McKechnie qui rentre à Gangtok prend congé d'elle. A Thangou, Alexandra se trouve à une demi-journée de marche de l'ermitage du gomchen. Mais il lui faut un cheval pour s'y rendre. Le gardien du bungalow lui en propose un qui est très doux et qui, ayant le pied très sûr, grimpera aisément le sentier escarpé qui conduit à l'ermitage. Pourtant à peine Alexandra est-elle en selle que l'animal se met à ruer, l'envoyant vers les nuages. Le gardien consterné l'assure que jamais son cheval ne s'est comporté de la sorte et s'apprête à le faire trotter devant elle, mais une nouvelle ruade l'envoie à son tour dans les airs. Tandis qu'Alexandra endolorie se remet de sa chute, son cuisinier très excité vient la trouver : il a fait son enquête, le cheval a toujours été d'une douceur extrême et il conclut : « C'est le gomchen qui est la cause de l'incident. Il a des démons autour de lui... N'allez pas à son ermitage... Il vous arrivera du mal[4]. » Alexandra se met à rire, mais elle est tout de même perplexe. Deux jours

1. Lettre de Chörten Nyima Gömpa (Tibet), 6 octobre 1914. Il est à noter qu'Alexandra ne parle pas ici d'une « vie antérieure », mais seulement de « souvenirs ancestraux ». Quant aux Tibétains qui croient, eux, aux existences successives, ils pensent que cette vie, si inhabituelle pour un Occidental, et surtout pour une femme, elle l'a déjà vécue et l'on commence à se dire qu'elle est très certainement un grand lama réincarné.

2. Le stûpa tibétain.

3. Demeure dans la solitude, nom donné aux monastères en tibétain.

4. Lettre de Chörten Nyima Gömpa, 6 octobre 1914.

plus tard, le gomchen informé de l'accident lui envoie une jument noire et le trajet s'effectue sans histoire[1]. On peut se demander si Alexandra ne dramatise pas un peu les choses dans ce récit écrit fort longtemps après l'événement ; pourtant le lama Anagarika Govinda qui, vingt ans plus tard, rendra visite au gomchen dans le même ermitage sera à son tour témoin à distance des étranges pouvoirs de ce dernier[2].

L'abbé de Lachen descend à la rencontre d'Alexandra et la conduit à la retraite qu'il lui destine, une petite caverne close par un mur en pierres sèches dans lequel s'ouvrent deux minuscules lucarnes béantes ; la porte est faite de planches sommairement équarries. Mais on a allumé à terre un feu et apporté un grand pot de thé beurré. Les *boys* d'Alexandra étendent ses couvertures sur le roc et bientôt se retirent, car le gomchen les emmène dormir dans une hutte près de son ermitage situé un peu plus haut.

Le lendemain matin, Alexandra y monte. « C'était, raconte-t-elle dans *Mystiques et magiciens*[3], une caverne aussi, mais plus vaste et mieux aménagée que la mienne. Tout l'espace au-dessus duquel un rocher formait voûte avait été enclos par un mur en pierres sèches pourvu d'une porte solide. Cette première pièce servait de cuisine. Au fond de celle-ci, une ouverture naturelle donnait accès dans une grotte minuscule, sorte de corridor étroit dont le gomchen avait fait sa chambre. Une marche en bois permettait d'y monter... et une lourde portière multicolore en masquait l'entrée... Le mobilier se composait de quelques coffres en bois, empilés derrière un rideau qui formait le fond d'une couche constituée par quelques coussins larges et durs, posés par terre, devant lesquels se trouvaient deux tables basses, rangées bout à bout... Au fond de la grotte, sur un petit autel, on voyait des statuettes et les offrandes habituelles. Des tableaux sans cadre, comme les kakémonos japonais, couvraient complètement les parois rocheuses et, sous l'un d'eux, se dissimulait l'armoire dans laquelle les lamas des sectes tantriques tiennent un démon prisonnier. Elle ne fut,

1. *Mystiques et magiciens*, pp. 78-80.
2. *Le Chemin des nuages blancs*, p. 149.
3. P. 82.

d'ailleurs, pas montrée durant ma première visite. Au-dehors, deux cabanes bâties contre le rocher servaient d'entrepôt pour les provisions. On le voit, la demeure du gomchen ne manquait pas d'un certain confort. Ce nid d'aigle dominait un site romantique et complètement solitaire. » Il y avait alors dix-sept ans [1] que l'abbé de Lachen s'était établi là — il avait alors une trentaine d'années —, et, vingt-trois ans plus tard, à plus de soixante-dix ans, il l'occupait encore [2]. Tout d'abord, il y avait vécu dans la réclusion la plus stricte ; les villageois qui, de temps en temps, le ravitaillaient déposaient leurs offrandes à sa porte et se retiraient sans l'avoir vu ; l'ermitage était d'ailleurs bloqué par les neiges pendant trois ou quatre mois par an. Mais, l'âge venant, le grand yogui garda auprès de lui un jeune serviteur et, pendant qu'Alexandra vivait auprès de lui, il fit même venir sa femme, car, appartenant à une secte des Bonnets rouges, il n'était point tenu au célibat. La secte Nga-Lu, dont Alexandra ne mentionne qu'une fois le nom, est apparemment fort peu connue. Elle semble faire partie de l'Ecole Dzogs Tchen (« Grand Accomplissement »), remarquable pour l'audace de ses vues philosophiques.

Au moment où Alexandra arrive à la caverne, le gomchen avait décidé de s'enfermer pour une nouvelle période de trois ans [3], mais, à sa demande, il y renonce ; il différera d'un an sa réclusion et, tandis qu'il lui enseignera la langue et la philosophie tibétaines, avec elle il apprendra l'anglais. Comment se fait-il qu'il ait si facilement cédé à ses instances, comment lui, un philosophe solitaire, peut-il s'intéresser aux recherches d'une débutante et « ânonner avec elle sur les textes » ? Alexandra se le demande et ne trouve pas de réponse. Vingt ans plus tard, Anagarika Govinda découvrira cette réponse. D'origine allemande, attiré lui aussi par le bouddhisme dès son plus jeune âge, il fut ordonné moine bouddhiste à Ceylan, puis s'établit dans les Himalayas où il

1. A l'époque, en 1897, Alexandra faisait carrière de « première chanteuse d'opéra-comique ».

2. L'abbé de Lachen mourut peu après la visite que lui fit Anagarika Govinda en 1937.

3. Trois ans, trois mois, trois semaines et trois jours : la durée rituelle de la grande retraite tibétaine.

devint lama tibétain. Attiré par la renommée du gomchen, il montera à son tour jusqu'à Déwa-Thang. Au cours de l'entretien qu'il eut avec le gomchen, Anagarika Govinda lui dit combien il avait été « impressionné par le travail de sa disciple, l'admiration que suscitait en (lui) l'endurance aux rigueurs de la vie d'anachorète dont elle avait fait preuve pendant de nombreuses années. Le visage du gomchen s'épanouit alors ; il demanda ce qu'elle devenait et sortit une vieille coupure de journal, jaunie par le temps, qui portait une photo d'Alexandra David-Neel ; il rappela le temps où elle était sa disciple et loua son endurance et sa force de caractère [1] ». En présence du maître, Anagarika Govinda comprend ce qui s'est passé et l'explique ainsi : « Avec une sûreté infaillible, ce dernier avait choisi le meilleur des porte-parole pour diffuser son message au monde entier, sans avoir lui-même à quitter sa retraite lointaine dans les neiges des Himalayas. Par " message ", je n'entends pas un message de nature personnelle ni la propagation d'une doctrine particulière, mais un message qui ouvre les yeux du monde sur les trésors spirituels, cachés jusqu'alors, de la culture religieuse tibétaine. S'il n'avait eu ce dessein, jamais le gomchen n'aurait accepté Alexandra David-Neel comme disciple, ni passé trois ans à l'initier à tout ce qui lui serait nécessaire pour pénétrer le Tibet et sa vie intérieure. » Que le gomchen ne se soit pas trompé, la preuve en est là sous ses yeux, en la personne de cet Occidental, devenu lama tibétain et qui, rendant à Alexandra l'hommage suivant : « Ses ouvrages traduits dans toutes les principales langues du monde et fondés sur une connaissance profonde donnèrent pour la première fois une description objective des pratiques spirituelles et des phénomènes psychiques jusque-là inconnus ; ils étaient le résultat direct de ces trois années d'étude et de méditation sous la direction du grand ermite », témoigne que l'œuvre d'Alexandra David-Neel ne fut pas pour rien dans sa propre vocation.

Mais, réciproquement, dans le gomchen, qu'est-ce qui attire si irrésistiblement Alexandra ? Il est « franchement laid, vêtu de robes crasseuses, comme tous ses compatriotes,

1. *Le Chemin des nuages blancs*, pp. 147 et 150.

grand, robuste, avec une natte de cheveux embroussaillés qui lui tombe sur les talons. Extérieurement, c'est un rustaud. Et puis, tout à coup, en parlant, sa physionomie change, ses yeux deviennent pareils à ceux d'un Méphisto, avec des lueurs de flamme au fond... et ce qu'il dit est merveilleux, est effrayant de profondeur et d'audace... l'instant d'après ce n'est plus qu'un jovial Tibétain [1] ». Plus tard [2], elle ajoute : « C'est un type bien extraordinaire, tout en contrastes. Un jour génial, l'autre puéril à faire pleurer ou rire aux larmes, ce qui se ressemble. Il y a en lui toute la mentalité des *Marpa* [3] et autres lamas célèbres dans l'histoire religieuse du Tibet, une mentalité excessive de barbares philosophes. » Mais « excessive » pour qui ? Sinon pour des Occidentaux formés ou plutôt déformés par une pensée abstraite qui se coupe du réel et croit pouvoir ainsi l'appréhender comme un objet, alors que ces « philosophes barbares » n'ont pas du moins cette naïveté de croire que leurs idées sont par eux engendrées, mais bien qu'elles les traversent et que le mieux qu'ils puissent faire est de se débarrasser d'abord de cet écran qu'ils forment, de se libérer d'eux-mêmes, afin de se laisser envahir par la sagesse universelle qui n'appartient à personne et dont ils ne peuvent être au mieux que les provisoires supports. Pour eux, théorie et pratique ne font qu'un, comme le corps et l'âme, l'organisme et le psychique, l'individu et le cosmos, qui sont tous, également, impersonnels, en perpétuel changement et dépourvus de substance. C'est seulement en renonçant à eux-mêmes qu'ils peuvent dépasser les penseurs les plus audacieux de l'Occident, bien puérils en face d'eux ; ainsi deviennent-ils ces « penseurs entièrement libres que produisent parfois les grandes philosophies de l'Orient », des hommes géniaux et intrépides que rien n'arrête, puisque la seule chose qui pourrait les arrêter est bien ce moi dont ils se sont délivrés, ces êtres vertigineux, parfois effrayants, terrifiants, car, à travers eux le disciple peut parfois percevoir ce « vide » qui est au fond de toute chose. Tel était le gomchen de Lachen qu'Alexandra David-Neel eut la chance

1. Lettre de la *Gömpa* de Lachen, 17 novembre 1914.
2. Lettre de De-Chen Ashram, 30 septembre 1914.
3. Marpa, « le traducteur », était le maître de Milarépa.

de rencontrer, car elle était prête à en comprendre le message.

Auprès de la caverne de l'ermite, elle passe environ trois semaines, pas tout à fait coupée du monde extérieur, car le mahârâdjah Kumar ne l'oublie pas et lui envoie des messagers qui lui apportent ce dont elle a besoin : du pain, des bougies, des journaux et les lettres de Philippe Neel arrivées à Gangtok. Elle resterait bien là, mais, quand apparaissent les premiers flocons de neige, le gomchen, qui ne veut pas qu'elle se trouve bloquée là-haut, donne le signal du départ. Le 12 novembre 1914, ils reprennent le chemin de Lachen.

Alexandra est décidée à ne pas quitter son maître, à passer tout l'hiver auprès de lui. A Lachen, elle habite, tout près du monastère, une cahute qu'elle aménage de son mieux, en la calfeutrant avec une partie de l'étoffe imperméable d'une de ses tentes, conservant la plus grande d'entre elles plantée à côté ; elle y logera jusqu'à ce que la neige la fasse s'écrouler. Elle vit là six mois, de novembre 1914 à mai 1915, se nourrissant à la tibétaine de farine d'orge grillé et de beurre de yack, auxquels s'ajouteront les très rares légumes du cru : pommes de terre, navets et fèves, régime particulièrement austère, puisqu'elle reste végétarienne, alors que les Tibétains, bien que bouddhistes, y adjoignent de la viande. Plus tard, elle fera elle-même son pain et cultivera un petit potager. A Lachen, il y a bien quelques Européens, des missionnaires protestants d'origine finlandaise dont Alexandra accepte l'hospitalité de temps en temps, mais ces relations demeurent des plus superficielles ; en effet ils ne peuvent se comprendre. Les missionnaires se demandent quel intérêt elle peut bien trouver à fréquenter ce « bonhomme crasseux et laid » et elle, de son côté, s'indigne de voir les résultats déplorables de leur prosélytisme : « J'ai vu une collection de jeunes filles et jeunes femmes (sikkimaises) devenues sournoises, ne croyant plus à la religion de leur pays, n'ayant rien compris au christianisme et n'ayant saisi de lui qu'une chose, c'est que les dames de la mission " donnent " à leurs ouailles. Elles donnent des chemises roses ou bleues, des jupes à rayures vives. Les lamas eux ne donnent pas et se contentent de recevoir, je parle du commun clergé qui vaut celui de Sicile ou d'Espagne. Les lamas-philosophes, eux, s'isolent, dégoûtés[1]. » Et elle n'a pas à se forcer pour faire de même. Il n'empêche que lorsque son ami le yogui veut la vexer, il la compare à ses anciens coreligionnaires, car il a relevé qu'en elle son « instinct atavique de huguenote n'est pas encore tout à fait plié à l'indifférence pleine de philosophie qu'enseigne le bouddhisme ». Elle croit « encore qu'il y a des gens qui agissent mal et qu'il faudrait convertir, corriger[2] ».

En somme, ce mode de vie, réduit à ses éléments les plus simples, lui convient à merveille. En lisant les lettres qu'elle écrit de Lachen à son mari, on pourrait avoir l'impression qu'en dehors de l'étude du tibétain qu'elle poursuit, tandis qu'elle enseigne le sanskrit à son jeune *boy* tibétain, Aphur Yongden, qui le lui a demandé, elle ne fait presque rien ; mais cela provient tout simplement que de son activité essentielle, la méditation sous la conduite de son gourou, des enseignements qu'il lui transmet, elle ne peut précisément rien dire, et surtout pas à Philippe Neel, qui n'y connaît rien et que cela n'intéresse nullement. Parfois, elle le regrette, elle songe à ce qui serait, s'il en était autrement. Mais, devant une incompréhension aussi obstinée, elle se sent singulièrement impuissante, singulièrement seule.

Au début de mai 1915, Alexandra David-Neel remonte à Déwa-Thang. Elle campe là quelques jours afin d'y préparer sa future installation. A trois mille neuf cents mètres elle retrouve, disposée dans un site splendide et très ensoleillé, sa caverne qui va servir de noyau aux constructions sommaires qu'on va établir pour elle devant la paroi rocheuse. Il lui est venu une aide inespérée, au moment où ses fonds, que Philippe ne peut plus renouveler du fait de la guerre, étaient au plus bas. Informé de sa situation, le mahârâdjah du Népal a décidé de lui faire édifier « un gîte à sa convenance », où elle puisse « continuer son étude du tantrisme tibétain dans les conditions requises par les usages du Tibet[3] ». Comme ce n'est pas dans ses États qu'elle doit s'installer, il lui fait

1. Lettre de Lachen Gömpa, 6 décembre 1914.
2. Lettre de Lachen Gömpa, 18 janvier 1915.
3. Lettre du *Monastery of Lachen*, 6 mai 1915.

parvenir une suffisante subvention. Le jeune mahârâdjah du Sikkim, qui viendra en visite à Lachen pendant deux jours et l'y rencontrera, ne veut pas demeurer en reste et lui fournira gratuitement tout le bois nécessaire à la construction.

La voici en quelque sorte prise en charge de manière presque officielle. Son geste a suscité parmi ses amis la plus vive admiration. N'est-ce pas la première fois qu'un Occidental, de surcroît une femme, se retire ainsi dans les solitudes himalayennes ? Cela « équivaut à un brevet de haute sagesse ». Aussi considèrent-ils que, suivant l'usage, ils lui doivent aide et assistance. Mais ils pensent aussi qu'il en résultera certainement de grands biens pour la doctrine. Enfin, un Européen aura acquis par expérience personnelle l'enseignement initiatique qui lui permettra de le répandre ensuite sous la forme la plus authentique.

Pour le moment, voici Alexandra transformée en chef de chantier. Elle a embauché tous les hommes valides de Lachen qui vont lui construire sa demeure d'anachorète. Ils sont soixante-dix qui montent avec elle à Déwa-Thang, le 28 mai 1915 et, aussitôt, les travaux commencent, mais ils sont rendus fort difficiles par la pente sur laquelle il faudra établir préalablement des terrasses afin d'y appuyer les fondations. De plus, sous un prétexte ou un autre, les ouvriers s'absentent souvent et Alexandra les attend, logeant provisoirement sous ses tentes. Lui tiennent compagnie, outre ses domestiques, un poney noir, un petit âne et plusieurs gros chiens noirs « aux crocs solides » qui gardent l'ermitage.

En juillet seulement, elle prend possession de la première cahute, celle qui servira par la suite de logement à ses domestiques qui sont trois, dont Aphur Yongden, plus une vieille femme, mère de l'un d'entre eux. A Philippe Neel, elle donne sa nouvelle adresse : « De-Chen Ashram, via Lachen, Post Office Cheutung, Sikkim, via India. » Elle ajoute : « De-Chen signifie : Grande Paix » ; ce nom, elle ne l'a pas inventé, c'est celui du plateau sur lequel elle campe, mais, inutile de le dire, il lui agrée. Puis les travaux traînent. Alexandra s'étant appuyée à la paroi de la baraque nouvellement construite, celle-ci s'est effondrée, il a fallu tout recommencer. Enfin, en août, elle peut annoncer à son mari que son « hôtel particulier » sera probablement achevé à la fin du mois et elle le décrit : « Adossé au roc, il y a une chambre longue que je divise en deux avec des rideaux. La première partie sera mon cabinet de travail où je prendrai aussi mes repas, la seconde sera ma chambre à coucher. Cette dernière communique par un escalier de trois marches avec la caverne où j'ai logé lors de mon précédent séjour ici. Courant le long de cette chambre longue, il y a une sorte de balcon assez large sur le côté duquel est un minuscule cabinet de toilette. Sous ce balcon est le couloir menant à la cuisine et, ouvrant sur ce couloir, les W.-C. Plus haut que la chambre longue s'étagent, en gradin, deux cellules. L'une servira, au besoin, de chambre d'hôte, quand mes amies de la mission viendront ici, l'autre renfermera une partie de mes provisions. A l'écart se trouve une autre cahute formant le logement de mes domestiques et comprenant une autre petite chambre à provisions. Cette description donne l'idée de quelque chose d'assez spacieux, mais c'est en réalité tout petit. Seulement dans ces régions solitaires on est encombré d'un tas de sacs, de caisses. Pas un grain de sel n'est à trouver au-dehors. Il faut emmagasiner des vivres pour plusieurs mois et mes domestiques ont bon appétit.

« Mon mépris des vanités du monde n'a pas été jusqu'à laisser nues, telles quelles, les planches mal rabotées qui forment ses murs. J'y colle du papier et je peins quelques autres boiseries, portes, fenêtres, etc. Bien entendu, ce sont mes domestiques et moi les tapissiers et les peintres. Nous ne sommes pas très experts, mais de nos efforts réunis il sortira un logis un peu plus propret que si nous avions tout laissé comme au départ des charpentiers. La peinture est peut-être du " luxe " mais le papier tient chaud et bouche les nombreux interstices existant entre les planches et je me doute un peu de ce que sera l'hiver dans la neige à trois mille neuf cents mètres d'altitude[1]. » Vers le 20 août, Alexandra peut se dire en s'éveillant à l'aube : « Je suis propriétaire dans l'Himalaya[2] ! », ce qui la fait sourire.

Maintenant qu'elle est installée, elle peut enfin organiser tout un programme d'études. En première ligne, il y a, bien

1. Lettre de De-Chen Ashram, 8 août, 1915.
2. Lettre de De-Chen Ashram, 20 août 1915.

sûr, celles qu'elle poursuit avec le gomchen. En juillet, celui-ci s'est absenté pendant plusieurs semaines pour se rendre au Tibet, mais ensuite il ne quittera plus son ermitage et, même s'il s'isole parfois pour de brèves périodes de retraite complète, ce qui interrompt les leçons [1], lorsque sa retraite se prolonge, il autorise sa disciple à monter jusque chez lui tous les deux jours. A propos de cet enseignement, Alexandra écrit : « Nous pouvons rester des jours, des semaines à lire, à traduire et puis, soudain, sur une explication, un commentaire que je sollicite, ou qu'il m'offre de lui-même, la lampe apparaît rayonnante et je songe à ce texte pâli qui revient si souvent à la fin des *suttas* bouddhiques : " C'est comme si tout à coup l'on apportait une lampe dans les ténèbres, afin que tous ceux qui ont des yeux puissent voir. " [2] » Ces commentaires du lama-yogui, ceux en particulier sur la *Prajna Pâramitâ* (« Suprême Sagesse »), Alexandra David-Neel les insérera dans son ouvrage, *la Connaissance transcendante* [3], mais elle n'attend pas d'être de retour en Occident pour les diffuser ; elle les fait parvenir, traduits par elle, à Londres où ils sont publiés et fort remarqués, au point que l'on espère persuader le gomchen de se rendre en Grande-Bretagne après la guerre. Déjà, Alexandra prépare sa future carrière d' « orientaliste reporter » et reçoit, dans sa caverne, des invitations à faire des conférences à Londres et à Paris sur le Vedânta, le Mahâyâna et le lamaïsme [4].

Mais, de son côté, Alexandra se livre seule à des essais de traduction, les unes du tibétain, les autres du sanskrit ; pour l'y aider, elle a embauché deux professeurs : pour le tibétain, Dawa Sandup, revenu à Gangtok après la conférence de Simla, pour le sanskrit, un pandit gujrati, attaché à l'école népalaise de Gangtok ; elle leur adresse ses versions qu'ils lui renvoient corrigées. Quant au tibétain courant, ses maîtres sont à ses côtés, ce sont ses propres domestiques.

Cette retraite studieuse lui convient. Lorsqu'elle lève sur le paysage ses yeux fatigués par le travail, ils se reposent à la vue

1. Lettre de De-Chen Ashram, 2 décembre 1915.
2. Lettre de De-Chen Ashram, 18 septembre 1915.
3. Ouvrage publié en 1958 aux éditions Adyar.
4. Elle ne sera en mesure de répondre à ces invitations que neuf ans plus tard.

de l'étroite vallée parsemée d'arbustes nains, dont le feuillage aromatique parfume délicatement l'air, et encadrée par « les arêtes aiguës de rocs déchiquetés des montagnes sauvages » qui la séparent, la protègent de ce monde qu'elle a quitté. Là-bas règne cette guerre absurde qui n'est, somme toute, que l'extériorisation de la lutte régnant dans le cœur de tout homme et qui, pour elle, n'est plus qu'un souvenir. Alors, elle pense à Philippe : lui n'y échappe pas, ne parviendra jamais à y échapper. Elle ne cherche même plus à le persuader, désormais il est trop tard. Elle sait bien qu'il l'accuse d'avoir fui, de s'être dérobée à son devoir et de l'avoir fait par orgueil. « Il est vrai, riposte-t-elle fièrement, qu'elle n'a que peu de goût pour les choses médiocres, le confort médiocre, les situations médiocres, le succès médiocre. Les yoguis sont de grands orgueilleux, plus que des orgueilleux car ils méprisent l'orgueil lui-même, comme ils dédaignent le monde, non seulement celui-ci, mais tous les paradis, les mondes célestes que l'imagination peut inventer... Comme le disait un jour un ermite tibétain : " Seul sur une montagne, nu, ne possédant rien, couché à même le roc d'une caverne, on se sent libre, dénué de toutes craintes, plus grand qu'un râdjah, plus qu'un Dieu ! "[1] ». Fort heureusement, Philippe Neel a trouvé une diversion, il voyage. Pendant plusieurs mois, il excursionne avec des amis dans ce Sahara algérien qu'elle a elle-même autrefois parcouru. C'est là qu'elle a goûté l'inoubliable saveur du désert qui lui convient si bien et qu'elle a retrouvée au Tibet : « La steppe tibétaine et le Figuig, vu du col de Zenaga, demeurent pour moi ce que j'ai vu de plus impressionnant au monde[2]. »

D'ailleurs elle-même a besoin de mouvement ; elle est incapable de rester trop longtemps immobile, et ces montagnes qu'elle voit de sa fenêtre l'attirent. Lorsque le temps est beau, elle en profite pour faire quelques ascensions, monter encore un peu plus haut[3]. Cela lui fouette le sang. Malgré l'altitude, l'inconfort et un régime très austère, elle persiste à ne manger pas ou presque pas de viande, ce dont,

1. Lettre de *Monastery of Lachen*, 16 mai 1915.
2. Lettre de De-Chen Ashram, 2 novembre 1915.
3. Lettre de Camp Déwa-Tchang, 29 juin 1915.

étant donné la rareté des légumes, les Tibétains, eux, ne se privent point ; dans l'ensemble sa santé est très bonne : quelques crises rhumatismales, une grippe, des engelures aux pieds, une brusque poussée de fièvre, mais tout cela passe très vite, car elle ne s'abandonne pas et réagit immédiatement avec vigueur. Et aussi, systématiquement, elle s'entraîne. Elle a décidé d'expérimenter la technique tibétaine d'auto-production de chaleur, la *toumo*[1], qui est physiologique, mais surtout mystique. Les conditions préalables sont : « être déjà habile dans la pratique des différents exercices de respiration, être capable d'une intense concentration allant jusqu'à la transe où les pensées s'objectivent et avoir reçu l'initiation spéciale de *toumo* d'un lama ayant le pouvoir de la conférer[2] ». On peut donc penser que cette initiation, Alexandra l'a reçue du gomchen, sinon elle ne pourrait pratiquer l'exercice. En mars 1916, elle monte à un col situé au-dessus de son ermitage et s'y installe toute seule avec une petite tente, des peaux de yack et quelques couvertures. Deux mois plus tard, elle renouvelle l'expérience. Bien qu'elle se « contente, précise-t-elle, d'une demi-mesure », les résultats l'étonnent. Si elle ne parle pas à son incrédule mari des « délices spirituelles paradisiaques » qui normalement résultent de cet entraînement, au moins constate-t-elle plus prosaïquement qu'elle a cessé de grelotter lors des grands froids et n'a plus besoin de se couvrir autant.

L'hiver 1915-1916 dans l'Himalaya fut particulièrement clément et De-Chen Ashram n'a été bloqué par les neiges que pendant quelques semaines, en février. Avec le printemps, Alexandra reprend ses excursions dans les montagnes environnantes. Puis, un jour, à mots couverts, elle annonce à son mari qu'elle part pour un « au-delà » qu'elle ne peut préciser. Son point de départ est le monastère de nonnes de Chörten Nyima, où elle a séjourné deux ans auparavant. Elle y arrive à la fin du mois de juin 1916, puis elle n'écrit plus jusqu'à la date de son retour à Chörten Nyima, dans les premiers jours d'août.

1. Lettre de Camp Déwa-Tchang, 29 juin 1915.
2. *Mystiques et magiciens du Tibet*, pp. 229-242, où A. David-Neel donne de cette pratique — en tibétain, *gtum-mo* — une description détaillée.

Elle est donc restée absente un long mois. Où est-elle allée pendant ce temps ? Au retour, elle peut le dire à Philippe ; elle est allée à Shigatzé au Tibet, afin de rendre visite au panchen lama. On se rappelle qu'elle avait été en correspondance avec lui, qu'elle lui avait envoyé un questionnaire, du même genre que celui qu'elle avait remis au dalaï-lama. Le panchen lama, dont le nom veut dire le « Grand Savant » (du sanskrit *pandita*), que l'on appelait ordinairement au Tibet Tsang Pan-chen Rinpoché, « le précieux savant de la province de Tsang » — que les Européens avaient pris l'habitude de désigner comme le Tashi lama, du nom du monastère dont il était l'abbé, celui de Trashilumpo, près de Shigatzé (ou Jigatzé) —, était le second personnage du Tibet. Le second quant à la puissance temporelle, car, du point de vue spirituel, il était au moins l'égal du dalaï-lama, étant considéré comme une réincarnation d'Eupagméd, le Bouddha (mystique) de la lumière infinie, dont le Bodhisattva Tchérenzi, le protecteur du Tibet, réincarné en la personne du dalaï-lama, est lui-même une émanation ; de plus, le panchen lama était également tenu pour un avatar de Soubhouti, l'un des principaux disciples du Bouddha historique.

Par suite de ce très haut rang spirituel, et aussi du fait qu'il dominait la province de Tsang, le panchen lama jouissait d'une très grande indépendance par rapport à Lhassa. Au cours du XIXe siècle, celle-ci s'était encore accrue, en raison du règne extrêmement bref de cinq dalaï-lamas successifs. Le sixième panchen lama, Gelek-namgyê (dGe legs rnam rgye), né en 1883, avait donc trente et un ans lorsqu'il reçut la visite d'Alexandra. Il était resté au Tibet, lors des deux fuites du treizième dalaï-lama en 1904 et en 1910, et s'était vu proposer par les Chinois le poste de régent qu'il avait d'ailleurs refusé. Mais, après avoir repris définitivement le pouvoir en 1913, T'ub bstan rgya mts'o lui demanda de contribuer à l'entretien de l'armée destinée à maintenir l'indépendance tibétaine contre les Chinois ; Gelek-namgyê se déroba, arguant du fait que la doctrine bouddhique interdisait de tuer ; en fait, le panchen lama, comme beaucoup de Tibétains, ne voyait pas sans regret l'influence anglaise se substituer à la prédominance chinoise dont le Tibet s'était accommodé longtemps. Par la suite, la tension entre les deux hommes s'accrut, au point que Gelek-namgyê s'enfuit en 1923 en Chine, où, avec l'appui de Pékin, il maintint la fiction d'un pseudo-gouvernement. Sa conduite de politicien ambitieux et sans scrupule étonna fort Alexandra qui n'avait vu en lui qu' « un paisible lettré [1] ».

Des érudits, c'est ce que par tradition étaient les abbés de Trashilumpo ; l'un d'eux, le troisième panchen (1738-1781), fut même l'un des plus grands écrivains du Tibet. Et c'est à cause de cette vocation qu'Alexandra adressa en 1913 un questionnaire sur certains points difficiles de la doctrine au panchen lama qui lui répondit.

Or De-Chen Ashram se trouvait à quatre jours de marche de Jigatzé, mais jamais Alexandra ne s'était encore aventurée aussi loin derrière la frontière tibétaine et il y avait un risque, celui que le résident anglais au Sikkim, sir Charles Bell, apprenne qu'elle avait passé outre les instructions officielles très strictes et se trouve obligé de prendre contre elle des mesures de représailles. Mais le risque n'a jamais fait reculer Alexandra ; elle l'avait d'ailleurs prévu et en avait calculé les effets. En octobre 1914, lorsque le gomchen l'avait acceptée comme disciple, il lui avait donné un an, avant de l'autoriser à entrer en réclusion triennale et cette année était depuis longtemps écoulée. On était déjà en juillet 1916 et il ne pouvait être question de retenir pour un nouvel hiver ses domestiques à De-Chen Ashram. De toute façon, il fallait donc qu'elle le quitte, même si « une indicible souffrance l'étreignait [2] » à l'idée de s'en éloigner pour toujours.

Le 2 juillet 1916, elle arrive donc au monastère de nonnes de Chörten Nyima et s'y repose une journée. Puis elle se met en route, accompagnée seulement par Yongden et par un moine qui doit leur servir de domestique. Ce départ clandestin, c'est un peu comme la répétition du voyage beaucoup plus long et beaucoup plus périlleux vers Lhassa, qui est pour le moment absolument inaccessible et qu'elle atteindra seulement huit ans plus tard. Comme elle pense ne plus jamais revoir le Tibet, Alexandra a décidé de voyager très lentement et de s'arrêter en cours de route, afin de se bien

1. *A l'ouest barbare de la vaste Chine*, p. 44.
2. *Mystiques et magiciens du Tibet*, pp. 86-93.

pénétrer de l'atmosphère du « pays interdit ». Elle avait « vaguement imaginé qu'au-delà de l'Himalaya le pays devait devenir complètement sauvage » ; or elle s'aperçoit qu'elle se trouve au milieu d' « un peuple parfaitement civilisé[1] ». Enfin, au bout de quelques jours de marche, au détour du chemin, lui apparaît « dans la clarté déjà bleuissante du soir, l'énorme monastère de Trashilumpo dressant sa masse blanche couronnée de toits d'or où s'éteignent les derniers reflets du soleil couchant ». Lorsqu'elle révèle son identité, elle reçoit l'accueil auquel lui donne droit la réputation qu'elle s'est acquise. C'est la première fois qu'elle pénètre au sein de l'un de ces immenses monastères qui, en fait, sont de véritables villes et elle est saisie par cette « somptuosité barbare dont aucune description ne peut donner une idée. L'or, l'argent, les turquoises, le jade étaient prodigués partout, sur les autels, les tombeaux, l'ornementation des portes et pour les objets rituels ou même simplement ceux servant au service domestique des lamas riches ». Alexandra est aussitôt reçue en audience par le panchen lama, on ne peut mieux disposé à l'égard de celle dont il sait qu'elle vient de vivre en ermite auprès d'un célèbre gourou. Il lui propose de demeurer à Trashilumpo, où il fera tout ce qui est en son pouvoir pour faciliter ses études. Malheureusement, Alexandra est dans l'obligation de refuser. D'une part, elle risquerait de mettre le panchen lama dans une situation embarrassante vis-à-vis des Britanniques, d'autre part, elle est partie en emportant avec elle le strict nécessaire ; son argent et ses affaires sont au Sikkim et à Calcutta. Elle ne peut donc rester que quelques jours, qui s'écoulent, écrira-t-elle plus tard[2], « dans une béatitude paradisiaque ». A Trashilumpo, elle a d'intéressantes conversations avec ceux qui firent l'éducation du panchen lama, notamment son guide spirituel, qui vivait en ermite, hautement vénéré par tous. Déjà fort âgé lors de la visite d'Alexandra, Kyongbou Rinpoché avait la réputation de diminuer progressivement de taille, ce qui était le signe d'une haute réalisation spirituelle — certains maîtres tibétains passaient pour avoir atteint des proportions minuscules,

1. *Mystiques et magiciens du Tibet*, pp. 86-93.
2. *Idem*, p. 95.

avant de disparaître de cette terre. Un an après le séjour d'Alexandra David-Neel, il fut décidé de procéder à la consécration solennelle de l'immense statue de Maitreya, le Bouddha à venir, dont elle avait vu l'édification. Le panchen lama demanda à Kyongbou Rinpoché de procéder à cette cérémonie ; l'ermite s'en excusa, en déclarant qu'il serait mort avant l'achèvement du temple. Le panchen pria alors le Rinpoché de retarder jusqu'alors le moment de son extinction. Et, au dire des témoins sérieux qu'Alexandra a bien connus, il se produisit cette scène étrange : le jour de la consécration, une chaise à porteur accompagnée d'une escorte vint chercher l'ermite. On le vit prendre place, puis la petite troupe se mit en marche. Pendant ce temps, plusieurs milliers de personnes attendaient au temple. Fort étonnées, elles virent Kyongbou Rinpoché arriver seul à pied. « Il traversa le temple en silence, s'avança vers la gigantesque statue, s'en approcha jusqu'à la toucher et, graduellement, pénétra en elle. » Un peu plus tard, la chaise arrivait, personne n'en descendit, elle était vide.

Enfin, munie de livres, de cadeaux de toutes sortes et surtout d'un costume de lama gradué, sorte de diplôme de docteur *honoris causa* de l'université monastique de Trashilumpo, Alexandra David-Neel prit la route du retour, non sans s'arrêter au passage à l'ermitage d'un autre gomchen célèbre qui l'avait invitée.

Avant même d'être arrivée à De-Chen Ashram, dans la première semaine d'août 1916, elle reçoit une lettre du résident britannique, lui enjoignant de quitter immédiatement le sol tibétain et lui infligeant, à elle et à ses domestiques, une amende. Une seconde lettre vient lui signifier son expulsion du Sikkim. Et le résident punit ceux qui l'ont hébergée, parvenant même à « terroriser » le gomchen. Tout le monde est épouvanté. C'est finalement Aphur Yongden, qui n'a que dix-sept ans et « n'est pas brave de nature », qui prend les choses en main ; il assure aux Sikkimais qu'un jour le résident et Alexandra se réconcilieront, « puisque ce sont des Blancs » et que ce seront eux, finalement, les victimes. Puis le jeune garçon prend la tête de la caravane et conduit Alexandra saine et sauve à Gangtok. Alexandra David-Neel n'avait pas prévu une aussi prompte, une aussi lâche réaction. Cependant, moralement, elle est prête. En parcourant les solitudes du Tibet, elle avait déjà « l'impression quelque peu mélancolique qu'elle avait tourné le dernier feuillet d'une jeunesse tardive et fort prolongée, qu'elle avait vécu sa dernière aventure ». Après tout, « le Japon, ce sera un pays sage, reposant, civilisé, avec des chemins de fer, des routes, des ponts sur les rivières, des hôtels, des tramways [1]... » Et puis elle a toujours pensé qu'un séjour là-bas serait un indispensable complément à ses études bouddhiques. « Les Écritures sanskrites du Mahâyâna nées dans l'Inde sont mortes dans ce pays, mais fleurissent à l'étranger en trois modes différents, en trois interprétations issues de cerveaux différents : en Chine, au Japon, au Tibet. Il y a des rapprochements curieux à faire, des divergences intéressantes à noter [2]. » Déjà, elle a écrit à ses amis japonais qui vont s'occuper de la loger. Et pourtant elle avoue que ce « Japon futur l'effraie un peu ». Sans doute se souvient-elle de ce que lui a dit, quatre ans plus tôt à Calcutta, un prêtre japonais de la secte Nichiren, le révérend Kimura, de « l'imbécillité et de la cupidité du clergé japonais ». Et d'avance, elle craint d'être déçue par ce peuple adonné exclusivement à la poursuite des biens matériels, à l'exemple de l'Occident.

Le 17 septembre 1916, Alexandra David-Neel, ayant traversé tout le Sikkim du nord au sud-est, est rejointe à Darjeeling par Yongden qui est allé faire ses adieux à sa famille, laquelle a tenté vainement de le retenir. Pourtant, il sait ce qui lui en coûtera : sa part d'héritage. Mais son choix est fait. De Darjeeling, Alexandra écrit à son mari [3] : « Tous ces mois passés à Déwa-Thang, ma maison " bâtie sur le roc ", tout cela semble n'avoir jamais été. On dirait un rêve, je revois toutes ces choses comme de nébuleuses images et pourtant elles datent de la veille. » Et, lorsque dix ans plus tard elle écrira *Mystiques et magiciens du Tibet*, elle se posera la question : « Qu'ai-je appris pendant ces années de retraite ? Il m'est difficile de le préciser et, pourtant, j'ai acquis

1. Lettre de De-Chen Ashram, août 1916.
2. Lettre de De-Chen Ashram, 24 août 1916.
3. Lettre de Darjeeling, 17 septembre 1916.

nombre de connaissances. » On dirait que systématiquement elle entend minimiser l'importance de ce séjour et, cependant, c'est sur cet acquis qu'elle vivra tout le reste de son existence ; seulement, il est bien certain qu'il lui est difficile de le préciser, car ce qu'elle a reçu là-haut, ce ne sont pas des connaissances, mais bien la Connaissance, que lui a ouverte définitivement l'initiation conférée par le gomchen, lequel lui a donné alors son nouveau nom monastique, *Yishé Tö-mé* (Lampe de Sagesse)[1], tandis que le jeune Yongden a reçu celui de *Nindji Gyatso* (Océan de Compassion), ce qui, après tout, les définit assez bien tous les deux.

1. A son mari, Alexandra précise : « Ce n'est pas moi qui l'ai choisi, mais mon lama-parrain ; je n'aurais point osé cette grandiloquence orientale. »

Chapitre 7

Du Tibet au Tibet,

en passant par le Japon, la Corée et la Chine

De retour à Calcutta, Alexandra David-Neel y retrouve ses amis et fait quelques conférences, puis elle s'embarque pour la Birmanie où elle est invitée pour en faire d'autres. Là s'érige, à Shwedagon, la plus grande et la plus haute (cent vingt mètres) pagode du monde, couverte de feuilles d'or. En effet, la Birmanie, rattachée à l'empire des Indes depuis 1886, est avec Sri Lanka le foyer le plus actif du Hinayâna, le bouddhisme du Petit Véhicule, dont les moines, au crâne rasé, portent la robe orange. De Rangoon, Alexandra remonte jusqu'à Mandalay en haute Birmanie et va faire retraite dans un monastère de la secte bouddhique la plus austère, aux monts Sagain, près des Kamatangs.

Ensuite, elle reprend la mer et, le 13 janvier 1917, visite Penang en Malaisie. Mais la navigation est peu sûre : des torpilleurs japonais donnent la chasse à deux sous-marins allemands. Le 22 janvier, Alexandra se trouve au large de Saigon, où va débarquer le gouverneur général de l'Indochine, Albert Sarraut, accompagné de son encombrante famille, avec qui Alexandra a voyagé, mais qu'elle n'a guère appréciée. Elle fait ensuite escale à Shanghai.

Enfin, le 6 février 1917, après une traversée de la mer Intérieure qui l'a émerveillée, Alexandra David-Neel débarque à Kobé. Son séjour au Japon durera six mois. Tout aussitôt, elle se rend à Kyoto, l'ancienne capitale, le centre culturel et religieux du pays, avec ses centaines de temples et de monastères entourés de magnifiques jardins. Fort bien accueillie par Somada, le directeur de l'université bouddhique de Kyoto, qui est un ami de Sylvain Lévi, elle trouve, grâce à lui, un logement dans l'un de ces monastères situés un peu en dehors de l'agglomération, le Tôfoku-ji, qui, détruit en 1881 par un incendie, est en cours de reconstruction. Le pavillon — le Rikyoku-an — qu'on lui offre est isolé dans les jardins, elle s'y plairait assez s'il n'était sombre, froid et mal entretenu. Elle s'entend fort bien avec l'abbé du Tôfoku-ji qui, de temps en temps, l'invite à sa table, mais les repas sont pour elle un supplice : si elle s'accommode bien des prosternations réciproques par lesquelles hôtes et visiteurs se saluent, s'asseoir sur les talons à la japonaise, pendant des heures, lui est « cruel » et, plus encore, ce « défilé de soucoupes et de bols », remplis de « choses qui ont un affreux goût de vaisselle, une odeur fade et écœurante d'égout [1] ». Et puis, il y a les braseros qui sont au Japon les seuls appareils de chauffage ; une nuit, l'un d'entre eux a bien failli l'asphyxier. De lettre en lettre décroît l'enthousiasme de l'arrivée. Les gens qu'elle trouve charmants en mars lui apparaissent en avril comme beaucoup trop civilisés ; en fait, « il n'y a plus de vraie vie asiatique chez les Nippons. Leur vie est un mélange hétéroclite d'éléments disparates, comme leur costume national recouvert d'un *ulster* [2] et surmonté d'un chapeau melon [3] ». En juillet, elle en est à trouver le milieu japonais « puéril et artificiel à outrance [4] ». Enfin, quand elle pourra comparer Chinois et Japonais, après avoir quitté le Japon, elle ira jusqu'à écrire de ces derniers : « Le perpétuel ricanement des Japonais devient à la longue horripilant... Ce que l'on devine derrière tous ces fronts que l'on croise dans la rue rend l'atmosphère pénible. Les petits " Japs " sont les " Boches " de l'Extrême-Orient... Ce sont des microbes très

1. Lettre écrite dans le Tokyo-Shimonoseki (train de luxe), 12 mars 1917.
2. « Long pardessus d'hiver, en forme de robe de chambre », dit le Larousse.
3. Lettre du Rikyoku-an-Tôfoku-ji, Kyoto, 8 juin 1917.
4. Lettre de Kyoto, 6 juillet 1917.

laids et très dangereux. Ils veulent tout avaler[1]. » Les usages nippons l'agacent aussi prodigieusement : ici, « l'homme est fait pour la maison et non la maison pour l'homme » ; il faut retirer ses chaussures dix fois, vingt fois en un après-midi et encore changer de pantoufles à l'intérieur de la maison, pour peu qu'on entre dans la cuisine, dans la salle de bains ou aux water-closets. Les *tatamis* (nattes de paille), qu'on ne doit ni salir ni user, « sont une perpétuelle malédiction[2] ». Et puis il y a le climat japonais qu'elle supporte mal. Au printemps, le ciel est gris et la pluie tombe sans discontinuer, elle a « de la fièvre, des névralgies persistantes », elle « broie du noir ». Avec la fin de la saison des pluies et la venue de l'été, elle souffre de la chaleur et surtout de l'humidité excessive. Là voilà de nouveau menacée par les « troubles neurasthéniques » dont elle se croyait définitivement débarrassée.

Et pourtant elle se remue, elle ne reste guère en place. A peine a-t-elle déposé ses bagages au Tôfoku-ji, à Kyoto, qu'elle part pour Atami, dans la péninsule d'Izu, site touristique très visité, en particulier lors de la floraison des pruniers, des cerisiers et des pêchers qui y sont plantés par milliers. Elle y reste quelques jours, puis séjourne à Tokyo de la fin de février au 12 mars, et, lorsqu'elle rentre au Tôfoku-ji, c'est pour en repartir aussitôt avec l'amie qu'elle s'est faite à Tokyo, Mrs Suzuki, la femme du professeur Daisetz Teitaro Suzuki. Avec ce dernier Alexandra aura de longs entretiens faisant suite à leur échange de correspondance, non tant sur le zen, auquel Suzuki ne s'intéresse pas encore, que sur la secte ésotérique Shingon sur laquelle elle rassemble des renseignements, en raison de sa ressemblance avec le bouddhisme tibétain. Avec Mrs Suzuki, du 15 mars au 5 avril, Alexandra visite les temples de Nara, les plus anciens sanctuaires bouddhistes du Japon, le site sacré du shintoïsme à Isé et le mont Koya où, au milieu d'une antique nécropole ombragée de cryptomérias géants, repose le célèbre fondateur du Shingon, Kobo Daishi.

Mais, si elle goûte la splendeur des sites, l'incomparable beauté des jardins, Alexandra est irritée par les manifesta-

1. Lettre de Pékin, 12 octobre 1917.
2. Lettre de Kyoto, 7 avril 1917.

tions de la dévotion japonaise et par la manière dont l'exploite le clergé : « Des bonzes y vendent différentes espèces d'amulettes et évoquent l'esprit du célèbre Kobo en faveur de quiconque leur verse cinq cents (environ quinze centimes). C'est pour rien, pas vrai[1] ! » Le bouddhisme est devenu le plus souvent au Japon une religion du salut par la foi, où il suffit de répéter le nom du Bouddha Amida (Amitabha)[2]. Ainsi, on lui a rapporté ce propos, très vraisemblable pour qui connaît la mentalité japonaise, d'un homme d'affaires : « Je dirige des affaires importantes, je n'ai pas le temps de m'occuper de religion. Il m'est donc très commode de savoir que si je dis à mon réveil : " Namo Amida Butsu ", cela sufit pour la journée et je suis sûr qu'Amida me sauvera[3]. » Même le zen ne trouve pas grâce à ses yeux. Habitant un monastère zen, elle aurait tout loisir de s'en imprégner, sinon de le pratiquer, mais les coups secs frappés sur le bois qui rythment la vie de la communauté, dès le lever, à quatre heures du matin, lui semblent la marque même de « la sécheresse de l'atmosphère spirituelle du lieu. La secte à laquelle le monastère appartient se targue de n'être pas mystique, mais positive. Ces adeptes prétendent être de libres chercheurs se réservant d'examiner, d'apprécier, de toucher et de voir par eux-mêmes. Ils n'ont cure, affirment-ils, ni des Écritures, ni des dieux, ni des démons qui peuvent ou non exister ; en fait, ils ont donné à l'aristocratie japonaise des stoïciens qui valent ceux de Zénon[4] ». Cependant elle aime entendre en pleine nuit la récitation des sûtras qu'accompagnent les longues vibrations des gongs, les « ondes graves qui enveloppent les demeures et les bosquets enténébrés de hauts bambous » et qui « s'élargissent, se heurtent à celles parties d'autres sanctuaires ». Et si elle note à ce propos : « Tout est quiétude, paix, indifférence, suprême détachement... avec un rien de sensualité artiste et intellec-

1. Lettre du Rikyoku au temple Tôfoku-ji Monastery, 5 avril 1917.
2. Il s'agit du Bouddha Amitabha et non du bodhisattva Avalokitesvara (*Tchérenzi* en tibétain et *Kannon* en japonais), comme l'écrit, certainement par inattention A. David-Neel dans *la Connaissance transcendante*, p. 106.
3. *La Connaissance transcendante*, p. 106.
4. Lettre écrite dans le train Tokyo-Shimonoseki, 12 mars 1917.

tuelle, mêlée au tout », ce qui, somme toute, correspond assez bien à ses propres exigences, elle ajoute tout aussitôt : « Oui, mais les âpres balades du vent hurlant autour de la tente dans les steppes de Kampa et la musique des cuivres et des timbales au crépuscule dans les gömpa perdues dans les nuages !... Rien ne peut faire oublier cela ! » Sans doute, remarque-t-elle déjà, « la similitude de certaines doctrines zénistes avec celles des Dzog tchen-pa tibétains[1] », similitude évidente puisqu'elle repose sur le même texte essentiel, la *Prajnâ Pâramitâ*, mais la seule conclusion qu'elle en tire pour le moment est qu'il convient de retourner au Tibet afin de s'y livrer à une étude plus approfondie de ce texte, appelé en tibétain *Shésrab kyi pharol tou tchinpa*. Ce n'est qu'à la suite de cette étude, qui s'étendit sur près de trois ans, qu'Alexandra put comprendre l'unité dans la diversité qui relie les plus hauts enseignements tibétains et ceux du zen.

Mais, dans l'instant, elle ne pense qu'à l'Himalaya. Elle n'est au Japon que depuis un mois quand elle écrit à son mari : « A vrai dire, j'ai le " mal du pays " pour un pays qui n'est pas le mien... Pays qui semble appartenir à un autre monde, pays de titans ou de dieux. Je reste ensorcelée. Les steppes, les solitudes, les neiges éternelles et le grand ciel clair de " là-haut " me hantent[2] ! » Un mois plus tard, elle va jusqu'à confesser à Philippe Neel : « Tiens, vois-tu, j'y pense souvent, c'est grand dommage que je ne sois pas morte dans mon ermitage... J'étais arrivée là au summum de mon rêve, perchée seule dans ma caverne en façon d'aire d'aigle sur un pic himalayen... Qu'est-ce qu'il reste à faire, à voir, à éprouver après cela ?... Morte là, le vieux lama serait venu un matin, aurait emporté mon corps, comme il me l'avait promis, plus haut encore sur quelque roc et l'aurait laissé là[3]. » Alors, elle échafaude de nouveaux projets : du Japon, elle s'embarquera pour la Corée, où elle compte « glaner quelques documents intéressants », auprès des moines zen qui y vivent dans des ermitages ; de là, elle se rendra à Pékin, où, devant rencontrer de hauts lamas tibétains, elle a pris la

1. *La Connaissance transcendante*, p. 26.
2. Lettre du 12 mars 1917.
3. Lettre de Rikyoku-an, 28 avril 1917.

précaution de se faire réserver un logis. Et ensuite ? Elle aimerait faire une longue randonnée en Mongolie, mais surtout, si cela est possible, elle voudrait pousser jusqu'au fameux monastère de Kum-Bum, situé dans les montagnes, à quelque distance du lac Kou-kou-nor, « très loin de toute civilisation » et dont elle rêve depuis plus de vingt ans[1].

A peine a-t-elle établi ce programme qu'elle a hâte de partir. Elle partirait même tout de suite, si l'abbé du Tôfoku-ji ne lui demandait instamment d'attendre la venue de l'un de ses disciples, qui parle bien l'anglais et par l'entremise duquel il souhaite lui communiquer les enseignements. Son séjour en Corée en sera singulièrement écourté, mais, devant l'importance de la proposition, elle accepte.

Désormais, Alexandra David-Neel est seule avec Aphur Yongden, qui a maintenant dix-huit ans. Son autre serviteur tibétain, plus âgé, vient de la quitter, ce qu'elle ne regrette pas, car il était devenu comme fou. Mais heureusement elle peut s'appuyer entièrement sur Yongden : « Il met la main à toutes les besognes... Quand il a fini de cuisiner, il traduit du tibétain où il se met à du sanskrit », langue qu'elle lui a enseignée. Yongden en connaît déjà cinq : le tibétain, l'anglais, l'hindi, le népalais et le dialecte lépcha, « il baragouine un peu le japonais » et se mettra vite au chinois, ce qui le rend extrêmement précieux pour Alexandra. Mais surtout, il a en elle une confiance aveugle et il est décidé à ne plus la quitter, à la suivre partout où elle ira, « sans gages, sans garanties pour son retour dans son pays ». A son propos, Alexandra écrit à son mari : « Il a eu plus de confiance en moi que dans les lamas de son pays, il a eu la curiosité de voir le monde et un intense désir d'apprendre et il est parti[2]. » En fait, Yongden a reconnu dans la dame-lama son maître spirituel, son gourou et c'est non en domestique, mais en disciple qu'il se conduit avec elle. Cet attachement, qui durera toute une vie, que portait à Alexandra David-Neel un authentique Tibétain et, qui plus est, un moine, n'est pas l'un des traits les moins étonnants de ses aventures. Réciproquement, Alexandra est dorénavant entièrement responsable

1. *Mystiques et magiciens du Tibet*, p. 98.
2. Lettre de Rikyoku-an, 28 avril 1917.

de lui, elle commence même à se demander si elle ne va pas l'adopter, le faire naturaliser français[1], elle prend déjà ses dispositions pour le cas où elle mourrait en route, demandant à Philippe de faire rapatrier Yongden au Sikkim et de lui fournir de quoi s'y établir[2]. Elle ose le faire, car le conflit avec son mari est enfin apaisé. S'il a pensé prendre sa retraite, il y a finalement renoncé pour le moment, il peut donc continuer à lui faire parvenir des subsides. Il le fait même avec une générosité, une délicatesse telles qu'Alexandra en est émue : « Combien tu as changé ! Tu as fait comme les vins qui s'améliorent en vieillissant. De penser que tant de bonté et de sentiments délicats se trouvaient à l'état latent en ton " soi " des jours de Khérédine me confond. »

Le 7 août 1917, Alexandra David-Neel débarque à Fusan et se rend immédiatement dans les montagnes Diamant (Kongo-san) qui abritent ermitages et monastères zen. Les Coréens lui semblent des gens simples et cordiaux, et ce d'autant plus qu'elle est munie des recommandations les plus officielles auprès du gouvernement nippon, la Corée étant depuis 1910 une colonie japonaise. Après avoir excursionné dans toute la montagne, trouvant gîte dans les ermitages, Alexandra s'installe au vaste et très ancien monastère de Choang-ji, situé dans un décor sauvage de pics aigus, où elle jouit d'un petit appartement. Là, elle mène à peu près la même vie que les moines et se réveille comme eux en pleine nuit pour méditer.

Toutefois, Choang-ji n'est que le point fixe à partir duquel elle continue de visiter les montagnes et leurs ermitages. Le meilleur souvenir de son séjour coréen sera celui des quelques jours passés à Panya-an, le monastère de la Sagesse suprême, où elle médite en compagnie de huit ou neuf moines menant dans cet ermitage isolé, caché au milieu des forêts, une vie très simple de « tranquille ascétisme[3] ». Là, se levant comme eux à trois heures et demie du matin,

1. Lettre de Pékin, 12 octobre 1917.
2. Lettre de Pékin, 31 octobre 1917.
3. *Mystiques et magiciens du Tibet*, p. 98.

elle pratique l'authentique zazen de l'école Soto-Zen, « le visage tourné contre la muraille[1] ».

A la fin de septembre 1917, Alexandra regagne Séoul. Le 3 octobre, elle est à Moukden, après avoir passé une nuit au bord du fleuve Yalu, où les Russes furent défaits par les Japonais en 1905. Le 6 octobre, elle fait halte à Shan-hai-kuan pour voir la Grande Muraille de Chine. Enfin, elle arrive à Pékin le 8 octobre 1917. Et là, tout aussitôt, elle se met en quête des moyens pour aller plus loin. Son objectif est tout d'abord la Mongolie, plus accessible, plus accueillante aux étrangers que la Chine et où, lui assure-t-on, elle pourrait poursuivre avec fruit son étude du lamaïsme. A Pékin, où on lui a trouvé un logement somptueux, mais terriblement inconfortable, dans le monastère de Pei-ling-sse, qui fut autrefois la résidence des empereurs avant leur accession au trône, elle a le sentiment de perdre son temps. Les Chinois, ne connaissant des Occidentaux que ceux qui résident dans les concessions, le monde des ambassades, des missionnaires et des marchands, ce monde que précisément elle fuit, demeurent stupéfaits et incrédules devant une dame-lama française, qui prétend s'intéresser au lamaïsme. Or son temps, pense-t-elle, est compté, elle vit avec « l'idée de la fin présente, étrangement présente à l'esprit » ; sans doute, dans sa famille, vit-on en général très vieux, mais il y faut une volonté de vivre, un désir de vivre qui « sont bien usés » chez elle[2]. D'où sa hâte, son impatience, mais aussi cette préoccupation de ne s'occuper que de l'essentiel et cette impétuosité qui l'amène à enfoncer les obstacles. Et finalement, à Pékin comme ailleurs, tout s'arrange.

Elle rend visite au comte de Martel, ministre plénipotentiaire français à Pékin, lequel l'adresse au ministre chinois des Affaires étrangères, qui l'envoie au directeur des Affaires tibétaines et mongoles, le prince Koung, lequel ordonne à l'un de ses subordonnés de s'occuper d'elle. Or ce dernier parle tibétain et a été au service du dalaï-lama. La voilà sauvée ! Ce fonctionnaire lui fait faire connaissance d'un haut

1. Le Tôfoku-ji se rattachait, lui, à l'école Rinzaï, où la méditation se pratique le visage tourné vers le centre de la salle.
2. Lettre de Pékin, 12 octobre 1917.

lama, un *koubilgan,* c'est-à-dire un *tulkou* mongol. Celui-ci est sur le point de retourner, dans son monastère situé dans la région de Kum-Bum, avec une importante escorte, et il accepte de l'emmener. Voici donc le rêve de son enfance près de se réaliser. Alors déjà s'ébauche l'avenir. Pourquoi de Kum-Bum ne se rendrait-elle pas au Tibet, plus accessible de ce côté, puisque les Anglais n'y sont pas, pourquoi, en somme, ne passerait-elle pas l'obstacle qu'on lui a opposé, en le prenant tout simplement à rebours ? Ce qui signifie qu'elle rejoindra l'Inde par voie de terre, du nord au sud, en traversant tout le Tibet. Après tout, qui pourrait l'empêcher de faire ce trajet à pied, en mendiant de monastère en monastère ? Elle le peut, elle y a droit, puisqu'elle est moine. Et qu'on ne lui dise pas — et surtout son correspondant, Philippe Neel — que c'est là folie et délire : « Oui, cela a l'air fantastique sur la carte, mais ce n'est pas bien terrible en réalité. J'ai souvent songé aux récits d'explorateurs en déambulant par les steppes et en franchissant les hauts cols dans la neige. Tout apparaît grand dans les livres, mais c'est bien simple en réalité. Marcher sur l'asphalte des boulevards ou dans les solitudes du Tibet, ce n'est toujours que mouvoir ses jambes et poser un pied devant l'autre. Les dangers ?... peuh ! N'y en a-t-il pas à traverser la place de la Concorde où croisent des autos lancées en façon de bolides [1] ?... » Évidemment, cela prendra du temps, beaucoup de temps. Philippe l'acceptera-t-il, lui qui parle d' « opium asiatique » ? Si c'est ainsi qu'il appelle « la délivrance », même incomplète, à laquelle elle est parvenue, qu'il sache qu'elle n'y renoncera pas, qu'elle ne pourrait y renoncer, même si elle le voulait ? Quand on a échappé au brasier, on ne s'y jette plus. Pourtant elle a bien l'intention de revenir auprès de son mari, elle y compte tout à fait. Il prendra sa retraite, ils iront s'établir quelque part dans les montagnes ou au bord de la Méditerranée. Elle n'y met qu'une seule condition : avoir un appartement bien à elle, où elle puisse se lever à trois heures et se coucher à neuf heures du soir sans le déranger, et faire de temps en

1. Lettre de Pékin, 31 octobre 1917.

temps des retraites complètes d'une semaine ou deux[1].

A la fin d'octobre 1917, Alexandra David-Neel est donc prête à partir. Hélas ! De délai en délai, il lui faudra attendre encore trois mois, car le koubilgan n'arrive pas à se faire payer les sommes qui lui sont dues par le gouvernement chinois. A Pékin, l'hiver est venu. La température descend au-dessous de zéro, elle va bientôt atteindre moins vingt degrés. Dans son appartement grandiose, Alexandra grelotte. Point de chauffage, sauf deux plats de terre dans lesquels on allume des boulets et que l'on transporte de pièce en pièce. Alors, avec une secrète délectation, dans sa chambre beaucoup trop vaste, Alexandra monte sa tente et s'isole du sol au moyen de ses tapis tibétains. Immobilisée, elle nomadise encore.

De ses loisirs forcés, elle profite pour écrire des articles en anglais qu'elle envoie à Londres, et aussi quelques-uns en français. L'un deux vient d'être traduit en chinois dans le Bulletin de l'université de Pékin. Et surtout elle fait plus ample connaissance du koubilgan. C'est un homme très grand, fort imposant et d'une grande distinction, intelligent et cultivé. Il est non seulement abbé d'un monastère, mais juge et administrateur chinois, ayant sous son autorité les lamas de la Secte rouge de toute la région du Kou-kou-nor. Ce haut personnage est tout disposé à faciliter le séjour d'Alexandra dans son pays, lui promet de lui fournir son bois de chauffage et de lui faire amener l'eau, là où elle décidera de se fixer ; en échange, elle lui donnera des leçons d'anglais, mais aussi, ce qui la laisse un peu perplexe, d'arithmétique, d'anatomie et d'astronomie.

Plus tard, en voyage, Alexandra s'apercevra que le lama est un parfait mécréant. Ayant été sollicité d'accomplir une cérémonie au chevet d'un mourant, il lui confiera : « Je ne crois pas que ces récitations puissent avoir un effet quelconque ; je ne crois rien de rien, ni aux autres religions ni à la nôtre... alors, à quoi bon[2]... »

Enfin, le 24 janvier 1918, Alexandra David-Neel et

1. Lettre de Pei-ling-sse, Pékin, 27 décembre 1917.
2. Lettre de Si-an-fou, capitale de la province de Shen-si, Chine, 11 avril 1918.

Yongden quittent Pékin en compagnie du tulkou escorté d'une nombreuse suite. Le train est bourré de désinfectants et il leur faudra porter des masques antiseptiques, car, dans les régions qu'ils vont traverser règne une épidémie de peste pulmonaire qui a déjà fait des milliers de victimes. En cours de route, lorsqu'elle aura quitté le train, après avoir flâné dans un marché de village, Alexandra se sent fiévreuse, elle a mal à la gorge. Est-ce la peste ? Elle relit les instructions qu'on lui a remises à Pékin : « Aucune certitude avant le quatrième jour, si le quatrième jour il y a du sang dans les crachats, c'est la peste. » Voilà, se dit-elle, il n'y a plus qu'à attendre. Elle écarte Yongden. Le lendemain, la fièvre monte, elle tousse, elle crache. Mais le quatrième jour, elle va mieux. Et elle commente : « Qu'importe, si j'avais eu la peste, j'étais tout à fait décidée à me tirer une balle dans la tête[1] ». D'ailleurs, pour elle vient de se rompre encore un des liens qui la rattachaient au monde extérieur. Trois jours avant son départ de Pékin, Alexandra a reçu la nouvelle de la mort de sa mère à Bruxelles, alors occupée par les Allemands.

Au terminus du train, les difficultés commencent. La guerre civile sévit au Shen-si que les voyageurs ont à traverser. Les voilà arrêtés à la frontière du Shen-si et du Honan, à Wen-li-chen, un misérable hameau où ils doivent s'entasser dans une grange de torchis. Ils y demeurent plus d'un mois, vivant dans les conditions les plus précaires. Un matin, en se levant, Alexandra trouve trois têtes coupées, accrochées par les cheveux au mur, en face de sa porte. Ce sont des pillards que l'on vient d'exécuter. Le lama s'impatiente, se demande un moment s'il ne va pas abandonner, descendre jusqu'à Shanghai et laisser là Alexandra. De son côté, celle-ci décide de se rendre seule à Tungchow (Tongchuan). De là, elle rejoindra le lama à Si-an, la capitale du Shen-si, lorsqu'il se remettra en route. A Tungchow, elle peut au moins bénéficier de la confortable hospitalité que lui offre un couple de missionnaires suédois, mais ils la savent bouddhiste et entendent la convertir, clamant comme des perdus que cette fois c'est vraiment la fin du monde, le règne de « la Bête ». De plus, la petite ville fortifiée est assiégée par

1. Lettre de Kum Bum, 25 juillet 1918.

les rebelles et les balles sifflent au-dessus de sa tête. Enfin, le 4 avril, un message du lama lui notifie qu'il reprend sa route vers le Kou-kou-nor. Mais celle qu'Alexandra doit emprunter pour le rejoindre est aux mains des insurgés et on ne veut pas la laisser partir. Elle réussit tout de même à convaincre les autorités, mais il est tard, et c'est à la nuit tombante que sa petite caravane atteint une rivière qu'il faut passer sur un radeau primitif, manœuvré à bras, et le gîte, c'est encore quatre murs de terre et un toit de chaume sous lequel on dort à même la terre. Enfin, après avoir rencontré une troupe de rebelles, elle retrouve le lama et son escorte à Si-an.

De Si-an au Shen-si, à Pigliang, au Kansou, neuf jours de voyage et huit jusqu'à Lanchow (Lan-chou), la capitale de la province du Kan-sou, ce qui fait dix-sept jours de voyage, à raison de douze à treize heures par jour sur une « charrette que le cocher mène bon train par des routes qui ne sont que de vastes fondrières ». Heureusement, il y a quelques distractions : battre le cocher, par exemple, quand il vous a manqué de respect, ce qui n'est, commente Alexandra, qu'une manière de se plier aux coutumes locales. « Si tu t'étais trouvé un certain matin sur la route de Si-an à Lanchou, écrit-elle à Philippe [1], tu aurais pu me voir, debout sur le devant de ma charrette, le fouet du conducteur en main, administrant à ce dernier une volée qui le faisait s'asseoir dans la poussière. C'était d'ailleurs un gaillard plus grand que toi, à puissante carrure et de force à supporter la correction. Il avait été impertinent et la leçon lui ayant prouvé que la toute petite personne qu'il voiturait n'était pas timide, il est devenu tout à fait souple, respectueux et serviable. » Une amusante photo prise par Alexandra montre la caravane traversant une ville chinoise; accroché derrière la dernière charrette, on remarque le tub de zinc, dont elle ne se séparait jamais.

Courte halte à Lanchow — dont les environs évoquent déjà pour Yongden, ravi, le Tibet —, le temps de faire visite au gouverneur chinois qui se trouve être un bouddhiste et, devant des missionnaires, belges cette fois, médusés, de bénir les croyants venus se prosterner devant la dame-lama. Puis

1. Lettre de Nienpai (Kansu), Chine, 21 juin 1918.

encore sept jours de route jusqu'à Nien-pai où, immobilisée par la confection de lettres de recommandation en trois langues que tient à lui remettre le général commandant la région, elle doit séjourner pendant près de deux semaines, qu'elle occupe à soigner les nombreux éclopés qui se présentent devant elle et lui parlent une langue qu'elle ne connaît pas.

« J'ai envie de dire : ouf ! Me voici à Kum-Bum », écrit Alexandra le 12 juillet 1918. Et, en effet, voilà six mois qu'elle est sur les routes, et quelles routes ! En elle, le tumulte s'apaise. Kum-Bum, c'est la paix retrouvée. Le silence règne sur la grande cité monastique dont les temples et les monastères s'entassent dans une étroite vallée et s'étagent sur les flancs des deux montagnes qui l'entourent. Là vivent trois mille huit cents moines et, cependant, pas un bruit. « On n'entend que le son des longues trompettes tibétaines appelant aux exercices religieux et de lointaines harmonies de musique sacrée partant de la demeure du pontife de Kum-Bum. »

Ce pontife, « seigneur et propriétaire nominal du monastère », est alors un enfant de dix ans, lequel délègue son autorité à un lama chef qui joue le rôle de régent. En ce petit garçon, qui porte le titre d'Aghia Tsang, est censé se réincarner le père de Tsong-K'a-pa, tandis que la mère de l'illustre réformateur revit en la personne d'un autre lama, lui aussi du sexe mâle, Tchangsa Tsang. Il y a d'ailleurs à Kum-Bum plusieurs autres « réincarnés », qui y possèdent chacun temples et palais, tel le tulkou Pegyay, un grand jeune homme timide de vingt-huit ans, qui a étudié à Lhassa et parle un tibétain très pur ; Alexandra s'entretient souvent avec lui, car c'est son très proche voisin ; la maisonnette qu'elle habite et qui donne sur la cour d'honneur de son temple lui appartient. Tout à côté, se trouve la résidence d'un autre tulkou, Agnai Tsiang, dont Alexandra racontera plus tard la singulière histoire [1], d'autant plus intéressante qu'elle en a été le témoin direct. Depuis sept ans que le dernier Agnai Tsiang était mort, on n'avait pu découvrir encore sa « réincarnation », ce qui faisait bien l'affaire de l'intendant

1. Dans *Mystiques et magiciens du Tibet*, pp. 131-133.

chargé d'administrer ses biens. Or, au cours d'une tournée commerciale, celui-ci entra dans une ferme ; l'enfant de la famille le vit tirer de sa poche une tabatière en jade et la lui réclama comme lui appartenant, « la face soudain changée, sévère et menaçante, n'ayant plus rien d'une physionomie enfantine ». Plein de remords, terrifié et confondu, l'intendant dut reconnaître son maître et se prosterna à ses pieds. Quelques jours plus tard, Alexandra assista à l'entrée solennelle, à Kum-Bum, de l'enfant qui, tout aussitôt, remarqua qu'on ne se dirigeait pas comme d'habitude vers la droite. Or, en son absence, l'ancienne porte avait été murée et une autre percée à gauche. Un peu plus tard, devant Alexandra, le tulkou demanda avec insistance un certain bol de porcelaine qu'il décrivit et que l'on ne trouvait point. Puis il précisa qu'il était dans tel coffre, à tel endroit. On l'y découvrit, en effet, alors qu'il avait été déposé là de longues années auparavant. Quelque sceptique qu'ait été Alexandra, elle fut bien obligée de s'incliner.

Kum-Bum est le principal monastère de la province tibétaine d'Amdo, traversée par le fleuve Jaune (Hoang-ho) qui prend sa source dans les monts Bagankara tout proches et s'en va arroser la Mongolie du Sud avant de redescendre du nord au sud, puis de traverser toute la Chine, du nord jusqu'au golfe de Petchi-li. Région de montagnes d'altitude moyenne, mais aussi de grands lacs et de marécages, l'Amdo faisait alors administrativement partie de la province chinoise du Kan-sou [1]. La population y est très mêlée, on y rencontre des Tibétains, des Mongols, des tribus autochtones, mais aussi de très nombreux musulmans chinois. Le monastère de Kum-Bum tirait son importance du fait qu'il avait été construit sur le lieu de naissance de Tsong-K'a-pa, auteur de la réforme qui engendra la création de l'ordre des Gelugs-pa (Bonnets jaunes), lequel devait dominer le Tibet jusqu'à l'actuelle occupation chinoise. En fait, Tsong-K'a-pa n'était que le surnom qui indiquait sa provenance lointaine, extrême-orientale pour les Tibétains ; il signifie : né au bord

1. C'est aujourd'hui la province chinoise de Ts'ing-hai (Quinghai), détachée du Tibet, devenu lui-même la région autonome de Si-tsang (Xizang).

de la rivière des Oignons, les oignons de ce pays étant renommés dans tout le Tibet[1]. De son vrai nom Lobzang Tagpu, le futur réformateur naquit en Amdo en 1356 ou 1357 dans la tribu des Lou Boum, dont, depuis lors, les membres étaient seuls qualifiés pour occuper les postes d'administrateurs de Kum-Bum. Ayant étudié auprès des illustres maîtres de son temps, appartenant à toutes les écoles du bouddhisme, Tsong-K'a-pa eut, au monastère de Reting, une vision d'Atisa, le grand missionnaire venu de l'Inde, qui vécut au Tibet de 1042 à sa mort en 1054. Avec l'aide de son disciple tibétain Brom-ston, Atisa réorganisa la vie religieuse tibétaine sur des bases plus austères et plus conformes aux règles du bouddhisme primitif : interdiction de boire des boissons alcoolisées, obligation du célibat pour tous les moines, et fonda la secte des Ka-dam-pa, dont le centre fut Reting, construit en 1056 par Brom-ston.

A la suite de cette vision, Tsong-K'a-pa écrivit ses deux œuvres majeures, le *Lam-in* et le *Ngag-rin*, achevées en 1043, ouvrages d'une portée philosophique et religieuse tout à fait exceptionnelle, où se trouvent résumés, avec une remarquable clarté et une grande rigueur, et le bouddhisme rationaliste et la voie mystique du tantrisme. Tsong-K'a-pa fonda en 1409, près de Lhassa, le monastère de Ganden, où il fit de nouveau observer la stricte discipline dont s'étaient peu à peu considérablement écartés les moines[2]. Ensuite, ses disciples créèrent les monastères de Drepung (1416) et de Sera (1419), puis, en 1445, étendirent leur influence à la province de Tsang, en y bâtissant Trashilhumpo, près de Shigatzé, où Alexandra se rendit en 1916. C'est sous le successeur de Tsong-K'a-pa, dGe'-dun-grub (1391-1475), que le nouvel ordre des Gelugs-pa conquit la prééminence sur les autres sectes.

Tsong-K'a-pa ne revint pas en Amdo ; cependant, lié aux événements miraculeux qui avaient entouré sa naissance, son souvenir s'y était perpétué. Peu après celle-ci, à l'endroit même où était tombé le sang, lorsqu'on avait coupé le cordon

1. Tsong-ri, la montagne des Oignons, domine Kum-Bum.
2. D'importants fragments d'une des biographies de Tsong-K'a-pa ont été publiés par A. David-Neel dans *Textes tibétains* en 1952.

ombilical, était né un arbre aromatique, le sandalier blanc, dont le bois brûlé dans les temples bouddhistes y répand un parfum exquis. Bien des années plus tard, lorsque la mère de Tsong-K'a-pa, qui ne l'avait pas revu, lui demanda de revenir en Amdo, celui-ci comprit, au cours d'une méditation, qu'un tel déplacement était inutile. Il fit parvenir à sa mère son portrait et des images de plusieurs divinités. Au moment où le messager remettait ces présents, ces images se trouvèrent imprimées sur les feuilles de l'arbre, tandis que le mantra *Aum mani padme hum* apparaissait sur les branches et l'écorce du tronc. C'est de ce miracle que le futur monastère devait tirer son nom : Kum-Bum signifie « cent mille images ».

Lors de son long séjour à Kum-Bum, Alexandra David-Neel tenta d'éclaircir le mystère de cet arbre, duquel elle avait longuement rêvé dans sa jeunesse, en lisant et en relisant les fameux *Souvenirs d'un voyage dans la Tartarie et le Tibet pendant les années 1844, 1845, 1846,* publiés en 1850. Le père Huc et son compagnon, le père Gabet, y affirment avoir vu de leurs yeux les mots *Aum mani padme hum,* inscrits sur les feuilles et le tronc de l'arbre. « Ils insistent tout particulièrement sur le fait que les lettres en voie de formation et encore faiblement distinctes apparaissaient sur les jeunes feuilles et sous l'écorce quand on en soulevait un fragment [1]. » Or, en 1917, l'arbre sacré n'était point visible, car il se trouvait enfermé dans un chörten-reliquaire. Selon ceux qu'Alexandra interrogea, la construction de ce dernier était récente, mais, d'après la chronique, il aurait été édifié au XVIe siècle. Enquête faite, Alexandra David-Neel suppose donc que ce que virent les pères Huc et Gabet étaient des rejetons de l'arbre sacré, situés l'un en face du temple, l'autre dans un jardinet, sur les feuilles desquels certains pèlerins venus de loin l'assurèrent qu'ils avaient effectivement lu *Aum mani padme hum,* alors que les moines du monastère n'y remarquèrent jamais rien. Et, en définitive, Alexandra partage leur scepticisme, tout au moins en ce qui concerne l'époque actuelle, car, en dix-huit mois de séjour à Kum-Bum, elle n'a rien vu.

1. *Mystiques et magiciens du Tibet,* p. 119.

Quelques instants avant l'aube, les conques mugissent et « déferlent longuement sur le monastère endormi ». Elles sont tenues en main par de jeunes moines qui, montés sur le toit-terrasse du hall des assemblées, y soufflent après avoir récité la formule d'hommage au Bouddha. Et, aussitôt, les lamas se rendent à l'office matinal qui a lieu dans le grand hall où pendent de longues bannières. Tout au fond, doucement éclairés par les lampes, luisent « les statues dorées de grands lamas défunts et les reliquaires d'or et d'argent », ornés de pierres précieuses, qui contiennent leurs cendres ou leurs momies ; sur les murailles veille la foule nombreuse des divinités bénignes ou terribles. Après s'être prosternés sur le seuil, les lamas gagnent rapidement leur place, déterminée par la hiérarchie et chacun s'assied, jambes croisées, sur les longs bancs très bas et recouverts de tapis, sauf les dignitaires qui siègent sur des trônes de hauteur différente, suivant leur rang. « Foule malodorante et dépenaillée parmi laquelle ressortent singulièrement les costumes somptueux, aux vestes en drap d'or, portés par les grands lamas et les manteaux ornés de pierres précieuses des chefs élus qui gouvernent la gömpa. » Alors commence la très lente psalmodie chantée d'une voix extrêmement basse, profonde et ponctuée par les clochettes, les *gyalings* (hautbois) aux sons plaintifs, les tonitruantes trompettes, les tambours et les tambourins, musique ample, profonde, qui enveloppe et envoûte, qui, dissolvant les frontières du corps, fait participer tout l'organisme à la grande vibration cosmique et le fait se fondre avec elle. L'office, qui dure très longtemps, est coupé par une collation ; le plus souvent, on sert seulement du thé tibétain, c'est-à-dire salé et beurré, mais parfois, grâce aux largesses des pèlerins, il s'.agit de véritables festins.

Après cette cérémonie du petit matin, qui n'est nullement un culte, mais consiste essentiellement dans la récitation des Écritures canoniques, a lieu, vers neuf heures, dans la plupart des monastères, la prédication donnée par l'abbé qui interprète la doctrine, en commentant un texte choisi par lui. Cette interprétation comprend deux degrés : le premier est destiné à l'ensemble de la communauté, mais le second, réservé aux disciples les plus avancés, ne commence que lorsque les autres ont quitté la place. Ensuite, ce n'est qu'à six heures du soir que la communauté est de nouveau convoquée à son de tambour. Alors se déroulent les cérémonies rituelles pour les défunts, les bienfaiteurs du monastère et tous ceux qui ont accumulé du mauvais karma. Il est à noter que jamais les célébrants ne peuvent en retirer un bénéfice personnel ; on peut « prier [1] » pour les autres, non pour soi-même.

Pratiquement ce sont là les seules obligations communautaires des lamas. En dehors de ces quelques heures, chacun est libre de disposer de son temps comme il le veut, étant bien entendu qu'il respectera l'ordre extérieur et ne constituera pas une gêne pour autrui. Chacun vit dans sa propre maison ou son propre appartement, et selon ses moyens. Les religieux trop pauvres pour être propriétaires louent des chambres chez leurs confrères plus fortunés, ou encore sont hébergés gratuitement dans les vastes demeures des lamas riches. Les plus démunis s'engagent au service d'un grand lama ou d'un des fonctionnaires élus de la gömpa. Les lettrés peuvent gagner leur vie en devenant professeurs, ceux qui ont des dons artistiques travaillent à la décoration du monastère, peignent des tankhas ou enseignent cet art difficile et assorti de règles extrêmement strictes ; certains gagnent leur vie comme chapelains auprès des familles laïques riches, ou en célébrant des cérémonies cultuelles demandées au monastère, enfin, beaucoup s'engagent dans la voie du négoce, soit au service de la communauté, soit même à leur propre compte.

Mais si, dans certaines limites, tout moine peut vaquer à ses propres affaires, il est bien évident que l'entrée dans un monastère correspond le plus souvent à une vocation religieuse, encore que, dans l'ancien Tibet, tel que le connut Alexandra David-Neel, il arrivait bien souvent que les enfants fussent destinés à l'état clérical dès l'âge de huit ans et confiés à un moine, ami ou parent. C'est ce qui explique que l'on trouvait à Kum-Bum, comme ailleurs, « une petite élite

1. Nous avons mis ce mot entre guillemets, car on ne peut assimiler « prière » bouddhiste et prière chrétienne du point de vue ni de l'Être à qui on s'adresse, ni des moyens par lesquels elle est censée opérer.

de lettrés, un grand nombre de fainéants lourdauds, d'aimables et joyeux bons vivants et de pittoresques rodomonts, plus quelques mystiques qui passent leur vie en de continuelles méditations dans les ermitages du désert ». Afin d'échapper à une « atmosphère trop imprégnée de préoccupations matérielles », ces derniers se retirent « vers des lieux plus reculés, plus difficilement accessibles et la découverte de certains ermitages comporte parfois les difficultés d'une véritable exploration », tels les différents gomchen rencontrés précédemment par Alexandra.

Quant à ceux qui, soit pour un temps, soit définitivement, résident dans un monastère et souhaitent avoir une vie religieuse personnelle, ils la mènent tout à fait privément, quoique le plus souvent sous la direction d'un maître spirituel, mais nul, en dehors de ce dernier, n'est en droit d'y intervenir ou même de s'en informer. « Nul non plus n'a le droit de demander compte à un moine lamaïste de ses opinions religieuses ou philosophiques. Il peut adhérer à n'importe quelle doctrine et même être absolument incroyant, cela ne concerne que lui-même. »

Toutefois, le bouddhisme étant un enseignement beaucoup plus qu'une religion, celui-ci joue un rôle essentiel dans ces monastères qui, suivant leur importance, font fonction soit d'écoles — les seules qui existassent alors au Tibet —, soit d'universités, ce qui était le cas de Kum-Bum. Dans des établissements différents, on y enseignait les Écritures sacrées, leur interprétation, ainsi que les règles monastiques (à l'école *bsád grva,* dite parfois *mdo* [do] du nom des sûtras), la logique et la dialectique, correspondant en Occident à la philosophie et à la métaphysique (dans l'école *rtsod grva* ou *c'os grva,* plus souvent dénommée *mt'san ñid*), la mystique — étude théorique et pratique des mantras, pratiques mystiques, rituel et magie tantriques (à l'école *sgrub grva* [gyud]). A Kum-Bum, et dans d'autres grands monastères, on enseignait encore la médecine, à l'école *men.* Enfin, des professeurs particuliers se chargeaient de transmettre des notions élémentaires de grammaire, d'arithmétique, etc. Mais, en dehors de l'enseignement diffusé dans ces écoles, le travail des étudiants était surtout personnel, consistant à apprendre par cœur d'innombrables passages des livres sacrés essentiels et, si possible, à les étudier et à les méditer. Le commencement et la fin de ces heures d'études étaient rythmés à coups de tambour.

Après l'étude de l'après-midi, de deux heures à quatre heures, il était loisible à chacun de se rendre auprès de l'examinateur des étudiants, le *skyor dpon*, afin de se soumettre à son contrôle ; après l'étude du soir, qui durait généralement de six heures à dix heures, avait lieu le coucher, mais chacun demeurait libre de terminer la journée par la méditation ou par des pratiques mystiques personnelles. Le grand tibétologue italien Giuseppe Tucci, qui a longuement fréquenté les monastères tibétains entre les voyages d'Alexandra David-Neel et l'invasion chinoise, témoigne dans ses livres [1] de l'excellence de cet enseignement : « Tout cela s'accomplissait sous l'instruction de maîtres attentifs ; une dose judicieuse de psychologie, des épreuves et des examens si intelligemment conçus, avec des rites d'une telle magnificence, que le néophyte ne voyait jamais sans angoisse approcher le moment décisif — la confirmation d'une métamorphose de l'esprit et de l'âme par l'octroi d'un rang dans la hiérarchie. Lorsque je bavardais avec ces moines, je remarquais souvent comme ils se rappelaient bien leur surexcitation en cette heure capitale de leur existence et comme ils étaient émus en retraçant les étapes de leur voyage spirituel. Une émotion pareille était la preuve d'une sincérité devant laquelle chacun doit s'incliner, car ils avaient visiblement réussi à atteindre le but le plus difficile : l'extirpation totale de l'Homme hors de l'homme, sans retour ni regret [2]. »

Ces années d'études étaient rythmées plusieurs fois par an par de curieuses joutes oratoires où les étudiants en logique et en dialectique avaient l'occasion de manifester leurs talents. Alexandra David-Neel y assista à de nombreuses reprises et, pour la première fois, presque dès son arrivée à Kum-Bum, pendant neuf jours, en juillet 1917. « Dans la vaste cour d'un temple, plusieurs centaines de jeunes moines, divisés en

1. Voir, en particulier, « Les religions du Tibet », dans G. Tucci et W. Heissig : *les Religions du Tibet et de la Mongolie*, traduction française, Payot, Paris, 1973 et *Tibet, pays des neiges*, traduction française, Albin Michel, Paris, 1969.

2. G. Tucci : *Tibet, pays des neiges*, p. 68.

groupes, s'affrontent deux par deux, en dialogues animés. Ils claquent des mains, tapent du pied, enroulent leur long chapelet autour de leur bras, en posant la question à laquelle doit répondre immédiatement l'adversaire qui bondit en lui répliquant ou en lui opposant une autre question. Ces débats passionnés auxquels assistent de nombreux spectateurs font " un bruit qui évoque le marché d'une grande ville ". »

Comme le note Alexandra dans *Mystiques et magiciens du Tibet,* « bien que, faute de trouver un autre terme dans notre langue, nous devions appeler les gömpas des " monastères ", il est difficile — si l'on excepte le célibat gardé par les religieux et le fait que les gömpas possèdent des biens indivis — de trouver le moindre point de ressemblance entre elles et les monastères chrétiens ». Et, au total, il n'était pas tellement difficile pour elle, avec la réputation qui l'avait précédée, de s'insérer dans une vie monastique aussi lâche, ou tout au moins de vivre en marge. Si, en tant que femme, elle ne pouvait participer aux cérémonies, du moins pouvait-elle les observer de loin et surtout s'unir à cette vie et modeler la sienne sur elle, en bénéficiant personnellement de la présence à Kum-Bum de grands érudits, ainsi que de maîtres spirituels. Et c'est bien ce qu'elle fit pendant dix-huit mois.

Dès son arrivée, Alexandra David-Neel s'est installée dans la petite maison très propre qu'on a mise à sa disposition, et qui est à la fois assez proche pour lui permettre de rester en contact permanent avec la vie religieuse, car elle s'ouvre sur la cour d'un temple, et convenablement isolée : il lui suffit de fermer sa porte pour se sentir tout à fait chez elle. Sa demeure est non seulement bien bâtie, mais élégamment décorée de fort belles sculptures, ainsi qu'en témoigne une photographie qui montre Alexandra assise contre la balustrade d'un vaste balcon qui tourne tout autour des trois côtés d'un petit patio, le quatrième étant occupé par une grande fresque de style chinois.

Au rez-de-chaussée se trouvent plusieurs chambres, dont la plus grande est « divisée en trois parties, celle du milieu, en face de la porte, étant flanquée de deux compartiments dont le plancher est surélevé d'environ quarante centimètres. En hiver, l'on allume du feu sous ces sortes d'estrades et l'on s'y assoit sur le plancher chaud, l'on y étend ses couvertures pour la nuit ». Cette chambre principale est décorée de fresques « représentant Tsong-K'a-pa et des déités diverses dans l'un des compartiments et, dans les autres, des scènes pittoresques de monastères perchés sur d'invraisemblables monts neigeux, au bord de lacs extraordinaires ». Mais, décide Alexandra, une telle imagerie l'empêcherait de dormir. Ce sera donc l'appartement de Yongden, tandis qu'elle occupera les pièces du premier étage qui s'ouvrent sur le grand balcon. Sa chambre est l'exacte reproduction de celle de Yongden, moins les fresques. Les parois de bois forment de vastes panneaux jaunes, encadrés de rouge vif. Aussi, pour atténuer l'effet violent des couleurs, Alexandra a-t-elle recouvert une partie des murs de nattes japonaises, ainsi que le plancher du plus grand compartiment, lequel, avec sa table très basse, le coussin sur lequel elle s'assied jambes croisées et la fenêtre, où le papier remplace les vitres, « figure assez exactement une chambre japonaise [1] ». Dans ce petit appartement dont la véranda est entourée de rideaux, Alexandra peut donc, selon l'habitude qu'elle a maintenant adoptée, faire retraite, sans voir personne ni être vue, Yongden lui portant ses repas dans une des chambres, tandis qu'elle se tient dans l'autre. Ce sont, pour elle, des « périodes de tranquillité absolue » qu'elle se ménage à intervalles réguliers — surtout lorsque les grands froids l'empêchent de sortir — et qu'elle fait durer de deux à six semaines.

Un certain jour, qui se trouve être le 11 novembre 1918, elle donne à Philippe le programme de ses journées. Ce n'est que dix jours plus tard qu'elle apprendra par des cartes, envoyées du Sikkim par les missionnaires anglais qu'elle y a connus, que l'armistice a été signé en Europe ce jour-là ; ce même 11 novembre, elle recevra une lettre de son mari datée du 27 juillet.

Un peu avant cinq heures du matin, alors qu'il fait encore nuit, résonne le son prenant des conques qui invitent à se lever. Mais Alexandra est depuis longtemps éveillée, elle en profite pour faire quelques pas à l'air vif — « oh ! je t'assure qu'il est vif », précise-t-elle — sur son balcon face au ciel encore plein d'étoiles. A six heures, on vient raviver son feu

1. Lettre de Kum-Bum, 18 juillet 1918.

et on lui apporte son thé à la tibétaine. Après sa toilette, elle lit pendant quelques heures et, à neuf heures, fait son principal repas, « un déjeuner à l'anglaise ». Ensuite, jusqu'à quatre heures, elle reprend ses travaux de traduction du tibétain, coupés par un bain à midi. A quatre heures, elle les interrompt par un bref repas : une soupe tibétaine, accompagnée parfois de quelques fruits cuits. Et, de nouveau, elle travaille jusqu'à neuf heures du soir, l'heure de son coucher. En somme, elle a travaillé pendant une douzaine d'heures. Mais elle ajoute dans sa lettre : « J'ai omis, dans l'énumération, le détail des heures de méditation quotidienne, cela ne t'intéresse pas[1]. » Mais c'est là ce que précisément il nous intéresserait de savoir. Fort heureusement, en lisant attentivement ses écrits, on peut déterminer ces moments essentiels de sa vie, ceux qui sous-tendent tout le reste. Depuis plusieurs années, suivant l'exemple des moines zen avec qui elle a vécu en Corée, Alexandra a pris l'habitude de se lever à trois heures et demie du matin. A Kum-Bum, elle médite donc sur son coussin de trois heures et demie à cinq heures ; en effet, les conques ne la réveillent pas, elles la tirent seulement de l'immobilité où elle se tenait. Très probablement, elle reprend sa méditation, selon l'usage, le soir, lorsque ses tâches sont achevées. En tout cas il est remarquable que dans aucun de ses livres ne soit mentionnée cette pratique personnelle de la méditation, sauf, indirectement, lorsqu'elle parle des exercices mystiques, mais toujours sans insister sur le fait qu'elle les a elle-même mis en œuvre. Sans doute aurait-elle jugé indiscret d'en parler. Ces moments-là lui appartenaient en propre et il n'y avait effectivement rien à en dire. Cette extrême discrétion, due à une certaine hauteur, mais à une non moins certaine modestie, a pu induire en erreur beaucoup de ses lecteurs, non seulement quant aux expériences d'Alexandra elle-même, mais aussi quant à l'importance, à la nécessité de ces pratiques.

D'ailleurs, il se peut que ce silence obstiné ait conduit certaines personnes, ou ignorantes, ou malveillantes, à concevoir des doutes sur l'authenticité d'une expérience spirituelle attestée cependant par plusieurs témoignages,

1. Lettre de Kum-Bum, 11 novembre 1918.

dont celui que nous avons cité du lama Anagarika Govinda, et plus encore par le fait qu'Alexandra n'aurait jamais pu recevoir les très hautes initiations qui lui furent conférées, ce qui apporte la certitude qu'elle a conduit jusqu'au bout un très long processus, hérissé de difficultés et d'obstacles, qu'il faut autant de persévérance que de courage, d'abnégation que d'intrépidité pour mener à son terme.

De même, ni dans ses livres ni dans ses lettres, Alexandra ne s'est expliquée sur ce qu'elle faisait exactement à Kum-Bum, comme si elle nous avait laissé le soin de le deviner. Une de ses lettres mentionne au passage qu'elle y recherchait un lama « capable de venir lire avec nous des textes un peu difficiles », mais, dans *Mystiques et magiciens du Tibet,* il n'y est même pas fait allusion, comme si elle n'était venue à Kum-Bum que par curiosité et en vue d'un reportage. Curieusement, ce n'est que tout à la fin de sa vie — elle avait alors quatre-vingt-dix ans —, dans *la Connaissance transcendante,* qu'elle considérait comme le dernier livre qu'elle écrirait, qu'Alexandra David-Neel passe outre cette règle du silence qu'elle avait cru devoir observer jusqu'alors. A Kum-Bum, pendant près de deux ans, Alexandra a étudié la *Prajnâ Pâramitâ,* le sutrâ de « la Suprême Sagesse qui permet de passer au-delà », texte essentiel du bouddhisme Mahâyâna. Sans doute, d'après ce qu'elle dit dans l'introduction à *la Connaissance transcendante,* en a-t-elle commencé l'étude sous la direction du gomchen de Lachen, mais c'est, semble-t-il, au cours de sa fréquentation de l'école zen, d'abord au Japon, puis en Corée, qu'elle en a découvert toute la portée, par le fait, entre autres, que ce texte a autant d'importance, est aussi fondamental pour le bouddhisme zen que pour les sectes tibétaines les plus intellectuellement audacieuses, telle celle des Dzogstchen-pa, de qui elle se sent si proche[1]. Fort heureusement, elle découvrit à Kum-Bum — et bien qu'elle

1. Historiquement, ce rapprochement peut s'expliquer par le fait que des maîtres du Tch'an chinois (devenu en japonais le Zen) sont venus au Tibet dès le début de la pénétration bouddhique, au VIIIe siècle. Selon les documents de Tun-huang, le septième patriarche du Tch'an y aurait même enseigné, et des textes tibétains anciens mentionnent l'étroite relation existant entre les doctrines tch'an et la secte *zDsogs c'en* (Dzogtschen). Mais Alexandra ne parle pas de ces rapprochements.

ne le dise pas, c'est probablement une des raisons pour laquelle elle y est demeurée si longtemps — un maître capable de la guider dans cet enseignement qui, loin d'être à la portée de tous les lamas, était réservé à une élite très étroite. Le nom religieux de ce moine était déjà une promesse, il s'appelait Shèsrab thar tchîn, « Celui qui est allé à l'extrémité de la Connaissance », alors que la *Prajnâ Pâramitâ* se dit en tibétain *Shèsrab kyi pharol tou tchinpa*, littéralement « Connaissance excellente parvenue au-delà de toute Connaissance ». Ainsi que le remarque Alexandra, en lui conférant ce nom, le maître spirituel de ce moine avait remarqué les dispositions exceptionnelles de son disciple. Et elle semble elle-même confirmer ce jugement. Aussi n'est-ce pas sans avoir fait passer à la dame-lama une sorte d'examen portant sur les points principaux des différentes doctrines bouddhiques que Shèsrab thar tchîn l'admet comme élève, après lui avoir demandé, non sans quelque méfiance : « La doctrine du *Shèsrab kyi pharol tou tchinpa* est du lait pour les lions. Y a-t-il des lionceaux dans votre pays ? », ce qui fit surgir dans l'esprit d'Alexandra, en guise de réponse, avec beaucoup d'à-propos, les paroles de Tsong-K'a-pa dans son traité, le *Lamrin :* « Si l'on vous demande quelle est la nature de la méditation, répondez que c'est le secret d'être capable d'abandonner toutes les pensées imaginatives avec les semences qui les engendrent. » Cela constituait une excellente définition de sa propre démarche.

Si, à Kum-Bum, Alexandra David-Neel se concentra presque exclusivement sur l'étude de ce texte, d'ailleurs gigantesque — il compte cent mille versets —, elle ne put l'y terminer et, en fait, ne cessa de le lire et de le méditer jusqu'à la fin de ses jours, partageant l'assurance des mahâyânistes qui estiment que la compréhension parfaite des enseignements contenus dans la *Prajnâ Pâramitâ* a pour résultat l'illumination qui fait d'un homme un Bouddha.

Dans la correspondance d'Alexandra David-Neel, comme d'ailleurs dans ses livres, ne subsistent guère que quelques points de repère concernant ses activités extérieures, celles dont elle peut parler ; ces annotations nous permettent cependant de reconstituer dans ses grandes lignes sa vie à Kum-Bum.

De juillet 1918 à mars 1919, elle n'en bouge guère, vivant le plus souvent en retraite et travaillant d'arrache-pied. Ses distractions sont celles qui rythment la vie du monastère. Peu après son arrivée ont lieu les festivités qui, durant deux jours (16-18 juillet 1918), célèbrent la première prédication du Bouddha, l'instant cosmique où il mit en marche la roue du Dharma dans le parc aux Gazelles à Sarnath, près de Bénarès. La grande attraction y est une sorte de drame religieux, mimé et dansé par des lamas masqués et revêtus de costumes « d'une richesse inouïe, en vieille soie chinoise brochée [1] ». Cette représentation dépasse de très loin en splendeur tout ce qu'Alexandra avait pu contempler au Sikkim et attire à Kum-Bum des milliers de gens. Les femmes s'y distinguent par d'extraordinaires tenues qu'elle n'a encore jamais vues et qu'elle trouve « franchement horribles » : « pesant harnais en cuir recouvert de drap surchargé d'ornements qui leur enserre le cou, tourne autour de la taille et descend jusqu'aux talons... chevelure divisée en nattes multiples, en d'étroits sachets sur lesquels sont appliqués d'énormes cabochons en argent, parfois en or [2] ». Au milieu de cette foule bigarrée, telle « une troupe de perroquets », Alexandra circule, en robe de lama, fort heureusement encadrée par des moines qui lui servent de gardes du corps et n'hésitent pas à lui frayer un passage à coups de gifles retentissantes, car on s'empresse autour d'elle et beaucoup se prosternent, le front dans la poussière, au passage de la dame-lama à la figure claire.

Alexandra se proposait d'aller au monastère de Lhabrang, situé environ à deux cents kilomètres au sud de Kum-Bum, car elle pensait y rencontrer des érudits susceptibles de l'aider dans ses travaux, mais une querelle des moines y a entraîné l'intervention des troupes chinoises qui en ont profité pour mettre le feu au temple et pour piller. Ailleurs, la situation est loin d'être calme : Tibétains et Chinois se

1. Lettre de Kum-Bum, datée du 12 juillet 1918, mais continuée dans les jours suivants.
2. *Idem.*

battent à la frontière du Sseu-tch'ouen et au pays de Kham (sud-est du Tibet) et, profitant de ces troubles, les brigands sévissent partout. A Kum-Bum même, les moines dorment avec une arme chargée à portée de la main et Yongden réussit, non sans peine, à obtenir d'Alexandra qu'elle en fasse autant. Les routes sont si peu sûres qu'elle ne peut pratiquement pas bouger, ce qui est fort contraire à son tempérament. Cependant, le 4 octobre 1918, elle se risque en compagnie de Yongden à entreprendre une excursion de la journée jusqu'à un ermitage situé au pied des montagnes ; la magnificence et la sérénité du site lui rappellent De-Chen Ashram et lui donnent la nostalgie de la solitude absolue.

Précédée par les premières abondantes chutes de neige du début de novembre, une nouvelle série de fêtes commence à Kum-Bum, celles qui célèbrent la descente des cieux — donc la conception — de celui qui devait devenir le Bouddha. Pour l'occasion, Alexandra a revêtu pour la première fois la grande tenue des hauts lamas Gelugs-pa (les « Bonnets jaunes ») — ordre auquel appartient le monastère —, qu'elle vient de recevoir : toge de serge grenat, chemisette de soie jaune d'or, veste de drap d'or, bonnet pointu en satin jaune broché, doublé de peau de mouton teinte en jaune et bordée de drap d'or. Sur sa toge rouge, qui laisse libre le bras droit, Alexandra arbore fièrement le châle jaune réservé aux *ri-ten-pa ;* ceux qui ont vécu plusieurs années en ermites[1].

Un tel costume l'oblige à bénir ceux qui se précipitent sur son passage et qui ne se contentent pas d'un geste lointain de la main, il faut que la main du lama ou son rosaire touche toutes ces têtes inclinées l'une après l'autre. Il arrive parfois à Alexandra d'avoir envie de rire de ce qui pourrait n'être qu'une comédie, mais, après tout, cette attitude naïve est tout à fait respectable, puisque ce que ces gens vénèrent en elle, c'est « celle qui connaît les livres saints, qui sait les lire, qui les comprend » et, en aparté, elle ajoute malicieusement : « Ils le pensent, les innocents ! » « Celle qui médite, qui, pendant des jours, reste enfermée, invisible même pour ses serviteurs, sans prononcer une parole et qui, certainement (ils n'ont pas le moindre doute à ce sujet) doit, durant ces

1. Lettre de Kum-Bum, 2 novembre 1918.

périodes, pénétrer dans un monde où la pensée du vulgaire n'a pas accès ; un monde au-delà de celui où l'on est heureux, puis malheureux, où l'on se donne du mal, où l'on naît, où l'on meurt [1] ». Ainsi, pensent ces simples, cette sainte femme peut-elle par un simple contact leur transmettre quelque chose de son énergie, de sa *virtus*.

Nouvelles fêtes à la fin de novembre : cette fois il s'agit d'une célébration particulièrement en honneur à Kum-Bum, celle de la mort — donc de l'entrée en nirvâna — de Tsong-K'a-pa. Peu après, une épidémie d'influenza — qui n'est autre que la fameuse « grippe espagnole », laquelle s'est étendue dans les années 1918-1919 au monde entier — s'abat sur le monastère. Alexandra en est quitte pour une forte fièvre qui dure seulement quelques jours. Suit une longue période de retraite qu'elle ne quitte que pour assister à la célébration du Nouvel An chinois, le 31 janvier 1918, marquée par l'exposition fort pittoresque de statues, souvent de très grande taille, en beurre malaxé avec de la farine et vivement colorées, qui brillent la nuit à la lumière des lampes. C'est là une nouvelle occasion de danses sacrées, de cérémonies religieuses et aussi le prétexte à une grande foire. Alexandra va et vient au milieu de la foule, revêtue à nouveau de son grand costume et escortée de ses indispensables gardes du corps. Nouvelles fêtes le 16 février, célébrant cette fois le commencement de l'année tibétaine. Mais la situation se détériore de plus en plus dans la région et Alexandra se demande s'il ne serait pas temps de s'éloigner avant qu'il ne soit trop tard. De plus, elle piétine dans ses études ; maintenant elle voudrait rencontrer des lamas plus érudits que ceux de Kum-Bum, dont elle a, semble-t-il, épuisé les ressources.

Dès que le temps et les événements s'y prêtent, Alexandra David-Neel part pour une expédition d'une quinzaine de jours qui la conduit à travers les montagnes jusqu'au fleuve Jaune (Hoang-ho). C'est là que réside « l'Incarné des neuf vallées », Gurong Tsang, le grand lama tulkou avec qui elle a fait le voyage de Pékin à Kum-Bum. Sa demeure est somptueuse et Alexandra y est fort bien accueillie, non par le

1. Lettre de Kum-Bum, 3 novembre 1918.

lama lui-même, car ce sybarite cynique fait de temps en temps comme les autres des périodes de retraite, mais par sa jeune femme. Au retour, Alexandra verra le lama lui-même qui donnera en son honneur un grand dîner chinois. Peu après, Gurong Tsang partira pour le Tibet, comme envoyé officieux du gouvernement de Pékin, désireux de conclure avec le dalaï-lama un arrangement pour faire cesser la guerre larvée qui règne aux frontières. Mais, spirituellement, Alexandra n'a rien à attendre de lui. Aussi rôde-t-elle de monastère en ermitage, afin d'y trouver un maître. En vain. Aucun des érudits rencontrés ne mérite sa réputation, sauf peut-être cette *naldjorna* (yogui), « fort intelligente et pas mal instruite en littérature tibétaine », qui réside à l'ermitage de Nam Dzong (forteresse du Ciel), en compagnie de son maître, devenu son mari. La *naldjorna*, avec qui Alexandra se fait photographier par Yongden[1], lui prête plusieurs manuscrits rares qu'elle fera copier à Kum-Bum, avec des traités philosophiques particulièrement précieux, puisqu'il s'agit des œuvres de Nâgârjuna, l'auteur supposé de la *Prajnâ Pâramita*, et de sûtras manuscrits, dont seule a été conservée la traduction tibétaine. On en a entrepris pour elle la copie, afin qu'elle puisse plus tard en répandre la connaissance en Occident.

A la mi-avril, Alexandra David-Neel retrouve avec joie sa maisonnette à Kum-Bum, mais elle n'y reste que deux mois. En effet, elle a décidé d'accepter l'invitation d'un haut lama qui lui a proposé de passer une partie de l'été dans sa résidence au bord du grand lac Koukou-nor, ce qui lui donnera l'occasion d'observer toutes sortes de types intéressants, appartenant à des races différentes, car, en cette année, a lieu autour du lac un grand pèlerinage qui ne se produit que tous les douze ans. Comme elle va traverser une zone particulièrement agitée, Alexandra juge prudent de donner à Philippe des instructions précises pour sa succession. Partie de Kum-Bum vers le 10 juin, elle entre le 5 juillet dans la zone des hautes steppes — le lac lui-même est situé à plus de trois mille mètres d'altitude —, peuplées exclusivement de nomades d'origine tibétaine ou mongole, et où il est très

1. Voir cette photo dans *Mystiques et magiciens*, p. 128.

difficile de trouver son chemin et plus encore de le demander, car on peut marcher des jours entiers sans rencontrer âme qui vive. Aussi Alexandra et sa troupe errent-elles dans ces immensités à la recherche du lama qu'elle n'a pas trouvé au bord du lac, où ils avaient pris rendez-vous : du fait de son retard, croyant qu'elle ne viendrait plus, le lama ne l'a pas attendue et a regagné les hauteurs avec ses troupeaux. Le 27 juillet, elle le retrouve enfin là-haut, au milieu de ses bêtes : trois cents chevaux, un millier de moutons, quelques centaines de bovins. Mais la région, coupée de marécages monotones et malsains, la déçoit, les aboiements des chiens l'empêchent de dormir. De plus, le temps est mauvais, il pleut beaucoup et, quand le soleil revient, il provoque de nouveaux orages. Au début de septembre, après avoir changé plusieurs fois de camp en accompagnant le lama, Alexandra revient avec lui au bord du lac. Là, elle attend les soldats qui doivent l'escorter sur la voie du retour.

Après ce qu'elle croyait devoir être « un voyage d'agrément », mais qui s'est révélé comme une « épreuve d'endurance », c'est avec soulagement qu'Alexandra retrouve Kum-Bum, dont elle décrète que « pour qui aime les livres » c'est véritablement un paradis[1]. En janvier 1920, elle compte y rester encore un an, afin d'y traduire les œuvres de Nâgârjuna, dont elle vient de recevoir la copie, mais aussi parce que, ne recevant plus rien de Philippe, elle est à bout de ressources. En février, avec l'aide de Yongden « encouragé par quelques taloches de temps en temps », elle commence la traduction des passages les plus intéressants. Plus elle entre dans ce texte ardu, plus il l'enthousiasme, plus il lui convient, car c'est une œuvre « passablement tranchante et d'une logique sèche et implacable de rationaliste de génie », et non du tout, comme le proclament les orientalistes, dont pas un, bien sûr, ne l'a lu, « un ramassis de fantasmagories et d'élucubrations insensées ». Puis Alexandra entreprend une première traduction complète, mais grossière, de l'ouvrage qui, dans l'édition qu'elle utilise, comporte trois volumes de neuf cents pages chacun. Lorsqu'elle quittera Kum-Bum, elle en aura traduit deux, soit quelque mille huit cents pages.

1. Lettre de Kum-Bum, 17 novembre 1919.

Mais, après avoir accompli cet énorme travail, elle se demande quel éditeur, en France, l'acceptera ; en fait, elle ne voit de possibilité de publication qu'aux États-Unis, ce qui supposerait une nouvelle traduction en anglais. Aussi, finalement, prépare-t-elle une version abrégée de l'ouvrage[1]. En marge de ce labeur qu'elle poursuit peu à peu, Alexandra trouve encore le temps d'écrire des articles destinés au *Mercure de France*, la revue à laquelle elle souhaite collaborer de nouveau.

Lorsqu'elle en aura fini avec ce travail et surtout lorsqu'elle aura reçu de Philippe les fonds lui permettant de reprendre sa route, Alexandra quittera Kum-Bum pour cette « grande tournée », dont elle ne parle dans ses lettres qu'à mots couverts, de crainte que celles-ci ne soient interceptées et lues. Pourtant, les circonstances ne sont guère favorables : Chinois et Tibétains se battent dans les zones frontières et contestées, et les Chinois se battent entre eux, entre gouverneurs de province que la faiblesse du gouvernement de Pékin a rendus à peu près indépendants, entre les gouverneurs en titre et les usurpateurs ; enfin, profitant de cet état d'anarchie, le brigandage règne ouvertement partout. Quant au Tibet, par haine des Chinois, il est tombé de plus en plus sous la coupe des Anglais, le Premier ministre tibétain leur étant même tout dévoué. Or, ce ne sont nullement les Tibétains qu'Alexandra redoute, mais bien les Britanniques, puisqu'elle a été officiellement expulsée par eux quelques années plus tôt. Enfin, pour cette raison, il ne saurait être question de retourner au Sikkim, où d'ailleurs, comme elle l'apprendra par la suite, la situation n'est guère meilleure. Alors, où aller ? Alexandra ne le dit pas et, en fait, elle ne le sait pas bien ; elle agira suivant les circonstances du moment. Toujours est-il qu'il lui faut entreprendre cette grande expédition dès maintenant et sans plus tarder, car, pense-t-elle, « l'âge la talonne, les rhumatismes se font de plus en plus méchamment sentir et une diminution de force physique

1. Elle la destine alors à entrer dans l'ouvrage qu'elle se propose d'écrire sur « le Bouddhisme philosophique et mystique d'après les sources tibétaines ». En fait, elle ne publiera que beaucoup plus tard quelques-uns des passages traduits, sous la forme d'un livre à part, *la Connaissance transcendante* (1958).

prévisible lui impose la hâte ». Quant au risque qu'elle court, elle l'accepte de bon gré : « Mourir pour mourir, je préfère que ce soit sur une route, quelque part dans la steppe, avec le beau ciel sur ma tête, et la satisfaction dernière d'avoir au moins entrepris ce que je souhaitais, que dans une chambre, tuée par le regret d'avoir manqué de courage, d'avoir renoncé à ce à quoi je tenais et d'être dans l'impossibilité absolue de jamais voir ce que j'ai voulu voir, de faire ce que je voulais faire. Cette dernière serait une mort bien torturante pour quelqu'un de ma trempe. Mais, après tout, rien n'est tragique que ce à quoi l'on prête soi-même les couleurs du drame[1]. » Aussi se prépare-t-elle longtemps à l'avance et de plus en plus activement, allant jusqu'à demander à Philippe Neel de lui « faire confectionner à Bône un lit de camp, facile à transporter. »

Cette expédition, qu'elle entend à tout prix réaliser, dût-elle partir à pied et en mendiant, elle ne peut cependant l'accomplir qu'avec l'assistance financière de son mari. Or, une fois de plus, la patience de celui-ci est à bout. Après tout, il attend sa femme partie pour quelques mois depuis bientôt neuf ans et celle-ci, reculant toujours la date de son retour, ne lui cache même pas qu'au fond elle ne souhaite nullement rentrer dans cette Europe qui lui fait horreur. En septembre 1918 déjà, elle allait jusqu'à lui écrire : « Votre guerre formidable m'apparaît comme la rencontre d'armées de fourmis se disputant la possession de vingt centimètres carrés de terrain. Qu'est-ce qu'un épisode de cette espèce dans l'histoire des mondes qui surgissent et sont détruits ?... N'était toi, le seul lien qui me reste, je ne remettrais jamais les pieds en Europe[2]. »

Sans doute s'est-elle réjouie de voir se terminer enfin cette absurdité et même, pleine de respect pour ces Français qui furent « admirables d'endurance, de sang-froid et de résolution », elle a confectionné à Kum-Bum un grand drapeau qu'elle fait flotter dans le vent, mais ce qu'elle apprend du monde qui se prépare, du monde de l'après-guerre, la décourage et la dégoûte : « Cette guerre nous a fait beaucoup

1. Lettre de Kum-Bum, 15 mars 1920.
2. Lettre de Kum-Bum, 16 septembre 1918.

de mal. Nous sommes devenus plus bêtes, plus sentimentaux, plus émotionnels et bigots — je dis bigots, je ne dis pas religieux ou mystiques. Triste spectacle[1] ! » La hausse du coût de la vie aussi l'épouvante. Comment peuvent-ils tenir là-bas ? Et, assez drôlement, elle écrit : « Est-ce que les gens ne vont pas tout nus avec des prix pareils ? Qui est-ce qui peut se payer encore le luxe d'un pantalon[2] ! » Bien sûr, en Occident, il y a lui qui l'attend, elle ne l'oublie pas, mais qu'au moins il lui accorde la possibilité d'en finir avec son travail ; après quoi, elle rentrera sagement auprès de lui et, là-bas, elle écrira et publiera les livres qu'elle prépare. Mais, peu après[3], elle ajoute qu'elle consentira à quitter l'Asie seulement avec l'espoir, si vieille quelle puisse être alors, « de s'y retrouver et d'y finir ses jours quelque part dans la steppe, avec l'espace devant elle et le grand ciel bleu sur sa tête[4] ».

Une seule chose l'inquiète et commence même à l'obséder. Si elle rentre, quel sera le sort d'Aphur Yongden ? Elle saisit toutes les occasions pour vanter à Philippe toutes ses qualités, et elles sont nombreuses : il est cuisinier, blanchisseur, tailleur et maintes autres choses, c'est un excellent secrétaire polyglotte ; de plus, il ne boit ni ne fume et respecte la chasteté conforme à son état monastique. Alexandra ajoute assez curieusement : « Il me dit parfois que je le tiens renfermé comme une femme chinoise, oubliant qu'il est un homme, mais il est le premier à en rire et se trouve très heureux ainsi[5]. » En vérité, c'est elle qui oublie, ou feint d'oublier, que le gamin de Gangtok a maintenant vingt ans. Et de cela, elle préférera jusqu'à la fin ne pas se rendre compte, exactement comme une mère, cette mère adoptive qu'elle deviendra légalement. Elle est déjà résolue à ne revenir en Occident qu'avec lui. Mais Philippe fait la sourde oreille. Et il ne comprend vraiment pas : étant donné tout ce qu'elle lui dit de son sort précaire et surtout de la situation sur place telle qu'elle la décrit, pourquoi n'en profite-t-elle

1. Lettre de Kum-Bum, 12 janvier 1919.
2. Lettre de Kum-Bum, 26 juillet 1920.
3. Lettre de Kum-Bum, 6 juillet 1920.
4. Ce vœu, elle tentera de le réaliser en repartant pour l'Asie à près de soixante-dix ans, en 1937.
5. Lettre de Kum-Bum, 30 septembre 1920.

pas pour rentrer enfin en Algérie, maintenant que la guerre est finie ! « A cela je répondrai franchement, et ne t'en offense pas je te prie, que cela équivaudrait à un arrêt de mort pour moi... Plus tard, quand j'aurai eu du Tibet tout ce que j'en souhaite, quand les traductions auxquelles je travaille seront achevées et quand j'aurai épuisé, si possible, l'enivrement, le charme magique de ce pays, il me sera possible de m'enfermer avec mes livres dans une chambre n'importe où. A l'heure actuelle, quelque raisonnement que je puisse me faire et, ce qui est plus fort que tous raisonnements, quel que soit mon désir de te revoir, désir qui s'accentue de jour en jour, je ne puis m'arracher au Tibet. Il y a là un phénomène étrange, que je ne m'explique pas. Je suis liée, clouée, il n'y a pas d'effort de volonté qui tienne ; si je m'arrache, c'est ma vie que j'arracherai. Cela peut paraître absurde, fou, mais c'est ainsi[1]. »

Elle écrivait cela en janvier 1920. Nous ignorons quelle fut la réponse de Philippe, mais, au mois de mai, Alexandra revient à la charge et précise : elle quittera Kum-Bum dès qu'elle aura reçu ce que son mari « aura estimé pouvoir lui allouer pour une période d'environ deux années ». Mais si, en octobre, elle n'a pas en main la somme suffisante, eh bien ! elle abandonnera une « lutte impossible », elle vendra tout ce qui lui reste, en remettra le produit à Yongden qu'elle renverra dans son pays. Quant à elle, c'est très simple : « Le reste n'a pas besoin d'être longuement expliqué, c'est aller se cacher dans un recoin de montagne et y mourir de faim ou se tirer une balle dans la tête, au choix[2]. » Que faire avec une femme pareille ? En fait, Philippe n'a pas attendu ces menaces. Ce qu'ignore Alexandra, lorsqu'elle lui écrit, c'est que non seulement son mari a répondu aux lettres qu'elle lui a envoyées en février et en mai — dans laquelle elle lui demandait cette allocation pour deux ans —, mais que, depuis longtemps, l'argent est en route. Ainsi, ce dialogue exaspérant et exaspéré, ce dialogue de sourds n'était que la conséquence des lenteurs de la poste. Et il faut en tenir compte, lorsqu'on lit ces lettres.

1. Lettre de Kum-Bum, 8 janvier 1920.
2. Lettre de Kum-Bum, 25 mai 1920.

Le 7 juin, l'argent est enfin parvenu à destination. Alexandra dispose de huit mille francs. Cela est suffisant pour ses besoins devenus de plus en plus modestes. En réalité, ses difficultés proviennent surtout du change fluctuant et de la nécessité où elle se trouve, dans son isolement, d'obtenir des taux pas trop défavorables, en changeant deux fois son argent — en dollars d'abord, en taels ensuite. Car elle vit avec presque rien et limite toujours plus ses dépenses. Si sa fierté l'oblige à cacher son indigence, celle-ci n'en est pas moins réelle. Yongden n'a plus aucun vêtement d'hiver et rapièce ceux qui lui restent. Alexandra vend tout et ne conserve que deux petites tentes, leurs houppelandes fourrées, indispensables sous ces climats, quelques ustensiles de cuisine et un nombre réduit de couvertures[1]. En juin 1920, lorsqu'elle reçoit les fonds, elle est prête au départ, mais elle est obligée de le remettre à plus tard. Tout d'abord, il faut qu'elle attende le second envoi d'argent promis, qui ne lui parviendra qu'à la fin de l'année, et puis, dans la région qu'elle se prépare à traverser règne une grave épidémie de choléra qui, au sud, à Tchengtou, fait deux cents victimes par jour, et, en même temps, une épidémie de typhus, à Sining, tout près de Kum-Bum ; enfin, et c'est sans doute la vraie raison de son retard, mais elle n'y insiste pas trop, car Philippe est toujours réticent lorsqu'il est question de lui, Aphur Yongden, qui vient d'avoir vingt et un ans, a décidé de se faire ordonner *gelong*[2], c'est-à-dire de recevoir la consécration majeure qui comporte deux cent cinquante-trois vœux, dont celui de célibat, mais permet d'atteindre aux plus hauts grades de la hiérarchie lamaïque. Assez bizarrement, Alexandra ne semble pas s'être attendue à cette initiative. Le gamin qu'elle avait rencontré à Gangtok venait tout juste d'être reçu *getsul*, moine subalterne, à quatorze ans. Comme il n'était entré dans un monastère et, dès l'âge minimal requis de huit ans, n'y avait été consacré que par décision de ses parents, comme il parlait de se marier et de reprendre plus

1. Lettre de Kum-Bum, 7 juin 1920.
2. *Gelong* est la traduction tibétaine du mot sanskrit *bhikshu*, qui veut dire « vertueux mendiant » et s'appliquait aux premiers disciples du Bouddha.

tard la vie laïque, Alexandra ne pensait pas qu'il pût s'agir d'une vocation sérieuse, mais, en fait, elle oubliait que, vivant avec elle, Yongden avait fait son choix en quittant le Sikkim.

Chapitre 8

Vers Lhassa

Le 5 février 1921, par une belle journée ensoleillée, Alexandra David-Neel et Yongden, accompagnés d'une petite troupe de serviteurs, quittent Kum-Bum pour le grand voyage. Alexandra n'a pas arrêté d'itinéraire fixe. Étant donné la situation très instable en Chine, en Mongolie et aux abords du Tibet, elle se dirigera au mieux des événements ; de plus, elle entend bien ne pas « suivre les grandes routes battues, mais aller visiter des coins ignorés », ce qui aura le double avantage de lui permettre de voir ce que nul Européen n'a encore vu et de voyager au moindre prix. Aussi prévient-elle son mari : qu'il ne s'attende pas à recevoir un courrier régulier et, surtout, s'il n'a pas de nouvelles, qu'en aucune circonstance il ne la fasse rechercher par la légation ou de toute autre manière — et elle souligne cette phrase dans la lettre qu'elle lui envoie avant de partir [1] —, cela « pourrait compromettre gravement sa sécurité et celle des gens à son service ». En effet, elle va vraiment pénétrer dans l'inconnu, et pour bien plus longtemps qu'elle ne pense (en fait pendant trois ans, de 1921 à 1924), jusqu'à son arrivée impromptue à Lhassa. Dès lors, il sera bien difficile de la suivre, de reconstituer son itinéraire exact, car elle ira et viendra dans une aire très vaste, mais fort peu connue, et qui fait sur les

1. Lettre de Kum-Bum, 10 novembre 1920.

cartes un grand vide. Beaucoup des jalons qu'elle donne elle-même sont trompeurs ; le plus souvent, il s'agit de bourgades qui ne figurent sur aucune carte. Fort heureusement, elle a pris la peine d'en dresser une qui figure dans le livre où elle a donné le récit de cette longue errance, *Au pays des brigands gentilshommes. Grand Tibet*[1]. Ce « grand Tibet » est la région frontière qui, à l'époque, était déjà comprise dans le territoire de la Chine, mais était peuplée par des tribus d'origine tibétaine « indépendantes de Pékin comme de Lhassa et ne reconnaissant que leurs chefs locaux ». Ces populations du sauvage pays d'Amdo, aux montagnes déboisées et aux vallées étroites, parcourues « par de claires rivières aux eaux vertes et par des torrents bondissant parmi les rocs éboulés », qui ressemble, selon elle, beaucoup plus au Sikkim septentrional qu'à la Chine, sont bien tibétaines, sans doute, mais elles sont appelées par les Tibétains tribus « des extrémités », ce qui a le sens de « non-civilisés, sauvages ». « De fait, précise Alexandra[2], nus dans leurs peaux de mouton crasseuses, hommes et femmes ont beaucoup du sauvage quand on les examine de près. De loin, l'effet est différent. La crasse sur la peau du vêtement lui donne une chaude patine bronzée qui joue le velours. Sur leur houppelande, qu'elles portent très longues, rasant la terre, les femmes cousent des ornements de coton de couleur vive : rouge, vert, bleu cru et suspendent des écharpes de même couleur à la ceinture. Toutes portent des chapeaux, les uns pointus, les autres ronds en forme de bourrelet, de fourrure de renard, parfois simplement d'agneau. A les voir ainsi occupées dans les champs, on a l'impression d'une étrange réunion de châtelaines du Moyen Âge attelées à des charrues primitives ou défonçant la terre pour les semailles. Les maris des belles dames travaillent aussi, mais en moins grand nombre. Une partie d'entre eux bat le pays en quête de voyageurs à détrousser, tandis que l'épouse veille sur la propriété familiale. » Mais, pour ne pas être dévalisée au passage, Alexandra possède un talisman, l'habit monastique lamaïque, qu'elle a pris l'habitude de porter constamment à Kum-Bum

1. Ouvrage publié aux éditions Plon en 1933.
2. Lettre de Lhabrang, 30 mars 1921.

et qu'elle conservera pendant tout son voyage. Yongden et ses serviteurs la donneront pour une dame-lama, une *khandoma* et laisseront entendre qu'elle possède les « pouvoirs », ce qui la fera respecter, mais lui vaudra un certain nombre d'obligations : bénir, pratiquer des exorcismes, guérir les malades, ce dont elle se serait bien passée. Yongden, qui « cultivait une bonne dose de scepticisme quant à l'importance des formes extérieures », se moquait de ses scrupules : « Bah ! soufflez donc sur le dos de ce rhumatisant ou dans l'oreille de ce sourd. Ils ne s'en porteront pas plus mal et vous leur ferez grand plaisir. Puis ne pouvez-vous pas, vous qui êtes initiée aux pratiques de la concentration de pensée, émettre une force bienfaisante que votre souffle, l'eau ou les pilules consacrées par vous communiqueront à ces pauvres gens ? Il faut en avoir compassion et les traiter à leur manière. C'est ainsi que font les doctes lamas et les saints anachorètes. »

Sans doute le raisonnement du jeune homme était-il intéressé : il leur fallait jouer leur rôle de lamas, s'ils ne voulaient pas devenir suspects ; cependant, à l'épreuve, Alexandra devait se rendre compte qu'effectivement elle pouvait ainsi rendre service à autrui et qu'en définitive elle possédait peut-être bien, après tout, ces pouvoirs. C'est ainsi qu'un jour une femme, qui avait assisté de loin aux cérémonies qu'Alexandra avait célébrées dans un village, vint la trouver et lui demanda, avec force larmes et supplications, de découvrir ce qu'était devenu son père, mort la semaine précédente : aurait-il une renaissance heureuse ? Le chagrin de la femme était si touchant qu'Alexandra n'eut pas le cœur de la renvoyer : « Revenez dans une demi-heure, lui dit-elle. Qu'on me laisse seule, j'essaierai de “ voir ”, en méditation, quel est le sort de votre père. »

Elle fit donc comme elle avait dit, « laissant agir le hasard » ou ce que, faute d'en mieux connaître la source, nous dénommons « hasard ». Assise en posture de méditation, les yeux mi-clos, écartant toute idée, faisant le vide dans son esprit, elle parvint à l'état où l'on perd toute conscience de son entourage. « Une image subjective surgit alors spontanément : celle d'une maison de commerce chinoise. Je distinguais les employés empressés auprès des clients et les marchandises rangées dans le magasin. Ils donnaient l'idée qu'on se trouvait chez un commerçant très aisé. Je vis le patron vêtu de soie noire, grand et tout souriant et je *sus* — sans qu'on me l'ait dit, comme il arrive dans les rêves — que tout récemment, il était devenu père d'un garçon. Puis l'image s'évanouit et, graduellement, je repris ma conscience normale.

» Pourquoi avais-je vu une boutique chinoise ? Il aurait, semble-t-il, été plus naturel que je visse des images de la vie tibétaine dans laquelle j'étais depuis longtemps immergée. Je ne discutai pas ce point, cela aurait été inutile.

» Quelle qu'ait pu être la cause de ma vision, elle me fournissait une réponse que je pouvais donner sans avoir le remords d'avoir répondu par une plaisanterie à une requête respectable.

» Le procédé que j'avais employé est en usage parmi les mystiques tibétains. Tout lama y étant initié s'en fût servi pour répondre à la fille affligée. Je ne me sentais coupable d'aucune supercherie.

» “ Votre père, dis-je à la villageoise, ne s'est pas attardé dans le bardo[1]. Il a déjà repris naissance dans notre monde. Ce n'est point au Tibet qu'il est né, mais en Chine. Il est le fils d'un riche marchand dont j'ai vu la maison. Je ne puis pas vous dire en quelle ville elle est située, mais ce doit être dans le nord de la Chine, car les hommes qui me sont apparus étaient grands comme ceux du Kansou.

» Ne pleurez plus, votre père vivra dans l'aisance et dans un pays où la religion du Bouddha existe. Il pourra l'y entendre prêcher et la pratiquer. ”

» La femme pleurait encore, mais beaucoup moins amèrement. Elle ne s'affligeait plus que de son propre malheur. Quant au défunt, elle était rassurée sur son sort. Son amour filial se réjouissait de ce que la nouvelle naissance de son père l'eût conduit dans un milieu heureux[2]. »

Si donc Alexandra David-Neel a choisi l'itinéraire le plus

1. Littéralement, l'état « entre deux », c'est-à-dire entre la mort et la naissance, l'état dans lequel la conscience du défunt demeure jusqu'à sa renaissance dans un monde ou dans un autre.

2. *Au pays des brigands gentilshommes*, pp. 74-75.

long pour tenter de rejoindre Lhassa, en passant par ces montagnes sauvages qui contournent le nord-est du Tibet au lieu de couper par les solitudes herbeuses des plateaux septentrionaux, ce n'est pas seulement parce qu'elle risque beaucoup moins d'être répérée, mais aussi parce qu'elle veut poursuivre son enquête sur les aspects les plus primitifs des croyances tibétaines et, en particulier, sur ces bönpos qui appartiennent à une tradition plus ou moins chamanique, antérieure à l'introduction du bouddhisme et sur lesquels on ne savait pratiquement rien. Elle en rencontrera et saura gagner leur confiance ; aussi trouvera-t-on, dans *Au pays des brigands gentilshommes*, maintes informations inédites sur ce sujet. Faisant allusion à cette enquête, Alexandra y dira : « Je recueillais les manifestations de la pensée humaine, essayant de pénétrer le mystère du monde et de calmer son effroi devant la souffrance et la mort. Philosophies, religions élevées ou puériles, audaces des magiciens, roueries des sorciers, extases des mystiques, tel était mon champ de recherches que je fouillais avec assiduité et patience, glanant, çà et là, les faits que je collectionnais. L'on peut me croire, même au cours des nombreux jours où " il n'arrivait rien ", je n'étais poins désœuvrée [1]. » Cependant, au départ, elle n'a plus l'enthousiasme qui avait guidé ses premiers voyages en Asie et lui avait permis de triompher des obstacles si aisément. Cette chance qui l'a accompagnée pendant si longtemps, on dirait, croit-elle, qu'elle l'a quittée. Elle qui a horreur de montrer ses faiblesses, même et sans doute surtout à Philippe, ne peut s'empêcher de lui avouer : « Les choses semblent étrangement se dérober autour de moi et sous mes pieds. » Elle sait que ce ne sont pas les circonstances extérieures qu'il faut seules accuser, elle sait que de cette situation elle est, elle-même, en grande partie, responsable. Sans doute est-ce là l'effet du vieillissement, des fatigues accumulées, d'une certaine lassitude qui suit la satiété, mais elle en arrive à se demander s'il n'y a pas aussi autre chose : « Cette espèce de gouffre qui paraît s'élargir et vouloir m'engloutir est-il, comme le croirait un mystique oriental, l'indication qu'il est bien décidément temps pour moi de quitter ce monde que j'ai disséqué, par mes

1. *Au pays des brigands gentilshommes*, p. 93.

réflexions, dont j'ai peut-être, avec trop de dilettantisme et pas assez de sérieuses convictions, sapé les bases au cours de mes méditations, durant ces dernières années vécues sous la robe orange des sannyâsins hindous, simulacre de détachement et de renonciation dans lequel entrait peut-être trop de sensualité spirituelle et intellectuelle qui réduisait les vœux prononcés aux dimensions d'un jeu, d'un sport plus subtils que ceux auxquels s'amuse le commun des hommes. Dans l'Inde, l'idée quelque peu superstitieuse... fondée peut-être... qui sait ? qu'il ne faut pas jouer avec la robe des ascètes et avec “ cela ” dont elle est le symbole matériel, règne souveraine. Le joueur, dit-on, est pris par la contagion occulte d'une tradition millénaire, entraîné par la force des pensées concentrées des milliers d'hommes qui ont adopté sannyâsa, la route qui mène hors du monde, hors de l'existence. On peut croire ce que l'on veut de ces idées. Il y a peut-être une façon aussi scientifique d'expliquer la contagion mentale, la puissance de l'énergie des pensées accumulées pendant des siècles, transfusant une vie à un nom, à un symbole, que d'expliquer la contagion des maladies, l'hérédité, l'influence des couleurs, des sons, de variations atmosphériques sur les dispositions mentales des individus [1]. »

Un tel aveu, un doute aussi profond peuvent surprendre, car on a l'impression constante, en suivant son périple, d'une certitude absolue, presque olympienne parfois, d'une maîtrise complète, sans faille d'elle-même, qui d'ailleurs impressionnait si fort les Asiatiques qu'elle rencontrait, et parfois on en est à souhaiter qu'elle ait quelque faiblesse, tant cette hauteur, ce contrôle semblent en fait quelque peu inhumains. Mais de quoi au fond s'accuse-t-elle, sinon d'avoir un peu fait semblant ; cette dame-lama, que tous croient qu'elle est, lui apparaît un peu comme un personnage de comédie, une comédie assurément nécessaire, mais cela n'empêche pas des risques de retombées. Cela ne serait peut-être pas si grave, puisqu'il s'agit d'un comportement extérieur imposé par les circonstances, mais il y a aussi autre chose à quoi elle fait discrètement allusion dans le passage que nous venons de citer. Elle a conscience que, bien plus profondément, elle a

1. Lettre de Kum-Bum, 18 septembre 1920.

trompé son monde. Même le gomchen de Lachen. Elle a fait semblant d'être le disciple en face du maître, cela afin d'obtenir les enseignements secrets que l'on ne communique qu'oralement à des initiés, mais, au fond, elle est restée une « reporter orientaliste », ainsi qu'elle se définira plus tard dans ses livres. Ses desseins n'étaient ni tout à fait purs ni tout à fait désintéressés, car elle pensait bien en tirer un certain profit d'une manière ou d'une autre. Élève, elle l'a été, avec autant d'ardeur que de conviction, mais non disciple, au sens que ce mot prend en Orient. Au fond, elle est restée une Occidentale, raisonneuse, toujours prête à la critique, n'acceptant que ce qui lui convient, mais écartant tout le reste. Elle a considéré le gomchen de Lachen lui-même comme un spécialiste enseignant sa spécialité, plutôt que comme ce qu'il était et aurait dû être pour elle, un maître. D'ailleurs il n'a pas été dupe, il lui a laissé entendre qu'elle n'était pas tellement différente des autres. Un jour, en souriant, il lui a même dit : « Mem Sahib[1] a eu l'esprit malade ces jours-ci », et il a ajouté : « Vous devriez aller en face à la mission, avec les *ladies*, elles croient aussi que Kuntcho (Dieu) veut que tout le monde soit pareil[2]. » Et déjà un de ceux qu'elle considérait comme un maître, Satchitânanda, à Bénarès en 1912, avait mis le doigt sur ses réticences, sur ses résistances et, brusquement, brutalement, avait rompu avec elle.

Tout ce fond un peu boueux est remonté en elle au cours de la très longue période de méditation et de retraite de Kum-Bum, qui fut en fait la seule véritable halte à la suite de la vie trépidante qu'elle avait menée depuis qu'elle avait quitté Lachen deux ans auparavant. Au contact de la *Prajnâ Pâramita*, ce texte abrupt, impitoyable qu'elle a étudié et sur lequel elle a médité pendant des mois, s'est opéré en elle un mûrissement des semences qui avaient été jetées par le gomchen, et celui-ci a engendré une de ces crises, où tout est remis en question, à commencer par soi-même, mais qui ne sont finalement que des étapes sur la voie spirituelle. Bien

1. A peu près l'équivalent de « madame ». On appelait *Sahib* (Maître) tous les Européens en Inde.
2. Lettre de Lachen Gömpa, le 18 janvier 1915.

certainement, Alexandra s'est alors rendu compte qu'à son insu elle s'était trop engagée pour pouvoir reculer, pour ne pas être obligée de s'engager davantage, mais cette fois, volontairement. Tout ce qui lui est arrivé, elle l'a pris, elle le reconnaît, « avec trop de dilettantisme et pas assez de sérieuses convictions », mais, malgré tout, les initiations reçues ont opéré, au-dedans, en secret, selon un processus mystérieux qui la surprend, mais qu'elle est bien obligée de constater. Sur l'instant, comme il arrive souvent, elle ne comprend pas encore la leçon, elle a tout simplement l'impression que maintenant il va lui falloir payer. Et elle en tire la conviction qu'il faut qu'elle rentre.

Seulement, rentrer ce serait renoncer. Et cela, elle ne le peut pas. Elle a pris de plus en plus en dégoût cet Occident, aujourd'hui si loin d'elle et qu'elle juge de si haut. Les brigands qu'ici elle rencontre sont à leur façon des gentilshommes, tandis qu'en Europe triomphent les profiteurs de la guerre. Elle vient de lire dans un journal qu' « un certain Thévenot a amassé cent cinquante millions pendant la guerre à fournir des manches de bois pour des grenades explosives. Cet homme habile avait déclaré six millions seulement de gain aux agents taxant les profits de guerre et c'est pour ce fait qu'il doit paraître devant la justice. Moi, je trouve cela tout simplement renversant. On mobilise des hommes qu'on envoie, bon gré mal gré, courir le risque de se faire tuer, presque personne ne présente d'objection, cela s'appelle " le devoir envers la patrie ". Bon. Mais pourquoi ne mobiliserait-on pas aussi les gens qui fabriquent des objets nécessaires aux munitions ? Ils n'amassaient aucun profit les poilus dans les tranchées, pourquoi le fabriquant de quoi que ce soit utile à la défense du pays en amassait-il ? Mais quoi, l'imbécillité des masses appelle infailliblement la canaillerie des coquins habiles [1] ». Non, vraiment, ce monde-là n'est pas fait pour elle, et de moins en moins. Rentrer, ce ne pourrait être que pour trouver « un ermitage bien haut perché, la porte close, pas de visiteurs importuns, pas de journaux apportant les échos de la folie qui s'agite au-dessous, dans la vallée [2] ». Et

1. Lettre de Kum-Bum, 18 septembre 1920.
2. *Idem.*

d'ailleurs elle ne rentrerait que pour repartir, car, décidément, elle entend finir ses jours en Asie. Alors, en somme, rien ne presse. Et il lui faut d'abord accomplir « ce voyage qui lui tient tant à cœur que ce serait folie, en ayant la réalisation relativement facile, d'y renoncer pour traîner, le restant de ses jours, la mélancolie déprimante de regrets trop pesants [1] ». Tout cela lui semble bien raisonné et raisonnable, cependant elle ne peut cacher qu'au fond d'elle-même elle ne part pas sans une certaine appréhension.

Dès qu'elle quitte Kum-Bum, Alexandra est obligée de se rendre compte que son angoisse n'était que trop justifiée. En effet, à son arrivée à Sinin, sa première étape, elle s'aperçoit que le chef de la mission protestante dans cette ville, qu'elle avait chargé de négocier les chèques envoyés par Philippe Neel, a dilapidé les sommes qu'il devait lui remettre et qui représentent pour elle la dépense d'une année. Sans doute, elle obtiendra par la suite un dédommagement, mais que de soucis, de temps et d'argent perdus [2] !

Un mois plus tard, après avoir séjourné à Lanchow, elle ne se trouve qu'à Ho-jo (Hochow), « au cœur du pays musulman » du Kan-sou, c'est-à-dire à seulement deux cents kilomètres de Kum-Bum. Elle note : « Mon voyage, s'il devait se continuer à la vitesse actuelle, battrait, sans nul doute, le record de lenteur des pérégrinations méditerranéennes d'Ulysse [3]. » Aphur est tombé malade et la petite troupe a traversé une région infestée de brigands. Les hommes s'arment et elle part devant à pied, comme « une pauvre vieille qui chemine et ne tente pas les larrons ». Notons que c'est déjà là le personnage qu'elle jouera, lorsque, deux ans et demi plus tard, elle décidera de gagner Lhassa. Un peu déprimée, elle écrit : « Mon voyage m'intéresse, mais j'ai déjà tant vu de pays que, forcément, je suis un peu blasée [4]. »

Le 31 mars 1921, elle atteint Lhabrang, dont l'université

1. Lettre de Kum-Bum, 18 septembre 1920.
2. Lettre du 24 février 1921.
3. Lettre de Ho-jo, 24 mars 1921.
4. *Idem.*

monastique, quant à l'érudition de ses professeurs, peut rivaliser avec les grands monastères de Lhassa et où elle avait compté séjourner quelques mois auparavant ; mais elle n'y demeure que quelques jours, vite fatiguée par tous ces gens qui viennent lui demander sa bénédiction. En effet, très bien accueillie par les lamas et comblée de cadeaux, Alexandra est obligée de jouer son rôle : assise en lotus, sur l'estrade servant de lit, elle reçoit jusqu'à la nuit les fidèles qui défilent devant elle, sollicitant ses bénédictions, elle leur distribue des rubans consacrés ainsi que des remèdes. Quelques jours plus tard, on lui demandera à l'étape d'exorciser une demeure, et elle commente : « On se fait à tout. J'arrive à officier avec autant de gravité qu'un archevêque, mais ces exercices me peinent. »

Elle se remet en chemin au plus vite, car, dès qu'elle s'arrête, les rhumatismes se font sentir et sa vieille neurasthénie l'assaille, tandis que, lorsqu'elle chevauche ou lorsqu'elle marche, « cela va à peu près ». Cependant, le chemin est dur, sinue sur des pentes abruptes, redescend au milieu des éboulis, forme une étroite corniche à pic, au-dessus de la rivière bouillonnante, qu'il faudra passer tout à l'heure sur un pont improvisé — quelques arbres abattus sur lesquels sont disposées des planches branlantes. Aux haltes, on ne trouve rien à acheter, force est de se contenter de farine trempée dans le thé, qu'agrémente parfois de la viande de mouton séchée au soleil. Bien que végétarienne, Alexandra en mange sans déplaisir, comme ses porteurs, mais cela lui donne aussitôt une sorte d'urticaire. Quant au gîte, il faut se contenter de ce que l'on trouve dans les villages, ou dresser les tentes.

Fort opportunément, quelques incidents drolatiques viennent rompre de temps en temps la monotonie du parcours. Pour s'égayer, Yongden met à profit la naïveté des villageois impressionnés par ces deux lamas mâle et femelle, obligés d'entrer dans leur rôle, et non seulement de bénir, mais de soigner et même de prédire l'avenir. Tantôt Yongden leur raconte que la dame-lama a cent ans, ce qui lui vaut beaucoup de prosternations, mais aussi quelques offrandes ; tantôt il provoque une crainte admirative en maniant une lampe électrique, qui les fait passer pour de redoutables magiciens.

Quant à Alexandra, elle entend bien qu'on ne lui manque pas de respect. Un jour, en mai 1921, partis devant, Yongden et l'un des guides décident de dresser les tentes sur un emplacement vide près d'un village. Quand Alexandra arrive à son tour, elle s'y rend et constate avec déplaisir qu'il s'agit de l'endroit où les gens vont faire leurs besoins. La colère la prend et, dressée sur ses étriers, elle maudit solennellement le village : « Puisque vous avez envoyé une *khandoma* dans un endroit impur, les démons vous visiteront et, dans votre prochaine vie, vous mangerez de la m... » Sur ce, elle esquisse quelques gestes, crache trois fois dans la direction du village et s'en va, en déclarant : « Je passerai la nuit en plein air et comme signe, vous allez voir que la pluie va cesser pour que je dorme confortablement. Les sauvageons sont muets, pétrifiés. Une heure après, le ciel est plein d'étoiles, nos tentes sont dressées parmi les champs. » Des hommes arrivent, afin de s'expliquer, mais elle ne leur laisse même pas le temps d'ouvrir la bouche. Le lendemain, il se révèle qu'en fait il s'agissait d'une méprise. Ce ne sont pas les villageois qui ont envoyé la *khandoma* en cet endroit impur, mais bien Yongden qui a choisi cet emplacement. Qu'importe, on ne rattrape pas une malédiction, une fois lancée. Si Yongden reste un peu sceptique quant à ses effets, les hommes de l'escorte sont attristés : voilà des malheureux condamnés à se vautrer dans l'ordure comme des porcs au cours de leur prochaine vie[1].

Ensuite, entre juin et septembre 1921, l'itinéraire de l'expédition devient extrêmement difficile à suivre. Tantôt il descend nettement vers le sud-est, dans la province chinoise du Sseu-tch'ouen, tantôt il s'oriente tout à fait à l'ouest et remonte vers le nord. En fait, Alexandra se dirige comme elle peut dans un pays très montagneux, aux pentes abruptes qu'il faut gravir, puis redescendre, pour en trouver une nouvelle. Car les chaînes sont orientées nord-sud et Alexandra va d'est en ouest. Il n'y a pas seulement les rivières à traverser dans les conditions que nous avons vues, il y a aussi à franchir les cols enneigés dont certains culminent à quatre mille cinq cents mètres. Et puis il y a les mules qu'on ne trouve que

1. Lettre de Sungpan, 15 mai 1921.

de loin en loin et qu'il faut engager avec leurs muletiers jusqu'à une prochaine étape, où il faudra en louer de nouvelles. Enfin, il est nécessaire, car tous ses compagnons s'épuisent à la suivre, de leur ménager des temps de repos et, pour cela, de trouver un gîte où s'installer pas trop inconfortablement. Ces haltes, Alexandra les choisira de préférence auprès des missions catholiques françaises qui, de loin en loin, parsèment ce pays. Ainsi, à Shinkaïtze, nom tibétain de la sous-préfecture chinoise de Mow-kong-ting, pendant douze jours, en juillet 1921, elle sera l'hôte d'un prêtre vendéen, l'abbé Charrier, ce qui lui permettra de se remettre de ses fatigues dans un certain confort et un cadre rassurant. D'ailleurs, elle est toujours bien accueillie par ces missionnaires, heureux de profiter de la présence d'une compatriote et s'efforçant de lui rendre service. A Taou, en août, nouvelle halte, auprès de l'abbé Davenac, natif du Puy, qui s'étonne qu'elle refuse le vin (elle n'en boit jamais) et les poulets (qu'elle ne veut pas tuer) qu'il lui offre. Un peu plus tard, le 14 août, de Tchaou, Alexandra écrit à son mari que, cette fois, c'est vraiment la dernière lettre qu'elle lui envoie, qu'il n'en aura plus d'autres, « d'ici un an, dix-huit mois ou plus [1] ».

Philippe en recevra une pourtant, un mois plus tard, datée de Jakyendo, situé à l'extrême sud de la province du Koukou-nor, presque à la frontière du Si-kang. L'explication, c'est qu'Alexandra est arrivée là où elle n'avait nullement pensé aller et d'où elle ne sait comment se tirer. Au moment où elle parvenait à la nouvelle frontière, à partir de laquelle commencent les territoires récemment reconquis par les Tibétains, elle a été très poliment arrêtée à Kantzé. De là, elle voulait se rendre à Bhatang, ville demeurée entre les mains des Chinois, afin d'y consulter le médecin américain qui était à la tête de l'hôpital tenu par des missionnaires protestants, car son urticaire n'en finissait pas, ni l'entérocolite qui l'accompagnait. Mais, pour cela, il lui fallait traverser la zone contrôlée par les Tibétains et qui était devenue interdite aux étrangers. Enfin, à force de palabres, elle obtient un laissez-passer. Pourtant, les Tibétains ne recon-

1. Lettre de Tchaou, 14 août 1921.

naissent nullement la validité de ce document émanant des autorités chinoises ; ce qu'ils veulent, c'est un papier du vice-consul britannique de Tatchienlou, où Alexandra n'est pas passée. Enfin, ils cèdent et la petite troupe poursuit son chemin jusqu'au fonctionnaire suivant qui, lui, demeure inflexible. On veut la faire retourner sur ses pas, ce qu'évidemment elle refuse. Alors, on la suit, on lui impose une escorte, sous prétexte de l'aider et, lorsque parvenue sur la route de Lhassa elle décide de la prendre, se déroule une scène tragi-comique où les adversaires s'affrontent. « Tuez-nous, s'exclament ses deux gardes, nos chefs vont nous faire couper la tête. » A quoi Alexandra, se mettant au diapason, réplique : « Tirez-moi dans le dos, pendant que je m'en vais. » Tout le monde glapit, mais le cercle autour d'elle se referme. Alors, à coups de gourdin, elle se fraie un chemin et se dirige noblement vers sa tente, en lançant : « Qu'on m'apporte mon revolver. Je vais me tuer et le crime de m'avoir assassinée retombera sur vous. Vous en verrez les conséquences. »

Devant tant de résolution, on est bien obligé de céder. Puisqu'on ne veut pas qu'elle aille à Bhatang et que, de là, elle gagne le Yun-nan, au climat tempéré, où elle pourrait passer l'hiver — mais dans le sud, elle vient de l'éprouver, la situation est décidément trop embrouillée —, elle remontera vers le nord, à Jakyendo. Là, au moins, elle se retrouvera dans la province du Koukou-nor et pourra, s'il lui plaît, gagner le Kansou chinois ou même — pourquoi pas ? — le Turkestan et la Mongolie[1].

Mais, une fois parvenue à Jakyendo, vilaine bourgade, fort sale et dépourvue de pittoresque, où les autorités lui ont procuré un logement, Alexandra décide qu'il est plus prudent d'y hiverner. Traverser le Koukou-nor, en campant dans une région où le thermomètre descend jusqu'à moins vingt degrés, lui semble tout de même risqué. Quant à l'autre alternative, aller jusqu'à Lhassa, à un bon mois de marche de

1. Nous nous contentons de résumer ici la succession d'événements décrits avec un pittoresque inimitable dans la lettre datée de Jakyendo, 17 septembre 1921, une des plus longues qu'Alexandra ait envoyées à son mari.

Jakyendo, il vaut mieux pour le moment n'y pas penser, car ce serait reprendre contact avec les autorités tibétaines alertées.

La voici donc immobilisée. Pas tout à fait cependant. Au début de novembre, elle réussit à tromper la surveillance qu'on exerce sur elle et décide de traverser les steppes, à pied, avec sa petite troupe, presque sans provisions, les mules portant seulement leur propre nourriture. Mais, au bout d'une dizaine de jours, il faut passer des cols où la neige monte jusqu'à la ceinture. Un cheval a une patte gelée et le nez d'Alexandra subit une mésaventure du même genre. Finalement, elle est obligée de rebrousser chemin. Que va-t-elle pouvoir faire maintenant ? Va-t-elle se résigner à attendre les beaux jours ? Alexandra ne se résigne jamais. Elle repart, alors que l'hiver n'est pas encore fini, et marche pendant quarante-quatre jours, avec un seul de ses domestiques, « franchit une douzaine de cols avec de la neige par-dessus les genoux, couche, par le gel, dans des anfractuosités de rochers, comme une femme préhistorique, manquant de nourriture, à peu près nu-pieds... ». Mais, Yongden s'est fait prendre et il a bien fallu rebrousser chemin. Alexandra n'est même pas déçue : le récit de cette expédition ne manquera pas de saveur, quand elle le publiera [1]. Pendant tout ce temps d'errances qui pourraient sembler vaines, Alexandra approfondit sa connaissance du pays, en vivant en contact étroit avec ces gens mi-pasteurs, mi-brigands qui souvent l'exaspèrent, mais dont elle ne peut se passer, ne voyant dans l'humanité entière rien qui leur soit comparable.

Avait-elle alors l'intention de pousser jusqu'à Lhassa ? Elle n'avait encore rien arrêté de précis, dit-elle [2]. Son projet était tout d'abord de visiter les vallées de Tsarong et de Tsawarong, où la température reste clémente, même en hiver. Ensuite, elle aviserait. Mais, puisqu'on lui en interdit l'accès, elle est dorénavant tout à fait décidée : c'est à Lhassa qu'elle se rendra. Elle en fait le serment en face du poste frontière où on l'a reconduite. Commentant cet épisode, dans le *Voyage d'une Parisienne*, Alexandra ajoute fièrement : « J'ai pour

1. Elle le fera en effet, dans *Au pays des brigands gentilshommes*.
2. Dans *Voyage d'une Parisienne à Lhassa*.

principe de ne jamais accepter une défaite, de quelque nature qu'elle puisse être et qui que ce soit qui me l'inflige. C'est même alors que l'idée d'aller à Lhassa, restée un peu vague jusqu'à ce moment, devint, chez moi, une décision fermement arrêtée. Aucune revanche ne pouvait surpasser celle-là ; je la voulais et à n'importe quel prix je l'aurais. » En fait, c'est à ces Anglais qui ont eu l'impudence de l'expulser qu'Alexandra entend administrer une leçon. Or, curieusement, c'est un général britannique qui lui indiquera les moyens de prendre sa revanche. Elle le rencontre à point nommé, au moment où on la ramène de force à Jakyendo. Sir George Pereira vient justement d'y arriver. Il connaît admirablement la région pour l'avoir longuement parcourue, en faisant des relevés de terrain qui lui ont permis d'établir des cartes beaucoup plus précises que toutes celles qui existaient auparavant. Les deux voyageurs sympathisent aussitôt et Pereira va jusqu'à mettre à la disposition d'Alexandra David-Neel ses cartes d'état-major et ses notes. Elle y puise nombre de renseignements précieux. De plus, Pereira attire son attention sur une piste complètement inconnue des voyageurs européens et qui permet de gagner Lhassa par les montagnes sauvages du pays des Po-pas. Or ce mystérieux Po-yul, dont on ne savait rien, sinon que ses habitants étaient peut-être des cannibales, l'intriguait ; elle en avait parlé longuement avec Yongden à Kum-Bum. Le mot du général Pereira : « Personne jamais n'est passé par là » la galvanise. Elle, elle y passerait. Ainsi, quand on la croyait assagie, s'esquissait ce voyage à Lhassa qu'elle ne pourra accomplir que trois ans plus tard.

Désormais, l'image de Lhassa, de son potala aux toits d'or, de la cité interdite, que nul voyageur, depuis les pères Huc et Gabet en 1846, n'a pu atteindre, la hante comme une sorte de mirage. Cet inaccessible, elle fait le vœu de l'atteindre. Pour elle, c'est évidemment et principalement un symbole, la manifestation visible de ce que, dans l'invisible, dans l'intime profondeur de sa conscience, elle sait qu'elle a déjà atteint. Parvenir là où personne n'a pu arriver, ce sera le signe manifeste d'une victoire intérieure qu'elle ne peut que tenir secrète.

Pourtant, cette décision bien arrêtée de gagner Lhassa, qui ne s'est cristallisée que devant l'obstacle, en cette fin d'hiver 1921-1922, n'est pas à l'origine des errances qui durent déjà depuis près un an qu'elle a quitté Kum-Bum. Depuis février 1921, on dirait plutôt qu'Alexandra est prise d'une sorte de vertige, conséquence probable de cette crise morale qu'elle a traversée à la fin de son séjour au monastère de Kum-Bum. Elle entend se démontrer à elle-même ce dont elle est capable, elle veut mesurer ce qu'elle peut endurer, jusqu'où elle peut aller dans le dépouillement, dans l'anonymat, dans l'invisibilité. Tout se passe comme si, prenant conscience que jusque-là elle a joué sur les deux tableaux, en devenant presque orientale, mais sans renoncer tout à fait à ses privilèges d'Européenne, elle désirait maintenant vivre comme une véritable Tibétaine. Et elle mettra une délectation certaine, une secrète jubilation à le devenir, dans la mesure du possible, surmontant ce qui peut lui rester de dégoûts, s'accommodant d'une nourriture qui d'abord lui lève le cœur, et même de cette crasse — à laquelle jusqu'alors, avec la dernière énergie, elle a fait obstacle — qu'il lui faudra bien en définitive accepter comme le reste, lorsqu'elle sera devenue, au cours du voyage vers Lhassa, la vieille mère de Yongden. Se transformant en une presque authentique mendiante, elle deviendra du même coup une *bhikkum*, c'est-à-dire une nonne mendiante, comparable à ce que furent les disciples mêmes du Bouddha à l'origine. Ainsi seulement sa conscience pourra-t-elle s'apaiser; elle ne pourra plus se reprocher ce « simulacre de détachement » dont elle pouvait jusqu'alors s'accuser.

Elle s'éloignera toujours plus de ce monde, auquel définitivement elle a tourné le dos, s'enfonçant davantage encore dans les solitudes glacées, dans ces montagnes dont l'air vif la grise et lui fait perdre jusqu'à l'instinct de conservation. Elle y risque sa vie assurément, mais la mort pour elle n'est plus ce qu'elle est pour le commun des mortels : elle est la réalisation de la vie, la fin des souffrances, des tiraillements, des contradictions. Souvent, plus tard, Alexandra regrettera de n'être pas morte là, toute seule dans la neige.

Quand enfin le printemps arrive, Alexandra David-Neel ne sait vraiment plus où aller : la situation a encore empiré, Tibétains et Chinois ont repris les combats et voilà maintenant que les Russes, traversant la Mongolie, viennent s'allier avec les musulmans du Turkestan. Elle ne sait où aller, mais ce qu'elle sait, c'est qu'elle ne peut rester là où elle est, il faut qu'elle bouge. Enfin, en mai, Alexandra décide de partir, mais dans une tout autre direction. Elle va remonter à l'est jusqu'à Sinin, c'est-à-dire revenir au point d'où elle avait pris son départ, un an plus tôt, mais de là, elle va gagner le nord-ouest, la ligne d'oasis qui se succèdent au sud du désert de Gobi, à la limite du Turkestan chinois : Lanchow, Suchow, Anshi-fou, peut-être poussera-t-elle jusqu'à Tung-huan, où Pelliot, l'illustre sinologue, a découvert en 1906-1908, dans la grotte des mille Bouddhas, une précieuse collection de très anciens documents chinois, tibétains, sanskrits et ouïgours, dont la publication a renouvelé l'histoire de la haute Asie et aussi celle du bouddhisme Mahâyâna. Là, note-t-elle gaiement, elle ne sera plus tellement loin de Paris, car à Tung-huan passe une bonne route, l'ancienne route de la soie, qui relie Pékin à Kashyar, puis à Samarkand, d'où part le chemin de fer qui permettrait de gagner Paris presque directement. Mais, ajoute-t-elle, il n'est pas question pour elle de se rendre pour le moment à Bakou ni à Samarkand — elle n'ose ajouter Paris —, car, si elle ne visite pas ce pays passionnant, alors qu'elle s'en trouve si près — en réalité, de Jakyendo à Sinin, il faut tout de même bien compter entre sept cents et huit cents kilomètres, mais qu'est-ce que cela pour elle ? —, elle ne le verra jamais. C'est là un mode de raisonnement propre à Alexandra et dont le lecteur est peut-être déjà devenu familier.

Ces sages résolutions prises, tout s'arrange à merveille. Alexandra se rappelle qu'à Sinin elle a laissé une caisse de vieilles robes emportées de Tunis qui vont lui être bien utiles. Et maintenant, la voici rétablie, « les rhumatismes, l'entérocolite, l'urticaire », tout cela « s'est envolé comme par magie dès les premières journées de marche ». Et, dans l'euphorie, Alexandra fait une folie : elle commande deux livres de café, deux livres de cacao et deux livres de thé de Ceylan, leur saveur n'est plus pour elle qu'un souvenir lointain et « ce rien de luxe (lui) semblera délice paradisiaque[1] ».

Partie de Jakyendo en juin 1922, Alexandra David-Neel n'arrive dans le Gobi, en pays mongol, qu'au mois d'août et trouve à Kanchow une installation suffisamment confortable pour lui permettre de travailler. Elle écrit quelques articles pour le *Mercure de France*, et même, aidée par Yongden, entreprend un livre. Il s'agit de la biographie, telle qu'elle l'a entendue réciter au cours de ses voyages, du roi tibétain Guésar de Ling. En décembre, elle note qu'elle a presque terminé une première version[2]. Cela fait, elle reprend sa route.

Elle part à travers le Gobi, alors qu'il y fait moins vingt-cinq degrés. Une photo[3] nous montre Alexandra et Yondgen fièrement campés dans leurs grosses houppelandes de mouton, le visage apparaissant à peine sous le lourd bonnet de fourrure, sur un fond de steppe enneigée. Fort heureusement, dans les auberges, il y a les *khangs*, des plates-formes en maçonnerie creuse, où l'on fait du feu et sur lesquelles on se couche. Au début de février 1923, Alexandra gagne Suchow, plus à l'ouest, puis Anshi. Non loin de là, elle a la chance d'assister à un événement peu banal. En route pour Lhassa, afin de prier le dalaï-lama de leur indiquer le moyen de découvrir le *tulkou*, chef de leur monastère, dont le siège était inoccupé depuis plus de vingt ans, malgré toutes les recherches que l'on avait faites en vue de découvrir sa réincarnation, une caravane de Mongols venait d'arriver dans l'auberge où Alexandra et sa petite troupe avaient décidé de faire halte. Quelques années auparavant, un jeune garçon âgé de quatorze ans s'était sauvé de chez lui, hanté par l'idée étrange « qu'il n'était pas où il aurait dû être », et s'était mis en marche à la recherche des paysages qui, jour et nuit, l'obsédaient et ne ressemblaient aucunement à ceux de son pays. Marchant devant lui au hasard, il était arrivé là, quelques heures avant Alexandra, en face de l'auberge où campait la troupe mongole.

Sans savoir ce qu'il faisait, le jeune homme s'était présenté

1. Lettre de Jakyendo, vers le 22 mai 1922.
2. *L'Épopée de Guésar de Ling* sera publiée par elle en 1931.
3. Cette photo figure dans le tome II du *Journal de voyage*.

devant le vieux lama qui dirigeait l'expédition. Et soudain, il avait reconnu dans ce vieillard un jeune garçon qui avait été son disciple. Tous les détails qu'il donna aussitôt au lama étaient authentiques. On le soumit alors aux épreuves habituelles en pareil cas. Et l'on dut très vite se rendre à l'évidence. Cet inconnu n'était autre que le tulkou si longtemps recherché. Cet incident frappa vivement Alexandra, comme on ne saurait s'en étonner. Elle devait s'en souvenir beaucoup plus tard : il servit de point de départ à son roman, *le Lama aux cinq sagesses*.

Le 10 avril 1923, Alexandra est de retour à Lanchow. Elle n'a pu continuer sa tournée en Mongolie, car il commence maintenant à faire une chaleur excessive dans le désert de sable et puis la Mongolie est occupée par les Russes rouges et blancs qui s'y battent. En Chine, la situation est pire : les gouverneurs de quatre provinces, dont le Kan-sou, où elle se trouve, vont attaquer l'usurpateur qui règne sur le Sseu-tch'ouan ; au passage leurs troupes pillent et font régner la terreur. Alexandra comptait justement descendre vers Tcheng-tou, dans cette province. Que va-t-elle pouvoir faire maintenant ? On lui propose bien de venir en Indochine, mais cette offre ne l'attire pas. Finalement, le 1er mai 1923, Alexandra quitte Lanchow, décidée à tenter quand même sa chance vers le sud. Son objectif est Tcheng-tou et surtout le célèbre mont Omei (Omi-schan), consacré au bodhisattva Samantabhadra (en chinois P'ou Hsien), personnification de l'activité du Bouddha, et l'un des lieux de pèlerinage les plus vénérés du bouddhisme Mahâyâna.

A Lanchow, Alexandra a eu la fièvre, aussi est-elle obligée de louer une chaise à porteurs, pour la première fois depuis qu'elle voyage en Chine. Yongden suit à pied, avec les deux bêtes qui portent les bagages. Les voyageurs ont réduit ceux-ci au strict nécessaire et ont dû renoncer à se faire accompagner de serviteurs ; c'est Yongden qui en tient lieu. Mais il fait chaud et les étapes de trente ou quarante kilomètres par jour l'épuisent. Il tombe malade et il faut s'arrêter. Alexandra met à profit cette halte : elle écrit un nouvel article pour le *Mercure*. Enfin, le 18 juin 1923, Alexandra et Yongden font leur entrée à Tcheng-tou, la capitale du Sseu-tch'ouan. Il était temps, car ils sont malades tous les deux, ayant contracté en route une mauvaise dysenterie. Fort heureusement, à Tcheng-tou il y a un hôpital français et aussi un consul général de France, M. Baudez, et même un évêque, Mgr Rouchousse. Alexandra est fort bien accueillie par eux qui se mettent à sa disposition.

A peine remise, Alexandra voudrait repartir. Mais dans quelle direction ? Vers le Tibet, bien sûr, dont elle s'est pourtant éloignée depuis son départ de Jakyendo, mais cet immense trajet, accompli en dix mois, n'était en somme qu'une boucle, car elle est décidée à tenter sa chance, en abordant le Tibet par le sud-est, par la province chinoise du Yun-nan. Or justement, de ce côté, en ce moment, sur la route qu'elle comptait suivre, les Tibétains viennent d'attaquer les Chinois. Ses plans sont de nouveau renversés[1]. Alors, pour tromper sa déception, elle excursionne, descend la rivière Min-ho, affluent du Yang-tsé-Kiang, en bateau, se rend à Kiating, afin de faire le pèlerinage qu'elle s'était promis d'accomplir. Cette ascension pénible — il faut gravir le plus long escalier du monde, aux marches raides et irrégulières — la déçoit. L'afflux des pèlerins y fait régner un vacarme étourdissant qu'accompagne l'odeur pestilentielle des latrines à ciel ouvert. Le 31 juillet, elle reprend la route en chaise à porteurs. Son état n'est pas meilleur, elle a des rechutes de dysenterie et son humeur est à l'avenant. Aussi, comme un des porteurs « s'amuse à la faire sauter, à la balancer, à la cogner contre des rochers, tout en débitant des plaisanteries obscènes qui font s'esclaffer de nombreux pèlerins » qu'ils croisent, elle n'y tient plus, saute hors de sa chaise et, de deux coups de poing, envoie le malotru dans les buissons épineux qui bordent le sentier.

Descendant toujours vers le sud, nos deux voyageurs arrivent à Ning-yuan-fou, au Yun-nan, le 24 août 1923. Nouvel évêque français, nouvel accueil cordial. Et maintenant, que va-t-elle faire ? Elle hésite un moment entre un hivernage dans quelque bourgade, pire que Jakyendo, ou alors « un voyage hivernal dangereux[1] ». Bien entendu, c'est la deuxième solution qu'elle choisit. Et aussitôt, elle prépare ses bagages qui doivent être réduits au minimum, de façon à

1. Lettre de Tcheng-tou, 24 juin 1923.

ce que tout tienne dans des sacs à dos, car, cette fois, elle est définitivement résolue : elle gagnera Lhassa, seule avec Yongden, à pied, travestie en vieille mendiante tibétaine, réalisant enfin une performance unique dans l'histoire des voyages et d'autant plus audacieuse qu'elle l'accomplira en plein hiver, sa santé n'étant même pas rétablie. Alexandra prévient de nouveau son mari qu'il n'attende plus de lettre avant la fin de l'hiver ou le début du printemps : la dernière lettre envoyée en France est datée de Tsédjrong (Yun-nan), 23 octobre 1923 ; la suivante portera : Lhassa, 28 février 1924.

Pendant quatre mois, Alexandra David-Neel aura vraiment disparu. Tsédjrong, hameau situé sur la rive droite du Mékong, est l'endroit à partir duquel elle va s'enfoncer dans l'inconnu, quitter la dernière trace de la civilisation occidentale, la mission catholique française où elle fut accueillie par l'abbé Ouvrard.

« Adieu, mon père !... Nous partons... Du portail de la mission, le révérend père N...[1] nous suit des yeux ; une expression d'inquiétude est empreinte dans le sourire qu'il nous adresse... » Par ces mots s'ouvre le *Voyage d'une Parisienne à Lhassa, à pied et en mendiant de la Chine à l'Inde à travers le Tibet* qui, quelques années plus tard, devait faire connaître dans le monde entier le nom d'Alexandra David-Neel. Nous n'entreprendrons pas la tâche aussi inutile qu'ingrate de reprendre un récit à la fois célèbre et complet. Qu'il suffise de souligner ici que cette extraordinaire prouesse, Alexandra et Yongden l'auront réalisée dans les conditions les plus dures, les plus éprouvantes. Ils sont tous les deux aussi obstinés, aussi résistants qu'intrépides, ils n'ont ni l'un ni l'autre peur de la mort et, pourtant, il s'en est fallu de peu qu'ils ne reviennent jamais de cette expédition. En effet, ils se sont perdus dans la montagne, presque mourant de faim et de soif, alors que Yongden, le pied à demi cassé, ne pouvait plus faire un pas.

Mais Alexandra vivait un roman d'aventures si extrava-

1. Pour des raisons évidentes, Alexandra David-Neel n'a pu faire figurer le nom de l'abbé Ouvrard qui aurait risqué d'être inquiété par la suite pour l'aide qu'il lui avait alors fournie.

gant, elle jouait un personnage si fou, si enfantin, somme toute — car ses savantes teintures empruntées au fond des marmites ne trompaient en fait personne, contrairement à ce qu'elle s'imaginait — que, malgré tout, elle s'est beaucoup amusée. De plus, le renversement des rôles, qui firent d'elle la vieille mère soumise d'un lama qui n'hésitait pas — pour la vraisemblance, bien sûr, mais aussi parce que lui aussi s'amusait — à la rabrouer, ajouta à sa joie.

Enfin, le 24 février 1924, Alexandra peut envoyer une lettre à Philippe Neel. Ils sont tous deux arrivés, sains et saufs, à Lhassa. « Je te dirai tout de suite que j'ai *complètement* (aussi complètement que le plus exigeant peut le rêver) réussi la promenade pour laquelle je partais quand je t'ai envoyé ma dernière lettre. Cette excursion aurait été considérée comme fort hardie pour un homme jeune et robuste, qu'une femme de mon âge l'entreprît pouvait passer pour pure folie ; néanmoins, mon succès est complet, mais l'on m'offrirait un million pour recommencer l'aventure dans les mêmes conditions que je crois bien que je refuserais. Les détails de mon voyage te seront donnés tout au long un peu plus tard, lorsque je pourrai te les faire parvenir par une voie qui m'offrira des garanties contre les indiscrétions officielles et autres. Sache seulement, aujourd'hui, que je suis arrivée à Lhassa réduite à l'état de squelette. Quand je passe ma main sur mon corps, je trouve tout juste une mince peau couvrant les os. A part cela, je n'étais pas malade en arrivant, mais il règne, ici, une sorte d'influenza et, après environ une semaine de séjour, mon garçon et moi avons été pincés... »

A Lhassa, où ils resteront deux mois, pour ne pas se faire remarquer Alexandra et Yongden devront continuer à jouer leurs personnages, dans l'anonymat et la misère, au milieu du petit peuple tibétain, heureusement gai et insouciant. Alexandra connaît fort bien le dalaï-lama lui-même, qui ne se doute pas qu'elle est là, mais elle ne peut dévoiler son identité. Finalement, d'ailleurs, Lhassa la déçoit, ce n'était vraiment qu'un mirage. « La ville est sans grand intérêt. Je suis rassasiée des visites aux lamaseries ; j'en ai tant vu !... Le fameux palais du Dojo-o n'a rien de merveilleux. Le palais du dalaï-lama dont la décoration intérieure, très riche en certains endroits, est entièrement de style chinois, n'a rien de très particulier. En ville, les boutiquiers, en fait d'objets exotiques, étalent des piles de casseroles en aluminium... C'est plutôt déconcertant. Mais je n'avais aucune curiosité au sujet de Lhassa. J'y suis allée parce que la ville se trouvait sur ma route et aussi parce que c'était une plaisanterie bien parisienne à faire à ceux qui en interdisent l'accès. »

En fait, Alexandra ne compte y séjourner que le temps de retrouver des forces suffisantes pour prendre la route du retour.

Chapitre 9

Le retour

L'objectif, sans doute, était atteint, Alexandra avait « dignement couronné » ses « pérégrinations » par « cette dernière randonnée » qui l'a « menée à travers un pays où, d'après les meilleures informations, nul voyageur de race blanche n'a jamais passé et où les Tibétains eux-mêmes ne s'aventurent guère, tant les tribus qui l'occupent ont mauvaise réputation [1] », mais elle n'était nullement au bout de ses peines. Il lui faudra deux mois d'errances avant de retrouver le confort de la civilisation et de pouvoir refaire ses forces épuisées par six mois d'exploits dangereux, et un peu plus d'un an pour rentrer en Europe. Vers le 10 avril 1924, Alexandra David-Neel et Aphur Yongden quittent Lhassa. Ils sont vraiment en piteux état. Pris de quintes de toux extrêmement douloureuses, ils se sont mis à cracher du sang et ont même cru avoir contracté la peste pulmonaire — auquel cas, dans les conditions où ils se trouvaient, il n'y aurait rien eu d'autre à faire qu'à se laisser mourir. Cependant, ils se sont remis, mais leur épuisement est vraiment dramatique. Ils ont perdu tout appétit, tiennent à peine debout et n'ont plus « aucun ressort moral ». Néanmoins, il faut bien reprendre la route et leurs ressources financières sont, elles aussi, épuisées. Bravement, ils s'entraînent à la

1. Lettre de Lhassa, 28 février 1924 (date approximative).

marche dans les environs de Lhassa, mais ils sont bien obligés de constater qu'ils ne pourront plus faire à pied le voyage de retour. « En allant très lentement, très, très lentement », ils y parviendront peut-être, mais « la neige printanière va tomber », rendant le trajet en montagne des plus difficiles. Avec le peu d'argent qui lui reste, Alexandra achète deux chevaux.

Certes, elle a grande hâte de rejoindre Gyantzé, l'avant-poste du monde occidental, avec ses administrateurs et ses missionnaires, mais, puisqu'ils ne peuvent pas aller vite, pourquoi n'en pas profiter pour visiter au passage cette partie du Tibet qu'elle ne connaît pas et où, de toute évidence, elle ne pourra jamais revenir. De plus, ils peuvent se faire héberger et nourrir en route dans les monastères. C'est ainsi qu'après avoir franchi le col de Dordji Thag ils s'arrêtent sur les bords du fleuve Yérou-tsang-po — notre Brahmapoutre — au monastère de Samyé, l'un des plus anciens et des plus illustres du Tibet puisqu'il fut consacré par Padmasambhava lui-même au VIIIe siècle. Enfin, après un long trajet par Tsétang et Mindoling et une halte au monastère de Dordji Phagmo, les deux voyageurs parviennent à Gyantzé.

Malgré son dénuement et sa fatigue, Alexandra n'en pense pas moins à préparer son arrivé à Paris : « Me voilà maintenant rentrée dans le tourbillon, il faut que je " fasse de l'argent ", comme disent les Américains [1]. » C'est là un souci qui va la poursuivre et même la harceler désormais pendant près d'un an, au fur et à mesure des étapes de son long voyage de retour. Il faut qu'elle prenne le plus tôt possible toutes ses dispositions, car elle ne peut plus guère compter, elle le sent, sur la générosité de Philippe et elle va devoir subvenir seule non seulement à ses propres besoins, mais à ceux de Yongden qu'elle a entièrement pris en charge. De Gyantzé déjà, elle demande à son mari de s'abonner à une agence de presse, de façon à rassembler tous les articles qui vont paraître sur son exploit, car c'est sur eux qu'elle doit « bâtir ses plans ».

Enfin, libres et ayant repris des forces grâce au confort mis à leur disposition, Alexandra et Yongden quittent Gyantzé le 17 mai pour Chumbi. Désormais, ils sont assurés de trouver à

1. Lettre de Gyantzé, 16 mai 1924.

chaque étape un bungalow construit par les Anglais et des provisions de bouche qu'on leur fait parvenir. Cependant, il leur faudra passer encore des cols où soufflent le vent et les tourmentes de neige, ce qui, dans l'état où ils se trouvent, constitue une épreuve qu'ils ont bien de la peine à supporter. Le 25 mai, ils atteignent Phari-Dzong et, le 27, Chumbi, la dernière étape en terre tibétaine.

Au Sikkim, Alexandra est accueillie comme une héroïne. Le nouveau résident anglais, Bailey, lui offre l'hospitalité à Gangtok, et le directeur de la mission catholique de Padong, près de Kalimpong, l'abbé Douénel, met à sa disposition, pour tout le temps qu'elle voudra, un bungalow situé sur le terrain de la mission, mais tout à fait indépendant. Après avoir passé quelques jours à Gangtok, Alexandra séjournera à Padong pendant plus de deux mois (juin-fin août 1924). Elle a retrouvé sans joie le Sikkim. Depuis huit ans qu'elle l'a quitté, « les choses ont beaucoup évolué ». La guerre implacable qui a fait s'affronter entre eux les Européens leur ont fait perdre leur prestige magique. Les indigènes, « autrefois polis et respectueux, sont devenus fiers, souvent arrogants, et ne se gênent pas pour déclarer qu'ils se moquent des Européens[1] ». A Padong, Alexandra reçoit enfin, le 10 juillet, une lettre de Philippe. C'est la première qui lui parvient depuis deux ans. Elle en est évidemment très heureuse. Pourtant, la reprise de cette correspondance va lui apporter de nouveaux soucis qu'elle n'avait nullement prévus. Elle attend de Philippe qu'il la secoure, elle a un besoin extrême et urgent de sommes relativement importantes : « Il y a aujourd'hui exactement trois mois et neuf jours que je vis de charité et d'emprunts. Tu es au courant de ma situation, ta lettre écrite de Paris me le montre clairement et cependant, non seulement tu ne maides pas, mais tu ne m'écris même pas[2]. » Ce n'est pas seulement de l'argent qu'elle lui demande, mais toutes sortes de démarches : alerter la presse, faire jouer toutes leurs relations, faire écrire à Washington, à New York, car elle est bien décidée à jouer à fond la carte

1. Lettre de Rongli, 1924.
2. Lettre de Padong, 15 août 1924.

américaine, seule capable, estime-t-elle, de lui procurer les ressources dont elle va avoir besoin. Or, au ton de ses lettres, elle sent que Philippe devient de semaine en semaine plus réticent, qu'il se dérobe. Il lui a dit : « Tu parais n'avoir reçu encore aucune des nombreuses lettres que je t'ai écrites à Lanchow et qui t'ont tenue au courant des faits importants de ma vie. J'imagine que tu as fait le nécessaire pour qu'elles te soient adressées. Tu verras mieux après leur lecture ce que tu as à faire... » De quoi s'agit-il donc ? Dans les lettres qu'elle a reçues, elle n'a relevé aucun « fait important, susceptible de modifier son programme ». Et ce programme, c'est, à son retour, de revenir passer l'hiver auprès de lui, à Bône, avant de faire un séjour à Paris au printemps suivant pour y faire des conférences. Ce qu'elle semble complètement oublier, c'est qu'il y a maintenant treize ans qu'ils ne se sont pas vus et que les choses ne sont peut-être plus exactement ce qu'elles étaient.

Philippe Neel lui écrit : « Nous avons été longtemps séparés, l'intimité peut-elle se retrouver ? Le mieux serait, si tu en as les ressources, que tu entreprennes de suite ta tournée en Amérique... » Elle lui répond : « Je ne suis pas sotte, mon bon ami, et je comprends. Je comprends que ma présence à Bône n'est pas désirée [1]... » A dire vrai, en effet, Philippe semble inquiet. L'arrivée de cette trombe, exigeante, entreprenante, décidée à remuer ciel et terre va nécessairement compromettre la quiétude de la vie qu'il a dû se faire, de gré ou de force, sans elle : elle l'épouvante. Aussi, un peu plus tard, en mars 1925, il lui conseille finalement de rester en Orient puisqu'elle aime tant ces pays. Elle le voudrait, réplique-t-elle, mais c'est malheureusement impossible : « la vie y est trop coûteuse partout » ; de plus, comment correspondrait-elle de là-bas avec ses éditeurs et tous ceux qui, justement, peuvent lui procurer des ressources ? Alors, que faire ? La seule solution semble être la suivante : « Acheter un bout de terrain dans les montagnes, près d'un endroit où l'on trouve facilement des vivres. Là-dessus, je planterai une cabane en pierre ou en bois, suivant la région, dix mètres sur dix mètres. Il ne me faut que les

1. Lettre de Calcutta, 21 octobre 1924.

murs et un bon toit. » Elle a pu amasser dix mille francs pour son « home » — cet argent, elle ne peut d'ailleurs l'employer à rien d'autre, elle est tenue de « montrer les photographies de ce qui aura été construit ». Cela paraît-il suffisant ? Peut-il se renseigner ? Mais, « quoi qu'il en puisse être », elle ne peut lui cacher qu'elle est « affreusement désillusionnée », qu'elle ne se doutait pas « que tel dût être l'aboutissement de ses voyages ».

En attendant d'affronter les difficultés du retour, il faut qu'elle patiente en Inde, avant d'y avoir reçu les sommes nécessaires pour régler ses affaires, rapatrier ses bagages dispersés aux quatre coins de l'Asie, pour payer enfin les deux billets qui lui permettront de s'embarquer. A Calcutta, où elle passe trois mois — de la fin de septembre à la fin de décembre 1924 —, puis à Bénarès, en janvier 1925, et à Bombay, en février, enfin à Colombo (Sri Lanka), où, à la fin de février, elle séjourne chez la mère de son ami Dharmapâla, Alexandra multiplie les démarches, écrit d'innombrables lettres, plusieurs articles pour les revues et commence à préparer les ouvrages où elle racontera ses aventures au Tibet.

En avril 1925, elle s'embarque à Colombo. Le 10 mai, quatorze ans après son départ, elle met le pied sur le sol français, au Havre.

Or Philippe, dûment averti, n'est pas là pour l'accueillir. Elle a d'ailleurs à peine le temps de s'en apercevoir. Sylvain Lévi a tenu ses promesses : en effet, son retour est triomphal. Et la voilà prise dans le tourbillon, assaillie par les journalistes, les éditeurs français et étrangers, les organisateurs de conférences. Elle reçoit coup sur coup la médaille d'argent de la Société royale belge de géographie, la grande médaille d'or, très rarement décernée, de la Société française de géographie, la Légion d'honneur. Elle accepte toutes les propositions — elle y est bien obligée puisqu'elle sait maintenant définitivement qu'il ne faut plus compter sur Philippe —, accumule des projets pour plusieurs années, parcourt la France entière, où elle « conférencie », comme elle le dit, au milieu des applaudissements, des ovations. A ses côtés, le lama Yongden, qui paraît s'amuser beaucoup et être tout à fait à l'aise, fait excellente impression ; il improvise même en public des poèmes en tibétain. Après tout, c'est son aventure à lui qui commence [1].

Pendant trois ans pleins, Alexandra David-Neel sera véritablement « sur le pied de guerre ». Ce n'est, semble-t-il, qu'en janvier 1926 qu'Alexandra et Philippe se retrouvent, à l'occasion d'une de ses conférences. Pour la première fois, Philippe Neel rencontre Yongden, mais il fait « froide mine » à ce « dévoué petit compagnon d'aventures périlleuses », ce qu'évidemment Alexandra lui reproche avec indignation : Yongden « s'attendait à sa reconnaissance pour avoir servi si fidèlement sa femme et l'avoir mise à même d'accomplir les voyages dont elle récolte aujourd'hui les fruits... ».

En 1925, depuis son retour, Alexandra David-Neel n'a guère pris le temps de souffler. Il lui a fallu satisfaire d'abord les journaux qui, tous, sollicitent des articles ; elle en publie une vingtaine dans *le Matin,* une agence américaine lui en commande une série qui sera diffusée dans deux cents journaux, enfin le grand éditeur new-yorkais Harper lui achète immédiatement les droits de la relation de voyage qu'elle écrira, afin de s'en assurer la priorité. La France entière veut avoir vu celle qui est devenue une héroïne nationale et elle va partout où on la réclame. En 1926, Alexandra parcourt la France pendant les mois de janvier et février, de Dijon et Clermont-Ferrand à Nice et Marseille. En mars, elle est à Paris où, reçue au Collège de France par son ami, le professeur d'Arsonval, elle donne une conférence sur la métapsychique et l'opinion scientifique ; en avril, puis encore en octobre et novembre, nouvelles tournées de conférences. En 1927, ce train d'enfer s'apaise et lui laisse enfin quelque loisir qu'elle consacre à la rédaction de ces livres que tout le monde attend. En avril, à Paris, elle donne plusieurs conférences à la Société théosophique, mais aussi au musée Guimet, où l'accueille le grand tibétologue français Jacques Bacot, et encore une fois au Collège de France. C'est son triomphe, les orientalistes ont enfin cessé de la bouder, ils sont bien obligés de reconnaître que son expérience est

1. Alexandra confiera à Marie-Madeleine Peyronnet que Yongden se plaisait beaucoup dans l'atmosphère des réceptions mondaines, où elle-même ne voyait que des corvées malheureusement indispensables.

unique. En mai, un nouveau cycle de conférences la conduit à Tonnerre, à Dijon, à Annecy, à Genève.

Les honneurs continuent de pleuvoir sur sa tête. Ils sont parfois saugrenus. En février 1927, l'Académie des sports féminins l'informe qu'elle lui a attribué le grand prix d'athlétisme et l'invite à venir recevoir sa médaille. Un peu surprise, elle répond que ses travaux l'empêcheront de se déplacer à la date prévue, et on lui envoie sa médaille par la poste. Bah ! se dit-elle, cela fera d'excellente propagande en Amérique « où le sport est roi ».

De toute manière, cela ne va pas, ne peut pas durer. Si Alexandra est farouchement décidée à exploiter la situation pendant qu'il en est temps, c'est qu'il lui faut, le plus vite possible, se faire une place incontestée et définitive pour être enfin à l'abri du besoin et aussi s'établir un refuge pour l'époque où, devenue trop vieille, elle ne pourra plus courir le monde. En 1928, elle a tout de même soixante ans ; aussi a-t-elle vraiment hâte de repartir pour l'Extrême-Orient, avant qu'il ne soit trop tard. Et sa précipitation s'explique aussi par là.

En 1926, elle a trouvé un asile, une petite maison, *Les Mazots*, près de Toulon, mais tout à fait à l'écart, où elle ne se déplaît pas. Lorsqu'elle n'est pas sur les routes, c'est là qu'elle travaille, là qu'elle finit de rédiger le *Voyage d'une Parisienne à Lhassa, à pied et en mendiant de la Chine à l'Inde à travers le Tibet*, attendu impatiemment par Plon, son éditeur. Elle termine le manuscrit à la fin de décembre 1926, mais se remet immédiatement à l'ouvrage. Cette fois, elle entend donner non plus un simple reportage, mais un livre « mûrement pensé, travaillé et documenté ». Pour cela, il lui faut lire et écrire en moyenne seize heures par jour. Mais ses yeux ne supportent pas un tel régime. Pendant plusieurs jours, elle reste complètement aveugle[1]. Voilà qui la met encore en retard. Ce livre, qui l'a tant éprouvée, sera son chef-d'œuvre, *Mystiques et magiciens du Tibet*, qu'elle n'achèvera qu'en juillet 1929 et qui paraîtra le 4 décembre suivant aux éditions Plon, sous le titre *Parmi les mystiques et les magiciens du Tibet*, avec une préface du professeur d'Arsonval qui, bien que

1. Lettre de Toulon, 7 mars 1927.

membre de l'Institut et professeur au Collège de France, s'intéresse aux phénomènes métapsychiques [1]. A peine en a-t-elle terminé avec ce livre qu'Alexandra doit se mettre à l'ouvrage qu'elle a promis aux éditions Adyar, chargées des publications de la Société théosohique, *Initiations lamaïques*. Étant donné le public particulier auquel s'adresse cet éditeur, Alexandra profite de l'occasion qui lui est offerte pour aborder un sujet plus austère, plus restreint, mais sur lequel elle donnera un livre fortement documenté, s'appuyant et sur ses expériences personnelles et aussi sur les textes tibétains qu'elle a rapportés.

Bien que le manuscrit en ait été terminé en décembre 1926, le *Voyage d'une Parisienne à Lhassa* ne sera publié qu'à la fin de novembre 1927. Un tel retard était dû aux exigences de l'éditeur, qui demanda à l'auteur de réduire son texte d'un quart, afin de ne pas augmenter le prix de vente qui était prévu, mais aussi aux délais nécessaires pour traduire ce livre en anglais, qui, d'après le contrat signé avec l'éditeur américain Harper, devait être publié conjointement en anglais et en français. L'ouvrage connaîtra un succès immédiat et important ; au cours de l'année 1928, on devra en imprimer neuf éditions successives. Les publications en langues étrangères suivirent d'ailleurs de fort près. Lors de la sortie du *Voyage* en Amérique, la presse compara l'intrépidité d'Alexandra David-Neel à celle des héros nationaux, les explorateurs des pôles. Ensuite l'ouvrage fut traduit en allemand et en néerlandais en 1928, en espagnol en 1929, en tchèque en 1931, enfin en danois en 1945. *Mystiques et magiciens* devaient avoir jusqu'à quatorze éditions en diverses langues, donc cinq en Angleterre et aux États-Unis ; en outre, il fut traduit en allemand, en néerlandais, en suédois, en norvégien, en islandais, en italien, en espagnol et en portugais.

Malgré tout, Alexandra ne s'enrichit guère. Ses droits d'auteur sont fort loin de lui apporter de quoi vivre, le profit que lui procurent ses conférences n'est pas aussi élevé qu'elle s'y attendait, car elle n'avait pas pensé aux frais d'hôtel qu'elle trouve vraiment excessifs. Elle a de la peine à payer

1. Cette préface disparut ensuite, lors des rééditions successives.

ses deux loyers, l'un à Paris, l'autre à Toulon. Ne vaudrait-il pas mieux acquérir une petite propriété ? Mais, pour cela, il lui faut l'autorisation maritale, et elle accuse Philippe de la lui avoir refusée, ce dont l'intéressé se défend énergiquement. En décembre 1927, après une « chasse aux logements aussi acharnée qu'infructueuse » et la visite d'innombrables « lotissements » qu'elle commente ainsi : « L'on divise un terrain en petits carrés comme au cimetière et là-dessus les gens construisent un petit tombeau entouré d'un jardinet et d'une grille ; c'est d'un aspect funéraire complet. La mentalité qui doit se développer dans ces cabanons nous promet une jolie race [1]... » A Digne, Alexandra découvre enfin ce qui lui convient, une maison « admirablement située » sur une pente ensoleillée, « donnant sur une route bordée d'arbres, au-dessus de la rivière », avec un beau paysage de montagnes à l'arrière-plan. L'air y est excellent, la température des plus clémentes en hiver.

Le 21 mai 1928, Alexandra David-Neel signe l'acte d'achat de cette maison qu'elle baptisera *Samten Dzong* (« Forteresse de la Méditation », en tibétain) et qu'elle projette aussitôt d'agrandir et de modifier à sa façon, afin qu'elle corresponde au nom qu'elle lui a donné. Elle s'y aménagera une chapelle tibétaine qu'elle ornera des magnifiques œuvres d'art ramenées de ses voyages. C'est à *Samten Dzong* que, quarante et un ans plus tard, elle s'éteindra.

Une question, qui la préoccupe depuis plusieurs années, reste à résoudre, celle de l'adoption de Yongden. Mais, là aussi, il lui faut l'accord de Philippe. Celui-ci, qui a tout d'abord refusé, puis est resté longtemps réticent, cède enfin et, le 21 février 1929, le lama devient, par jugement du tribunal de première instance des Basses-Alpes, le fils adoptif d'Alexandra David-Neel, sous le nom d'Albert Arthur Yongden David-Neel, qu'il abrégera sur les cartes de visite qu'il se fait faire en Albert Yongden-David.

Maintenant qu'elle sait où rentrer et que Yongden est devenu citoyen français, Alexandra peut enfin repartir. Dès le commencement de l'année 1927, ayant été mise en relation par une amie avec Krassine, l'ambassadeur d'Union soviéti-

1. Lettre datée de l'hôtel Terminus P.L.M., Marseille, 9 mars 1926.

que à Paris, elle a pensé pouvoir se rendre dans ce pays. Si Lénine, qu'elle a rencontré autrefois à Zurich, est mort en 1924, Alexandra est demeurée en rapports amicaux avec sa veuve, Mme Kroupskaïa et sa sœur, Mme Oulanova, qui est rédactrice en chef de la *Pravda*. Or Alexandra voudrait se rendre en Sibérie, afin d'étudier sur place la rencontre entre l'éducation moderne et les mœurs et croyances ancestrales, et aussi le bouddhisme des lettrés bouriates de la région du lac Baïkal ; enfin, elle se propose d'enquêter sur la croyance très répandue au Tibet d'une origine chamanique de la religion bön autochtone qui est censée provenir d'un royaume du Nord, appelé Chambhala, qui ne serait autre que la Sibérie.

Beaucoup plus sérieux apparaissent les espoirs qu'elle fonde sur le président de la République française lui-même. Gaston Doumergue est originaire d'une famille huguenote du Gard, comme Philippe Neel ; très impressionné par les exploits d'Alexandra, il a suivi la publication de leur récit dans *le Matin* et attend avec impatience la sortie de son premier livre. Ils se sont rencontrés et Doumergue lui a fait accorder plusieurs subventions par les différents ministères intéressés. Il lui a écrit qu'il souhaitait lui confier une mission officielle en Asie. En mars 1929, Alexandra peut annoncer à Philippe qu'elle va repartir dans le courant de l'année. En mai, elle est à Paris, où elle rencontre d'Arsonval, Jacques Bacot et René Grousset ; elle entreprend les ultimes démarches dans les ambassades de Chine et d'Union soviétique, où elle est reçue par les ambassadeurs en personne.

En décembre 1929 paraît, à la librairie Plon, son deuxième livre, *Mystiques et magiciens du Tibet*. Il ne s'agit plus, comme dans le *Voyage*, d'un récit autobiographique, mais d'un panorama de la vie religieuse tibétaine sous tous ses aspects, qui y sont traités successivement, chaque chapitre rassemblant des informations acquises au cours des différentes étapes de ses voyages. Pour le lecteur, c'est la découverte fascinante d'une mentalité étrange, de tout un système de vie et de pensée jusqu'alors pratiquement insoupçonné, car jamais encore on n'était entré aussi avant dans sa connaissance ni, avec une telle profondeur, dans son intimité spirituelle et psychique.

Ainsi s'ébauchait une trilogie, où se trouverait relatée la presque totalité[1] de ses randonnées asiatiques. Mais si le *Voyage* et *Au pays des brigands gentilshommes*, qui paraîtra seulement en 1933, sont des récits chronologiques, le premier formant la suite du troisième, qui raconte ses deux années d'errances (1921-1923) depuis Kum-Bum jusqu'à Tsédjrong au Yun-nan, d'où elle part, en octobre 1923, en la seule compagnie de Yongden pour son voyage clandestin vers Lhassa, le second, *Mystiques et magiciens*, au contraire, relate, dans un ordre tout autre, une expérience qui s'étend sur plus de cinq ans, de 1912 à 1917, et mentionne même des faits rassemblés entre 1917 et 1921.

Avec *Initiations lamaïques*, publié en 1930, s'ouvre dans l'œuvre d'Alexandra David-Neel une nouvelle série parallèle, proprement documentaire, mais qui ne se poursuivra que vingt ans plus tard avec la publication des *Enseignements secrets dans les sectes bouddhistes tibétaines* (1951) et se terminera avec *la Connaissance transcendante* (1958). Nous aurons à revenir sur le contenu de ces ouvrages essentiels ; toutefois, précisons dès maintenant que de l'un à l'autre se révèle une progression très sensible et même une montée vers le sommet qu'Alexandra n'osera aborder qu'avec le troisième ouvrage qu'elle publiera seulement à l'âge de quatre-vingt-dix ans.

Le manuscrit des *Initiatiques lamaïques* fut achevé vers le 15 février 1929 et le livre publié en avril 1930. Mais, déjà, Alexandra s'est lancée dans la composition d'un quatrième ouvrage, auquel s'intéresse de très près Sylvain Lévi qui le préfacera. Cette fois, il s'agit d'un long texte tibétain oral, qu'elle a recueilli sur place, l'épopée du héros tibétain Guézar de Ling. De cette histoire, très populaire au Tibet, les orientalistes avaient déjà publié trois versions, mais d'après des textes écrits. Celle que donnera Alexandra sera beaucoup plus complète, beaucoup plus circonstanciée, et surtout

1. Presque totalité seulement, car Alexandra a finalement laissé de côté plusieurs épisodes, tel son long séjour au Japon, et n'en a mentionné d'autres que fort brièvement : les quelques semaines passées dans les monastères zen en Corée, par exemple, périodes marquées par son expérience, fort brève d'ailleurs, de la méditation zen, sujet sur lequel elle est demeurée fort discrète.

l'auteur sera en mesure d'y révéler la situation géographique exacte de ce royaume de Ling que l'on n'était pas encore parvenu à situer et qui fait partie du pays de Kham au Tibet oriental, qu'elle a longuement parcouru.

Alexandra a raconté elle-même, dans *Au pays des brigands gentilshommes*, comment elle fut amenée à faire cette importante découverte. Elle avait entendu pour la première fois le nom de Guézar au Sikkim en 1912, car Dawa Sandup fredonnait souvent les ballades inspirées par cette épopée célèbre dans toutes les régions tibétaines. Puis, alors qu'elle résidait à Pékin au cours de l'hiver 1917-1918, elle s'était liée avec une dame d'origine tibétaine, du nom de Ledzéma, qui l'avait emmenée visiter une lamaserie retirée, où elle voulait faire ses dévotions à la statue de Guézar. Ce nom, qu'elle connaissait depuis longtemps, se mit à obséder Alexandra, elle voulait retrouver les traces de cet être, à la fois célèbre et mystérieux. Puis elle cessa d'y penser. Quand, un jour de l'automne 1921, alors qu'elle se dirigeait vers Jakyendo, sa petite caravane fut arrêtée par deux hommes. L'un d'eux, s'étant approché d'elle, lui dit fort poliment, à voix basse : « Le roi de Ling désire vous parler, il vous attend. » Et l'homme indiquait du geste un château fort, perché sur une colline, en face de l'endroit où les voyageurs avaient fait halte, sur l'autre bord de la rivière. « *Ling gi gyalpo*[1] *?* répéta Alexandra d'un ton interrogatif.

— Oui, notre chef, répondit le Tibétain. Le descendant de Guézar de Ling. »

Le roi, qui vivait fort modestement, reçut aussitôt Alexandra dans la chambre qu'il habitait en reclus pendant une période de retraite religieuse et accepta de poser pour la photographie qu'Alexandra tenait à prendre, afin d'apporter plus tard la preuve de ses affirmations. Elle prit également une photo du château qui figure aussi dans son livre.

Puis l'expédition arriva peu après à Jakyendo, nom chinois de la bourgade située à trois mille trois cents mètres d'altitude, que les indigènes appellent en leur langue Kyirkou et qui figure sous le nom de Cherku sur les cartes. Dans ce bourg, situé au sud-est des immenses solitudes herbeuses

1. « Le roi de Ling. »

(Tchang Tchang), où Alexandra séjourna plusieurs mois, elle rencontra un barde que les Tibétains prenaient pour une réincarnation de Dikrchén Chémpa, le ministre de Guézar, et qui en récitait les exploits. Ayant pu assister à l'une de ces auditions, Alexandra demanda au barde de l'entendre en particulier contre rétribution, ce qu'il accepta. Ces séances quotidiennes durèrent pendant six semaines et Alexandra, aidée de Yongden, prit hâtivement en note tout le poème.

Ainsi, grâce à elle, pouvait revivre dans son intégralité la légende historique de ce conquérant qui, aux yeux des Tibétains, n'était venu sur terre qu'afin d'y servir les desseins surhumains du grand fondateur, Padmasambhava. D'ailleurs, Guézar devait un jour réapparaître afin de libérer le Tibet des tutelles étrangères. A la tête de ses armées, il parcourra alors la Chine et beaucoup d'autres pays, et tout ce qui résistera à ce guerrier invincible sera anéanti. *La Vie surhumaine de Guézar de Ling* fut composée au cours de l'année 1930 et publiée en 1931.

Il arrive — assez souvent, il faut bien le reconnaître — que le lecteur des livres d'Alexandra David-Neel se trouve rebuté par un certain relâchement du style, qu'il ait l'impression que la forme n'est pas toujours à la hauteur de la pensée rigoureuse qu'elle est censée exprimer au plus juste. Ces défauts sont dus aux conditions dans lesquelles Alexandra a écrit la plupart de ses ouvrages. Beaucoup des textes qui les composent étaient d'abord destinés aux journaux, ce qui imposait un ton familier et parfois quelque peu emphatique, un style rapide et coulant, mais excluait la formulation savante et aussi la subtilité des nuances. Ils étaient écrits au jour le jour, et presque toujours à la hâte. Même quand elle composait ses livres, tout au moins dans les premières années, Alexandra David-Neel avait un programme excessivement serré, afin de satisfaire aux contrats d'édition qu'elle avait signés, et elle en arrivait à se surmener pour terminer ses manuscrits à la date fixée, pressée qu'elle était par ses éditeurs. D'ailleurs, elle ne pouvait travailler que dans les trop rares moments dont elle disposait en une vie surchargée par les tournées de conférences, par toutes sortes d'allées et venues et de démarches.

Malheureusement, lorsqu'elle put consacrer plus de temps à l'élaboration de ses livres, le pli était pris, elle avait acquis l'habitude de la hâte. A la plupart de ses ouvrages il a manqué, faute de temps, une révision sérieuse, qui en eût éliminé certains éléments de désordre : par exemple unifier la graphie des mots asiatiques, transcrits de manière différente d'un livre à l'autre et parfois dans le même ouvrage, supprimer certaines inadvertances, perceptibles, le plus souvent, il est vrai, aux seuls spécialistes, mais qui, inopportunément, donnaient à ceux-ci des armes contre elle.

A la fin de l'année 1930, Alexandra David-Neel était enfin sur le point de repartir. A l'instigation de Gaston Doumergue, le gouvernement français l'avait pourvue d'une mission et lui avait même versé par avance une importante subvention, mais les Soviétiques avaient refusé de délivrer les visas nécessaires. Or, se trouvant chez Romain Rolland, à qui elle faisait part du veto soviétique, celui-ci lui suggéra de s'adresser directement à Lounatcharski, ministre de l'Instruction publique et membre du Praesidium suprême, avec qui il était en relation et qui se trouvait alors à la conférence de la Société des Nations à Genève. Alexandra s'y rendit aussitôt, afin de lui exposer la situation. Lounatcharski la reçut fort courtoisement et lui donna l'assurance que, dans un délai d'un mois, il aurait tout arrangé. Mais, finalement, même par cette voie, les démarches n'aboutirent pas.

Il ne restait plus à Alexandra qu'à reprendre le cycle alterné des tournées de conférences et de la composition de ses livres. En 1930-1931, elle décida cependant de voyager un peu, mais cette fois pour son plaisir. Elle fit un premier séjour sur les bords du lac Majeur en juillet 1930, puis passa quelque temps à Rome en janvier 1931, revint en Italie en avril et y retourna encore en septembre. Une des raisons de ces déplacements répétés était l'amitié qu'elle avait contractée autrefois avec un journaliste socialiste du nom de Benito Mussolini. En avril 1931, elle est même officiellement son invitée. Reçue en audience au palais de Venise, le 23 avril à sept heures du soir, elle assiste, dans la loge du Duce, à une fête fasciste qui a lieu le 28 avril à la villa Borghese, ce qui dut bien amuser en elle un personnage qu'elle fut autrefois, la fervente anarchiste de la fin du XIXe siècle. Sans doute, Alexandra ne l'a jamais renié, mais elle était désormais convaincue que la solution du problème humain ne passait pas par la politique, quelle qu'elle puisse être. Alexandra David-Neel n'eut probablement plus l'occasion de revoir le Duce avant son départ pour l'Asie. A son retour, elle apprendra avec consternation sa fin lamentable et le lui reprochera : Hitler, dira-t-elle à M.-M. Peyronnet, en 1968, l'année de ses cent ans, lui au moins a su mourir dignement.

Au cours de cette année 1931, qui fut marquée par la publication de *la Vie surhumaine de Guézar de Ling*, la traductrice en anglais des livres d'Alexandra, Violette Sydney, qui était devenue son amie, vint vivre auprès d'elle. Elle habita la maison située au-dessus de *Samten Dzong*, mais qui faisait aussi partie de la propriété. Dans ses carnets, Alexandra a noté, le 14 juillet 1931, l'arrivée de Violette Sydney ; le 6 juin 1935 figure cette mention laconique : « Violette Sydney a quitté Digne, tous comptes terminés. » Par la suite, parlant d'Alexandra, Mrs. Sydney disait : « Cette femme est un génie, mais elle est impossible à vivre [1]. » Et elle ne fut pas la seule à le penser. En octobre 1931, les carnets indiquent que Philippe Neel a séjourné à *Samten Dzong* du 21 au 25 octobre. Il ne semble pas que « Mouchy » soit revenu ensuite à Digne avant 1934. L'année 1932 paraît avoir été relativement calme pour Alexandra, qui n'a noté sur ses agendas qu'un séjour à Nice en juillet-août : en effet, il lui arrive de quitter Digne, où il règne en cette saison une chaleur qui l'oppresse, pour venir respirer l'air marin. Puis, en septembre-octobre, elle fait une tournée de conférences qui dure près d'un mois. En hiver, elle va habiter le petit appartement qu'elle loue à Menton pendant quelques semaines. En 1931-1932, elle est fort absorbée par la composition d'*Au pays des brigands gentilshommes*, qui s'insère entre le *Voyage d'une Parisienne* et *Mystiques et magiciens*, dans la trilogie consacrée aux voyages. Quand en 1933 sort chez Plon ce nouvel

1. Marie-Madeleine Peyronnet : *Dix ans avec Alexandra David-Neel*, Plon, 1973. Violette Sydney et Alexandra David-Neel se retrouveront en Chine, quelques années plus tard.

ouvrage, Alexandra travaille déjà sur un nouveau manuscrit qu'elle intitule *l'Incarné des sept vallées*[1] ; en le terminant le 28 juillet 1934, elle le dénommera *l'Héritier spirituel*, mais il paraîtra finalement chez Plon en 1935 sous le titre *le Lama aux cinq sagesses*[2].

Dans l'introduction de ce livre, Alexandra tient à préciser qu'il fut conçu là-bas, « parmi les solitudes enchantées du Tibet ».

« Assis sur un monticule près de notre camp, tandis que nos hommes préparent le repas du soir, le lama Yongden et moi, nous causons.

» Plusieurs séjours hors du pays tibétain[3] ont déjà permis à mon fils adoptif de prendre quelque peu contact avec le monde occidental et certains livres qui s'y publient, concernant le Tibet, lui sont venus entre les mains. C'est de ceux-ci qu'il me parle.

“ Pourquoi, me dit-il, des gens qui n'ont jamais pénétré au Tibet, qui ne connaissent rien de l'aspect du pays et des mœurs de ses habitants, s'aventurent-ils à écrire à leur sujet ? Tout ce que j'ai lu de leurs descriptions est complètement incorrect... Les gens de l'Occident sont-ils donc si naïfs qu'ils ajoutent foi à ces fantaisies ?

— Il est probable qu'un bon nombre de ceux qui en ont

1. C'est là un rappel du titre « L'Incarné des neuf vallées » que portait son ami, le lama tulkou Gurong Tsang, et c'est peut-être parce que les deux personnages se ressemblaient aussi peu que possible qu'Alexandra a finalement renoncé à cet intitulé.

2. Ces cinq sagesses sont les vertus ou « perfections » des *bodhisattvas*, ce que sont par définition les tulkous qui se réincarnent afin de poursuivre sur cette terre leur œuvre, la libération de tous les êtres vivants. On en dénombre ordinairement six : le don de soi, la perfection morale, la patience, l'énergie, la concentration et la sagesse suprême, mais cette dernière *(prajnâ)* étant considérée comme la synthèse de toutes les autres vertus, ou *pâramitâ*, n'est parfois pas décomptée à part. Ainsi qu'on l'aura peut-être remarqué, le dernier titre choisi par Alexandra fait allusion à la *Prajnâ Pâramitâ*, le sûtra de la Suprême Sagesse, dont elle fit pendant tant d'années le thème de ses réflexions et de ses méditations, et c'est la *Prajnâ Pâramitâ* aux desseins mystérieux pour les hommes qu'elle montre à l'œuvre dans tout le cours de ce récit.

3. Cet épisode se passe donc entre 1921 et 1923, pendant leurs longues errances à l'est du Tibet, après leur voyage au Japon, en Corée et en Chine.

connaissance entretiennent quelques doutes quant à leur authenticité, mais les livres dont tu parles sont principalement des romans et leurs lecteurs ne leur demandent que de les amuser pendant un moment.

— Ne peut-on pas trouver autant de plaisir à lire des récits véridiques ? Les personnages peuvent être en partie imaginaires, mais faits, coutumes et paysages doivent être réels, sinon l'auteur n'est qu'un imposteur qui trompe ceux qui le lisent et leur remplit l'esprit de notions erronées. C'est là un péché.

— Si tu blâmes tant ceux qui présentent, dans leurs livres, une peinture mensongère et grotesque de ton pays, il faut leur opposer des descriptions correctes des hommes et des choses d'ici. Écris un livre qui le fera.

— Comment ferais-je ? répondit-il. Je ne sais que très peu d'anglais et, quant à votre langage, il faudra que j'aille en France pour l'apprendre.

— Lama *lags*, dis-je sérieusement, en donnant à mon fils son titre religieux, j'écrirai votre livre dans mon langage. Commencez à prendre des notes sur ce que vous observerez, rappelez à votre souvenir les événements et les traits intéressants dont vous avez été le témoin ou qui vous ont été rapportés, les idées que vous avez entendu exprimer. Formez ainsi un dossier dans lequel nous puiserons... ”

» Yongden souriait de façon singulière.

“ Quoi donc... ? demandai-je.

— J'ai déjà un petit manuscrit ”, avoua-t-il malicieusement. »

Ce manuscrit, c'est l'histoire qu'il a entendu raconter d'un tulkou, peut-être ce Tchangpal, à la mémoire duquel est dédié *le Lama aux cinq sagesses*, qui deviendra Mipam dans le roman. Mipam, que diverses manifestations avaient désigné dès sa naissance comme un probable « réincarné », ne fut pourtant pas finalement désigné comme le successeur du lama défunt. Pendant fort longtemps, il mena une existence laïque, errante et aventureuse et s'éprit de la belle Dolma, mais, poussé par une force invincible, il devait un jour retrouver ses moines et son monastère, tandis que Dolma, qui s'était écartée de celui dont elle avait deviné la destinée surhumaine et était devenue nonne, mourait en le bénissant.

Typiquement tibétain, ce thème a permis à Alexandra et Yongden non seulement de donner au lecteur un aperçu aussi exact que vivement coloré de la vie quotidienne des Tibétains à l'époque de leurs voyages, mais surtout de le faire pénétrer fort avant dans l'intimité de leur esprit baigné et éclairé par une très haute spiritualité. A ce titre, *le Lama aux cinq sagesses* apparaît comme un complément aux différents essais d'Alexandra David-Neel.

En 1933-1934, Alexandra reprend ses tournées de conférences. C'est devenu pour elle une habitude qui rythme sa vie et qu'elle semble bien accepter, probablement parce que ces bains de foule compensent d'une certaine manière la solitude où elle s'enferme, la vie laborieuse que, d'ordinaire, elle mène. En mai 1933, elle « conférencie » dans l'est de la France, puis à Paris, d'où elle part faire un court « pèlerinage » aux lieux où s'est déroulée son enfance, en Belgique. En juillet, ses carnets mentionnent un nouveau voyage qui la conduit de Suisse à Épinal, d'Épinal à Mons, à Ostende et à Anvers, et qui se termine en Hollande, mais ils n'indiquent pas si, dans les villes citées, Alexandra a prononcé des conférences. En janvier 1934, elle va encore à Troyes, à Reims, à Bruxelles et à Rotterdam. « En somme, écrit-elle alors à Philippe, sans être de tout premier ordre, mon succès est très satisfaisant et je puis, maintenant, voir qu'il n'est pas un simple feu de paille ; il dure et a tendance à s'accentuer. Les coupures de journaux que je reçois de nombre de pays montrent une unanimité complète dans la presse à me louer et à vanter mon érudition de tibétanisante. Ceci est agréable, mais il y a un écueil, tu vas le comprendre.

» Les journaux impriment couramment qu'il n'existe, actuellement, personne au monde qui connaisse la langue et la littérature tibétaines aussi bien que moi. C'est évidemment une réputation flatteuse, mais pas mal de professeurs d'université se mettent, maintenant, à étudier le tibétain ; pour me maintenir à la place où l'opinion m'a juchée, il importe que je ne me laisse pas dépasser. Il faut que je travaille et que je produise, à bref délai, un ou deux ouvrages d'orientalisme. Ce serait aussi une façon de justifier les subventions qui m'ont été accordées par divers ministères. Composer de pareils ouvrages exige beaucoup de temps ; ceux-ci ne rapportent rien, ou presque rien, mais ils consolident la réputation d'un auteur[1]... »

Cet écueil dont elle parle c'est la possible concurrence, et, très précisément, celle que peut lui faire le grand tibétologue italien, Giuseppe Tucci. Né en 1894 — il a donc vingt-six ans de moins qu'elle —, Tucci a fait son premier voyage au Tibet en 1927, trois ans après l'expédition d'Alexandra à Lhassa ; il y retournera à maintes reprises jusqu'en 1948, parcourra la plus grande partie du pays, séjournera dans les monastères et en rapportera une foule de documents. En 1934, Alexandra conclut qu'un nouveau voyage est devenu absolument indispensable. Elle tente de reprendre contact avec les autorités soviétiques. Mais Lounatcharski est mort en 1933 et Alexandra ne parviendra pas à savoir pour quelles raisons et par qui son entrée en U.R.S.S. restait interdite. Elle décide alors de se rendre directement en Chine.

« Je vais partir pour Pékin aussi promptement que possible ; là-bas, Albert va tâcher de trouver au temple des lamas un lettré avec l'aide de qui, lui et moi, pourrons nous perfectionner dans la langue littéraire tibétaine et mener à bonne fin la traduction du grand ouvrage de Tsong-K'a-pa qu'Albert a ébauché... Si je ne trouve pas à Pékin l'érudit qu'il me faut, je le chercherai ailleurs[2]... » En fait, il lui faudra encore patienter trois ans.

Si, en 1935, Alexandra s'est, semble-t-il, peu déplacée, en 1936, elle n'est, au contraire, restée que fort peu de temps à *Samten Dzong*. L'année a commencé par une tournée de conférences tout à fait exceptionnelle puisqu'elle fut cette fois internationale, ainsi qu'on le verra par son programme qui s'étend sur deux mois : 14 janvier, conférence à Prague ; 17 janvier, à Budapest ; 28 janvier, à Vienne ; 3 et 4 février, à Stuttgart ; 8 et 11 février, à Zurich ; 13 février, à Bâle ; 17 et 19 février, à Lausanne ; 22 février, à Genève ; 26 février, de nouveau à Lausanne. Au cours de ces deux mois Alexandra David-Neel a donc visité cinq pays. Elle a reçu partout un accueil inoubliable. A Zurich, le 9 février 1936, au cours d'un dîner, elle a rencontré C. G. Jung qui, ainsi qu'on le sait,

1. Lettre de *Samten Dzong*, 22 mars 1934.
2. *Idem*.

s'intéressait alors beaucoup à la pensée de l'Asie. Le cycle se termine par plusieurs conférences à Paris, dont une, le 2 mars, à la Sorbonne. De Paris, Alexandra se rend à Bruxelles et elle n'est de retour à Digne que le 2 avril. Elle en repart le 3 juin pour Tunis ; elle va passer quelques jours à Bône chez Philippe Neel, mais surtout elle profite de son séjour pour faire un rapide voyage dans cette Afrique du Nord à laquelle elle demeure très attachée et visite Marrakech, Taroudant, Agadir, Mogador (actuel Essaouira), Safi et Fès. Lorsqu'elle rentre en France, elle y précède de peu Philippe qui reste un moment auprès d'elle. Ils se ménagent ainsi quelques instants d'intimité, avant une séparation qui pourrait bien, cette fois, être définitive : elle a soixante-huit ans, mais lui soixante-quinze ; et, en effet, ils ne se reverront plus. Dans les agendas, Alexandra a noté, le 11 novembre 1936 : « à Marseille, attendre Mouchy », et le 12 : « Mouchy s'embarque à 10 heures pour Bône. C'est la dernière fois que je l'ai vu. »

Chapitre 10

Mourir là-bas

C'est donc seulement à soixante-neuf ans qu'Alexandra David-Neel pourra enfin retrouver l'Asie, après avoir passé près de douze ans en France, alors qu'elle comptait bien repartir beaucoup plus tôt. Accompagnée de l'inséparable Yongden, qui a maintenant trente-six ans, elle quitte Paris le 1er janvier 1937. Peu avant son départ, elle a publié *le Bouddhisme. Ses doctrines, ses méthodes*, exactement comme elle avait laissé derrière elle *le Bouddhisme du Bouddha et le Modernisme bouddhiste* en quittant la France en 1911 pour son premier grand voyage. Ces deux livres sont très différents, bien que parfois encore confondus. En somme, c'est le bouddhisme avant et le bouddhisme après l'expérience.

En janvier 1937, Alexandra fait halte pour quelques jours à Bruxelles, où elle se rend sur la tombe de son père, comme si elle venait lui faire ses adieux, au cas où elle ne reviendrait plus. Le 9, elle s'embarque à la gare du Nord à Bruxelles dans le Nord-Express qui, par Berlin, l'amène à Varsovie, où elle reste trois jours. Le 14, les deux voyageurs sont à Moscou, qu'ils visitent rapidement, et montent dans le Transsibérien. Ils ne parviendront à Pékin que douze jours plus tard.

Quand Alexandra arrive en Chine, la guerre civile y règne depuis de nombreuses années, le pays est divisé entre les communistes et le Kouomin-tang, dont l'autorité n'est que nominale dans toutes les provinces où les véritables maîtres sont les « seigneurs de la guerre ». Face à cette situation anarchique, les Japonais, qui occupent la Mandchourie depuis 1931 et ont pénétré en Chine du Nord et en Mongolie intérieure depuis 1933, n'attendent que le moment favorable pour passer à l'étape suivante : la conquête de la Chine entière, la formation de cette grande Asie orientale, dont l'empire nippon serait le protecteur. Devant cette menace qui peu à peu se précise, nationalistes et communistes choisissent *in extremis* de coopérer à la défense du territoire. Mais c'est alors que les Japonais décident de passer à l'attaque sans plus tarder.

Cette situation orageuse a pour conséquence qu'il est devenu presque impossible de se déplacer en Chine, et particulièrement de la traverser de part en part, du nord-est au sud-ouest, ainsi qu'Alexandra David-Neel comptait le faire, qu'il est même fort difficile de déterminer d'avance l'endroit où elle pourrait séjourner en sécurité. Cette incertitude oblige Alexandra et Yongden à demeurer à Pékin pendant cinq mois. Ils y sont les hôtes de Mme Rosen Hoa, femme de lettres polonaise, mariée à un ingénieur chinois, ayant étudié en France. Pour Alexandra, c'est là l'occasion de faire la connaissance de ces jeunes intellectuels chinois, très occidentalisés, qui jouent un rôle de premier plan dans la Chine nouvelle. Elle n'en néglige pas pour autant ses études. Elle s'est liée à Pékin avec un geshé (docteur en théologie) tibétain de l'université monastique de Drépung ; trois fois par semaine, Alexandra et Yongden ont avec lui des réunions consacrées à la lecture et à l'explication de textes tibétains.

Enfin, le 30 juin 1937, les deux voyageurs quittent l'ex-ville impériale pour Taiyuan par le train, mais c'est grâce à une voiture militaire, puis à une litière rustique improvisée que, le 8 juillet seulement, Alexandra atteindra son objectif, le grand monastère lamaïste de Pou-sa-ting, l'un des sanctuaires les plus vénérés de la Chine, situé sur le mont central du massif du Wou-tai-chan. Selon l'opinion des dévots, la montagne sacrée était le siège de toutes sortes de phénomènes extraordinaires ; en particulier on y voyait « jaillir au-dessus des crêtes des montagnes des rayons de lumière diversement colorés et, pendant la nuit, certains apercevaient des lampes d'autel brûlant sur les sommets[1] ».

A Taiyuan, « un fonctionnaire chinois lettré, ayant fait ses études en Amérique, homme sérieux, d'âge mûr, libre penseur, peu enclin à voir des miracles » lui avait assuré qu'il avait lui-même observé cet étrange spectacle, mais Alexandra, qui n'avait rien vu des manifestations comparables censées se produire sur le mont Omichan dans le sud de la Chine, qu'elle avait autrefois visité, était demeurée sceptique. Cependant, au Wou-tai-chan, il lui « arriva de le voir, soudainement, alors qu'elle pensait à tout autre chose. Le fait se produisit deux fois. La première fois, les jets de lumière verdâtre, rouge et jaune avaient un très vif éclat et s'élevaient droit dans le ciel ; le phénomène ne dura que quelques minutes. La seconde fois, il fut moins brillant. Des langues de feu couleur d'or pâle émergeaient de-ci de-là, des plus hautes cimes ; elles demeurèrent visibles pendant assez longtemps, puis, tout à coup, s'éteignirent ».

Au monastère de Pou-sa-ting, dont elle trouve la discipline fort relâchée, Alexandra demeura du 8 juillet au 20 septembre. Elle y assiste au grand festival religieux annuel et met à profit ses loisirs forcés pour composer son second roman tibétain, *Magie d'amour et Magie noire,* qu'elle avait déjà commencé à Pékin, six jours seulement après son arrivée, le 1er février et qu'elle terminera au Wou-tai-chan le 14 août 1937. Envoyé immédiatement aux éditions Plon à Paris, le manuscrit sera publié en 1938. L'atmosphère particulièrement sombre de ce livre, écrit si rapidement, qui est presque un roman d'épouvante, dont elle dira elle-même dans une lettre à son mari : « C'est un roman plein de passion charnelle et d'horreur, avec un fond de mysticisme et de superstition », reflète l'état d'esprit dans lequel se trouvait alors Alexandra David-Neel, coupée de tout et ne sachant vraiment plus où aller.

En effet, à peine avait-elle quitté Pékin que, tout près de cette ville se produisait, le 7 juillet 1937, l'incident de Loukeou-k'iao, provoqué par les troupes japonaises, lors de soi-disant « manœuvres » exécutées aux abords de l'ancienne

1. *Sous des nuées d'orage,* p. 134.

capitale, et qui marquent le début des hostilités sino-japonaises. Tout aussitôt, le gouvernement japonais adressa au gouvernement de Nankin un ultimatum le sommant de reconnaître l'indépendance du Tchahar et du Ho-pei. Cette fois, Chiang Kai-chek ne pouvait plus obtempérer, le conflit était devenu inévitable. Dès le 28 juillet, Pékin était aux mains des troupes japonaises, qui s'empareront de Shanghai en novembre, tandis que leur aviation commencera à bombarder systématiquement les grandes villes chinoises. Le 20 novembre, la capitale de la Chine sera transférée à Tch'ong-k'ing, dans la province de Sseu-tch'ouen, à l'extrême ouest du pays, et précisément à proximité des régions où Alexandra projetait de se rendre. D'ailleurs, Nankin tombera aux mains des Japonais le 13 décembre 1937. Et déjà, il est question dans toute la Chine des atrocités commises par la soldatesque nippone.

Bien que les lamas de Pou-sa-ting aient proposé à leurs hôtes de rester au monastère jusqu'à la fin des hostilités, les événements inciteraient plutôt Alexandra à quitter au plus vite cette zone directement menacée. Le 15 août, les avions japonais bombardent Taiyuan et à Wou-tai-chan une certaine agitation militaire, puis populaire rend son séjour peu sûr. Afin de prendre de l'exercice, Alexandra et Yongden font de longues marches dans les montagnes environnantes. Leur régime est devenu de jour en jour de plus en plus frugal. Alexandra David-Neel n'avait emporté avec elle qu'une très petite provision d'argent, ne comptant nullement rester là aussi longtemps ; aussi économise-t-elle le plus qu'elle peut et les repas de nos deux lamas se composent fort souvent de pissenlits sauvages accompagnés de riz ou de pain, et parfois agrémentés d'un peu de maïs ou de quelques fèves qu'ils ont glanés dans les champs.

Très vite, Alexandra est obligée de se rendre compte que non seulement ce nouveau voyage sera aussi pénible que périlleux, mais que — et ceci est pour elle plus grave — elle ne pourra faire en Chine presque rien de ce qu'elle voulait. Sa préoccupation essentielle sera de s'éloigner au plus vite de la zone des combats, pour gagner cette Chine du Sud-Ouest qu'elle connaît fort bien et où la population est en partie d'origine tibétaine. Là au moins, pense-t-elle, elle pourra à la fois trouver un gîte sûr et reprendre son enquête. Mais le trajet se révélera finalement beaucoup plus long et beaucoup plus difficile encore qu'elle avait pu le supposer au départ.

De Pou-sa-ting, qu'ils quittent le 20 septembre, les deux voyageurs, devenus désormais des fugitifs, regagnent Taiyuan grâce à des relais de muletiers, mais, au cours du trajet, la charrette qui transportait leurs bagages bascule et déverse son contenu sur Alexandra qui est assommée. C'est blessée et contusionnée qu'elle arrive à Taiyuan, où elle est recueillie à la mission baptiste anglaise. Elle est obligée de s'arrêter là plusieurs jours, bien que les Japonais approchent, car il faut attendre l'argent qu'elle avait cru mettre en sûreté à Pékin, mais qui, du fait de la rupture des communications, s'y est trouvé bloqué. Les raids aériens se multiplient et deviennent bientôt quotidiens. Avec leurs hôtes, Alexandra et Yongden se réfugient dans un abri, celle-ci n'oubliant pas d'y emmener avec elle ses manuscrits. Enfin, l'argent arrive et nos voyageurs prennent le train pour Shi-kia-tchwang et, de là, un autre train qui doit les conduire à Han-k'eou en Chine centrale. Après avoir subi plusieurs bombardements en route, ils ne parviennent que jusqu'à Tcheng-tcheou d'où il leur faut reprendre un troisième train. Après un trajet qui dure trois jours et trois nuits, les voici arrivés à Han-k'eou le 11 octobre.

Parvenue à Han-k'eou, Alexandra a un moment d'hésitation. « Les étrangers qui demeurent dans l'intérieur de la Chine affluent vers les endroits où existent des moyens de transport pour quitter le pays. Un train international partira encore demain pour Hong-Kong. » Ce train, qui sera peut-être le dernier, Alexandra pourrait le prendre, et rentrer. Mais, « que faire à Hong-Kong, de là où aller ? », car elle ne cédera pas. Elle est venue en Asie et n'y a encore rien fait de ce qu'elle espérait, rien ne l'obligera à terminer là son voyage. En définitive, ne serait-il pas plus sage de se rendre dans un endroit tranquille et d'y attendre la fin de cette guerre qui se terminera bien un jour ? Mourir là-bas, Alexandra non seulement ne s'en soucie guère, au fond elle le souhaite, mais peut-être supporterait-elle moins facilement l'idée, qui va pourtant devenir une réalité, d'être immobilisée pendant plus de sept ans. Tout bien pesé, elle décide d'essayer de gagner

Ta-tchien-lou, où la population est tibétaine ; là, elle sera au moins en milieu familier. D'après les renseignements qu'elle recueille, la ville, près de laquelle elle n'a fait que passer autrefois, est fort bien située (à deux mille cinq cents mètres d'altitude) et de ce fait très saine ; on l'assure qu'elle y trouvera facilement à se loger dans un monastère lamaïste. Surtout, Ta-tchien-lou est le point le plus proche du Tibet qu'elle puisse en ce moment atteindre. « A une vingtaine de kilomètres, au-delà d'un col, commence un pays de pâturages coupé de forêts. J'ai parcouru cette région, je m'y trouverais suffisamment à l'aise et je me sentirais très capable, s'il le fallait, de gagner, de là, la Birmanie. » Donc, elle compte s'installer là « en vue d'un séjour prolongé pendant lesquel je pourrai travailler, écrire des livres et continuer à accumuler... des matériaux " négociables " : histoires, légendes, ethnologie, ethnographie, etc.[1]. »

Vers le 10 janvier 1938, Alexandra s'embarque, au milieu des bombardements, sur un steamer qui remonte le Yang-tsê kiang. Le bateau est bondé de fugitifs, obligés de se tenir debout les uns contre les autres — car il n'y a même pas assez de place pour s'asseoir sur le plancher —, mais trop heureux d'échapper au sort de ceux qu'on a dû laisser et qui campent comme ils peuvent sur les rives, quitte à y mourir de froid, car il gèle pendant la nuit. Cinq jours plus tard, Alexandra et Yongden sont à Yichang, où ils reprennent un autre bateau qui les conduit en cinq autres jours à Tch'ong-k'ing. Au début de mars, ils peuvent enfin quitter cette ville affreuse et sale, où s'entassent les réfugiés ; une voiture les conduit jusqu'à Tch'eng-tou. Alexandra y est attendue par le consul de France, le docteur Béchamp, qui lui offre un « petit pavillon détaché qui se trouve dans l'enclos de l'ancien laboratoire français », là où précisément elle avait logé, quinze ans plus tôt. Alexandra voudrait poursuivre immédiatement sa route jusqu'à Ta-tchien-lou, mais les cols qu'il faut franchir sont encore enneigés et elle devra attendre jusqu'à la fin de juin pour pouvoir passer.

1. Lettre datée : Canadian Mission Agency, Tch'ong-k'ing, Szechwan, 22 janvier 1938. Ces matériaux formeront en effet la substance de *A l'ouest barbare de la vaste Chine*.

Enfin, le 4 juillet 1938, après avoir encouru mille périls, en dix mois de voyage, et avoir bien cru ne jamais pouvoir arriver jusque-là, Alexandra David-Neel et le lama Yongden parviennent à Ta-tchien-lou. Alexandra espère y « vivre à relativement bon marché, jusqu'à ce que l'on puisse y voir clair dans la situation ». Mais les facilités qu'on lui avait annoncées se révèlent illusoires ; il n'est pas question de se faire héberger dans un monastère lamaïste et elle est bien obligée d'accepter l'hospitalité que lui offrent les missionnaires écossais de la China Inland Mission, ce qui ne peut constituer qu'une solution provisoire. Aussitôt installée, Alexandra se met au travail. Elle reprend les notes qu'elle a accumulées au jour le jour, depuis le 25 août 1937, alors qu'elle se trouvait à Wou-tai-chan, et compose le reportage sur les événements d'Extrême-Orient, qu'elle a proposé aux éditions Plon. *Sous les nuées d'orage* sera achevé à Ta-tchien-lou le 24 février 1939 et envoyé à Paris en septembre 1939, au moment où un autre orage se déclenche à l'Ouest. Le livre sera publié en 1940. Parallèlement, avec l'aide de Yongden, Alexandra entreprend la rédaction d'une *Grammaire tibétaine* et d'un vocabulaire français-tibétain, qui lui ont été demandés par l'ambassadeur de France en Chine, un concours de tibétain venant d'être institué au ministère des Affaires étrangères.

Ces travaux constituent pour elle une distraction bien opportune, car la situation politique devient de plus en plus inquiétante. Les Japonais poursuivent leur avance, malgré la résistance chinoise qui commence à s'organiser, les bombardements aériens se multiplient et, surtout, ils gagnent maintenant l'ouest de la Chine ; enfin, même à Ta-tchien-lou, la situation est peu sûre : « La ville regorge de réfugiés et de troupes. Les soldats logent dans tous les monastères. Les sentiments anti-étrangers croissent dans la populace. Il y a trois jours, un énergumène armé d'une lance a tenté de pénétrer dans l'évêché pour tuer l'évêque français, Mgr Rouchouse. Le portier qui l'a arrêté a été fortement blessé au visage[1]. » Et Alexandra envoie tout aussitôt à *la Revue de*

1. Lettre de Tch'eng-tou, Szechwan, Chine, 18 juin 1938.

Paris un article sur « L'effondrement du pouvoir des Blancs en Chine ». En juillet, elle se demande même si elle va pouvoir rester sur place : « Si je ne tenais pas à continuer certaines études, je ne m'éterniserais pas en Chine. » Mais alors se pose la question : où aller ? car il n'est pas un instant question qu'elle quitte l'Orient, où elle a encore tant à faire. Finalement, conclut-elle, c'est encore à Ta-tchien-lou qu'elle se trouve le plus en sécurité, car, si la situation y devient intenable, au moins pourra-t-elle gagner les vastes solitudes qui s'étendent jusqu'au Tibet et à la Birmanie. Pourtant, « les choses vont mal en Chine, très mal, écrit-elle à Philippe en septembre 1938. Ce que tu lis dans les journaux a trait à la guerre, mais ce que nous voyons, nous, les étrangers habitant la Chine, se rapporte à une grave révolution menaçant de nous mettre en grand danger. Ce n'est pas moi seule qui vois cela. Nos consuls respectifs voient l'orage venir comme nous et aimeraient mieux nous savoir tous hors de Chine. Le consul britannique à Ch'ung-king (Tch'ong-k'ing) s'est mis en quête d'Albert [1], lui a écrit, veut qu'il le tienne au courant de ses déplacements pour pouvoir lui télégraphier d'urgence ses avis quand il le faudra. Moi, je suis en communication continuelle avec le consulat de Chengdu (Tch'eng-tou), et l'ambassadeur, que je connais de longue date, me témoigne beaucoup de sollicitude. C'est un réconfort mais nous sommes tous bien impuissants devant l'attitude, de plus en plus nettement anti-étrangère des Chinois [2] ». Quelques jours plus tard, elle note encore, à l'intention de son mari [3] : « Le communisme regagne beaucoup de terrain et l'on prévoit qu'après la victoire des Japonais Chiang Kai-chek ne pourra pas se maintenir et que tout ce qui restera de la Chine deviendra communiste, comme le sont les provinces du Sud. »

A Ta-tchien-lou, Alexandra David-Neel vit de façon fort précaire. Elle avait peu de ressources au départ, comptant bien se faire envoyer de l'argent de France, mais, si elle a bien reçu dix mille francs de son mari en mars, elle sait qu'il

1. Le lama Yongden qui possédait un passeport britannique.
2. Lettre de Ta-tchien-lou, Sikang, Chine, 3 septembre 1938.
3. Lettre de Ta-tchien-lou, 12 septembre 1938.

ne lui faudra guère compter dans l'avenir sur d'éventuels subsides, surtout après le déclenchement des hostilités en Europe. Et c'est la raison pour laquelle elle a accepté les travaux que lui a confiés l'ambassadeur de France, tout en avouant à Philippe : « Ah ! je t'assure que je voudrais bien, à mon âge (soixante-dix ans) pouvoir me dispenser de ces recherches de gain qui ne vont bien qu'à la jeunesse[1]. »

Vers le 20 ou 21 juillet 1938, Alexandra David-Neel et le lama Yongden ont pu enfin s'installer à l'écart de la ville, dans l'ermitage du Pomo-san, perché sur une crête qui domine la vallée et appartenant à un monastère chinois. La maisonnette qu'on lui offre est minuscule, destinée à un reclus. Bâtie en pierre avec des murs épais, elle comprend deux très petites chambres. Dans la moins exiguë des deux, « une banquette en bois, encastrée dans le mur et une cloison de planche, sert de lit pendant la nuit, de siège pendant la journée... Quelques étagères pour placer des livres et un petit autel dont le bas forme une armoire complètent l'ameublement... La chambrette, chichement éclairée par une petite fenêtre carrée, communique avec la pièce voisine servant de cuisine... Devant l'unique entrée de ce logis s'étend une cour dont les dimensions minuscules s'apparentent aux siennes. Elle est entièrement clôturée par un mur suffisamment élevé pour que le reclus qui y viendrait prendre l'air ne pût pas être vu du dehors et que lui-même ne pût voir que le ciel et les crêtes de quelques hautes chaînes des montagnes lointaines. » Quant à Yongden, il est logé dans un autre ermitage, mais de style moins sévère, car sa large fenêtre s'ouvre au-dehors ; seulement il ne vit pas seul et doit partager son logis tout aussi exigu avec le domestique, qui couche sous le toit dans une soupente.

Cette installation si conforme à ses goûts plut tout de suite à Alexandra. Au moins, là, se sentait-elle hors du monde, en vue de ses hautes montagnes qui étaient son paysage favori et qui lui donnaient la nostalgie d'un autre ermitage, celui qu'elle avait occupé autrefois dans l'Himalaya. D'ailleurs, elle l'avait aménagé à sa manière, faisant de la cuisine l'indispensable « salle de bains » en y plaçant un baquet de

1. Lettre du 3 septembre 1938.

bois. Lorsque le temps était suffisamment chaud, elle transportait le baquet dans la cour bien close, afin d'y faire ses ablutions, suivies d'un bain de soleil. Or un jour qu'elle se « rôtissait au soleil, aussi peu vêtue que possible », elle entendit frapper à la porte massive qui fermait sa cour. D'abord, elle crut qu'il y avait une erreur et que, si elle ne répondait pas, l'importun finirait par s'en aller. Mais il continuait à frapper avec insistance, en criant : « Ouvrez ! ouvrez ! » Fort courroucée, elle répondit enfin : « C'est ici un ermitage : on ne doit pas entrer... Je me lave... je n'ouvrirai pas. » L'homme cria encore une fois « Ouvrez ! », puis, n'obtenant pas de réponse, s'en alla en grommelant[1]. Ce n'était là qu'une des manifestations de cette méfiance à l'égard des étrangers, qui sévissait alors en Chine, mais Alexandra en retira l'impression désagréable que, décidément, on ne la laisserait en paix nulle part.

Malheureusement, l'ermitage du Pomo-san n'était guère utilisable que pendant quelques semaines par an, du fait de l'altitude et du caractère on ne peut plus sommaire de l'installation. Dès la venue de l'automne, Alexandra et Yongden se trouvèrent obligés de redescendre à Ta-tchien-lou, à la mission protestante, dont le prix de pension était d'ailleurs fort peu élevé. Suivant les aléas de la situation, Alexandra envisageait périodiquement de s'enfuir clandestinement en pays purement tibétain. Mais, si passer encore des cols situés à plus de cinq mille mètres était loin de la faire reculer, une question irritante — l'impossibilité de se procurer dans ces pays du numéraire y ayant cours — l'empêchait de mettre à exécution ce projet. Elle voulait au moins être en mesure de retourner à Tch'eng-tou, où son ami, le docteur Georges Béchamp, consul de France, lui faisait aménager un logis plus confortable; mais, pour le moment, on l'invitait à rester là où elle était car Tch'eng-tou venait d'être bombardé trois fois en une semaine.

De plus, en novembre 1938, les missionnaires anglais informent Alexandra qu'ils ne peuvent plus la garder et celle-ci ne sait vraiment plus où aller. Fort opportunément, l'évêque catholique, Mgr Rouchouse, avec qui elle entretient

1. *A l'ouest barbare de la vaste Chine*, p. 153 et suivantes.

de très bons rapports, et les religieuses de Ta-tchien-lou lui proposent, faute de mieux, un chalet qui servait d'entrepôt. Ce n'est qu'une baraque, mais qui comprend quand même deux grandes chambres, une pour elle et une pour Yongden, une cuisine et des dépendances, où pourra loger le domestique que, pour des « raisons de sécurité », elle est obligée de garder.

Dans ces circonstances difficiles, Yongden sait se rendre utile ; il lui est même tout à fait indispensable : « Albert [1] n'a pas perdu son temps, il s'est fait déjà pas mal d'amis parmi ses compatriotes du sud du Tibet qui résident ici. Ceux-ci m'ont aussi très bien accueillie et, en cas de besoin, je pourrais compter qu'ils m'aideraient à trouver les moyens de gagner un lieu de refuge. Du moins, on peut l'espérer... » écrit-elle dès le 19 juillet 1938 [2], et le 9 octobre, elle précise : « Il sait prendre les gens, les rendre obligeants et, en Orient, où le décorum exige qu'une femme de bonne condition sociale ne traite pas d'affaires directement, il m'est précieux. » Puis elle ajoute : « Évidemment, il n'est pas parfait. Qui donc l'est ? Et depuis plus d'un an (seize mois) que nous vivons une existence de fugitifs, d'un bout à l'autre de la Chine, il y a quelque raison d'avoir les nerfs agacés [3]. Je le considère toujours comme le gamin de quatorze ans que j'ai pris près de moi autrefois ; mais les années ont passé et le " gamin " aura trente-neuf ans à Noël. Heureusement, il est resté enfant en bien des points, peut-être à cause de la manière dont je l'ai dirigé. » Et à ce mari, à qui, somme toute, elle ne cache rien, Alexandra fait cette confidence sur laquelle elle ne reviendra plus jamais, mais qui montre sa clairvoyance, même sur ce point : « Je me rends compte de mon égoïsme. J'ai voulu avoir quelqu'un qui me soit utile, en n'importe quelles circonstances et qui se plie à ce que je désire. Cela a été au détriment du développement du garçon. J'aurais dû le mettre à même de suivre une carrière, une

1. C'est ainsi, comme on l'a déjà vu, qu'assez curieusement Alexandra s'entête à appeler Aphur Yongden, dont elle a tenu à franciser le prénom.
2. Lettre de Ta-tchien-lou, 19 juillet 1938.
3. Elle les aura à son tour quelques années plus tard, ainsi que nous le verrons.

profession, j'ai préféré le tenir en dépendance. Ce n'est pas très beau de ma part [1]. »

En mai 1939, Alexandra envoie Yongden en éclaireur à Tch'eng-tou afin de vérifier les aménagements de la maison où elle compte bien s'installer. Yongden revient en compagnie de Violet Sydney, la traductrice et amie d'Alexandra qui est, elle aussi, bloquée en Chine et qui sera encore auprès d'elle en mai 1940. Finalement, probablement à cause des bombardements qui continuent de plus belle à Tch'eng-tou, Alexandra décide de ne pas bouger. Mais, même là, sera-t-elle à l'abri ? C'est ce qu'elle se demande, au début de septembre 1939 : « Nous continuons à être dans l'attente des bombardements possibles parce que les endroits assez proches ont été violemment bombardés. L'évêque m'a conseillé d'envoyer dans une petite ferme à quelques kilomètres de Ta-tchien-lou les choses auxquelles je tiens le plus. Parce que deux bombes suffiraient à mettre en cendres la localité. Cette attente d'un sinistre possible, à un moment impossible à prévoir, est assez énervante [2]. »

Ce qui l'est encore davantage, c'est que l'on ne puisse même pas envisager que cette guerre puisse finir bientôt. En s'installant à Ta-tchien-lou, Alexandra espérait qu'au bout de quelque temps la situation s'éclaircirait et qu'elle pourrait entreprendre un nouveau voyage. Or celui-ci est impossible dans les circonstances présentes, et ce qui n'était pour elle qu'un abri provisoire est en train de devenir une prison, d'autant plus qu'elle est obligée de vivre parmi ses compatriotes, n'ayant que de très lointains et très distants rapports avec la population locale, devenue méfiante et parfois même menaçante. Alors, pour tromper son ennui, Alexandra travaille, elle ne cesse pas de travailler. A peine a-t-elle terminé *Sous les nuées d'orage* qu'elle commence un ouvrage de longue haleine, *A l'ouest barbare de la vaste Chine,* auquel elle consacre tous les loisirs que lui laisse la confection de la grammaire et du vocabulaire qui lui ont été commandés.

1. Lettre de Ta-tchien-lou, Sikang, Chine, 9 octobre 1938. Cinq ans plus tard, cette situation lui deviendra si pesante que Yongden se révoltera.

2. Lettre datée : Catholic Hospital, Kanting, Sikang, Chine, 2 septembre 1939 ; Kanting est le nouveau nom de Ta-tchien-lou.

A l'ouest barbare de la vaste Chine ne constitue pas seulement un utile complément aux autres ouvrages qu'Alexandra David-Neel a consacrés au Tibet ; comme elle est la seule Française, et peut-être même la seule Occidentale, à écrire sur un tel sujet, elle en traite tous les aspects — géographiques, historiques, ethnologiques et ethnographiques, religieux, folkloriques, etc. — et fait preuve ainsi d'une compétence véritablement universelle. De ce fait, le livre qui fut publié aux éditions Plon, en 1947, peu après son retour en Europe, constitue une mine de précieux renseignements sur une région fort mal connue. La population y est très mêlée, avec toutefois une nette prédominance tibétaine et il en va de même de la religion puisque les musulmans chinois y sont particulièrement nombreux. Quant à la situation politique, elle y fut de tout temps fort instable, ces pays étant depuis toujours disputés par les Tibétains et les Chinois. D'ailleurs, il en résulte une circonstance déroutante : les localités y ont généralement plusieurs noms et en changent souvent. Située aux frontières de la Chine occidentale et du Tibet oriental, cette vaste région constitue actuellement deux provinces chinoises, le Ch'ing-Hai (Koukou-nor, en langue mongole), composé de larges vallées et d'immenses plateaux herbeux, coupés de chaînes de montagne et parsemés d'une multitude de lacs, et le Si-Kang, aux vallées profondes encadrant de hauts plateaux, mais où de puissantes chaînes de montagne orientées du nord au sud culminent à plus de sept mille mètres non loin de Ta-tchien-lou.

Ainsi que peut-être on se le rappellera, lors de son premier séjour en Asie, Alexandra David-Neel avait longuement parcouru ces régions peuplées de « barbares », pour lesquels elle avait une toute particulière estime et même une sorte d'affection, car leur simplicité naïve, mais parfois malicieuse et souvent pleine de sagesse, convenait mieux à son tempérament que l'hypocrisie et la frénésie avide de ceux qui se prennent pour des civilisés. C'est donc de ces peuples divers, restés en marge de la « civilisation » qu'Alexandra nous conte ici l'histoire jusqu'alors à peu près inconnue, mais qui ne manque pas de pittoresque, et dont elle nous rapporte les nombreuses légendes. Mais, si *A l'ouest barbare de la vaste Chine* renferme une documentation considérable et jusqu'à ce jour unique, il ne se présente jamais comme un ouvrage savant, mais bien comme un livre de lecture, et c'est là ce qui en fait tout l'agrément. Au passage, Alexandra David-Neel ne se prive pas de donner fort pertinemment son avis sur l'évolution probable de la Chine — et les événements ont confirmé les vues qu'elle y exprime — ainsi que quelques détails sur sa vie à Ta-tchien-lou, dont on déplore, d'ailleurs, qu'ils soient si succincts.

Alexandra est en plein travail, quand, le 8 septembre 1939, Mgr Rouchouse vient lui apprendre que la guerre est déclenchée en Europe. Aussitôt, elle écrit à Philippe : « Les gens paraissent avoir déjà oublié les massacres d'il y a vingt ans. Les voilà qui recommencent et la guerre sera maintenant mille fois plus meurtrière à cause des " progrès " de l'aviation. Ce que j'en ai vu, en Chine, est terrifiant. Il est assez singulier que je me trouve, de nouveau, en Orient pendant cette guerre, comme je m'y trouvais pendant la précédente. » Dès octobre 1939, avec sa perspicacité habituelle, Alexandra David-Neel saisit que, dans cette guerre, le véritable vainqueur sera l'Union soviétique : « Staline paraît l'avoir " roulé " (il s'agit, bien entendu, de Hitler) : la Russie, que l'on croyait totalement pacifiste, dévoile des desseins de grande envergure. Elle semble devoir, à brève échéance, transformer fortement la carte du monde. » Comme la victoire des communistes en Chine est aisément prévisible, Alexandra voit le monde littéralement encerclé par le communisme international ; si elle déteste ce que l'on appelle le capitalisme, elle a bien plus peur encore de ce matérialisme athée dont la violence et l'absence de scrupules l'inquiètent. Mais, dans l'instant, pratiquement, le déclenchement de la guerre en Occident a pour elle cette conséquence qu'elle ne pourrait plus rentrer en Europe, si elle le voulait, qu'elle est condamnée à rester immobilisée à Ta-tchien-lou pour une durée indéterminée.

Le dernier lien qui la rattachait à la France va bientôt se rompre. Les nouvelles qu'elle reçoit de Philippe Neel au printemps de 1940 sont loin d'être bonnes. Il a eu une bronchite et sent qu'il s'affaiblit progressivement ; or il a maintenant près de quatre-vingts ans. Par la suite, ne recevant plus de lettres de lui, Alexandra s'inquiète ; le

22 septembre 1940, elle écrit à une nièce de Philippe, Mme Lucy Gut-Neel, qui habite la Suisse. Celle-ci réussit à joindre Philippe et à transmettre une lettre de son oncle à Alexandra, qui répond à Mme Lucy Gut-Neel le 1er janvier 1941. Toujours par l'entremise de cette nièce, Alexandra reçoit une lettre de Philippe Neel et répond à Mme Gut-Neel le 14 février : « Le consul de France à Chengdu t'enverra directement (en Suisse) le certificat de résidence dont ton oncle a besoin pour obtenir la permission de me faire un envoi de fonds... Ton oncle pourra probablement obtenir cette autorisation puisque, de par la loi, le mari est tenu de subvenir aux besoins de sa femme. Il va essayer dans tous les cas. »

Philippe Neel ne pourra plus essayer, car, le 8 février, il est mort dans sa maison familiale de Saint-Laurent-d'Aigouze, « entouré et soigné avec un grand dévouement » par une autre de ses nièces, Mlle Simone Neel. La lettre envoyée par Alexandra le 14 février 1941 s'est croisée avec le télégramme lui annonçant le décès de son mari. Ce télégramme, Alexandra le garda un long moment, le relut plusieurs fois, refoula ses larmes — ayant appris depuis sa petite enfance à ne pas pleurer — et prononça cette simple phrase : « J'ai perdu le meilleur des maris et mon seul ami. » C'est ce qu'elle devait confier beaucoup plus tard à la compagne de ses dernières années, Marie-Madeleine Peyronnet [1].

Sans doute est-ce ce deuil, venu s'ajouter à tant de circonstances contraires, aux menaces constantes qui pèsent sur elle : risque de bombardements et, pire encore, hostilité de la population, qui en arrive à provoquer chez elle, si stoïque, si résistante au physique comme au moral, une série de symptômes inquiétants, car elle a tout de même soixante-treize ans : deux jaunisses successives, le ver solitaire, des troubles intestinaux, graves et prolongés. En 1942, elle note sans commentaires dans son agenda que son poids a considérablement diminué. En 1943, nous trouvons dans les carnets une seule note, datée de novembre et vraiment laconique : « Ce jour, j'ai résolu de me séparer d'Albert. Le garçon

1. *Journal de voyage*, t. II, p. 359.

prend de l'âge, approche de la cinquantaine et devient insupportable[1]. » Équitablement, elle ajoute : « Je suis moi aussi d'un caractère difficile », puis, précise : « Je lui assurerai son avenir, il restera mon héritier. » On les sent tous les deux usés, aigris, complètement isolés, se demandant quelle nouvelle catastrophe va bien pouvoir survenir. On peut se demander pourquoi Alexandra a noté aussi solennellement cet événement dans ce carnet où elle n'a inscrit rien d'autre. Était-ce pour se rappeler cette date, était-ce pour ne pas oublier sa résolution ?

Toujours est-il qu'en fait seule la mort pourra les séparer. Il semble bien qu'en 1944 Alexandra et Yongden aient pu enfin quitter Ta-tchien-lou, pour s'installer dans le logis beaucoup plus confortable de Tch'eng-tou, auprès de ce consul de France qui ne demande qu'à leur rendre service. En tout cas, c'est à Tcheng-tou qu'en mai 1945 ils apprennent la fin des hostilités.

Le 23 septembre 1945, transportés par un avion chinois, ils arrivent à Calcutta. Ils y resteront neuf mois encore, soit qu'il leur ait été impossible de regagner tout de suite la France, soit plutôt qu'Alexandra ait longtemps hésité à le faire. En effet, elle confiera plus tard à Marie-Madeleine Peyronnet que, si ce n'avait été pour régler la succession de Philippe Neel, laquelle lui assurera une petite rente — elle touchera le tiers de la retraite de son mari —, dont elle a absolument besoin pour vivre, elle serait restée en Inde et aurait probablement fini par rejoindre les régions tibétaines où, pendant si longtemps, elle avait été chez elle et où, si souvent, elle avait souhaité mourir.

Le 19 novembre, à Calcutta, Aphur Yongden reçoit la notification officielle qu'il est reconnu comme lama-tulkou (*hukoutoukou,* suivant la terminologie mongole en usage en Chine) par le gouvernement chinois, avec le titre du *Fu Chiao Tang Chiao Ch'an Shih,* ce qui signifie littéralement, de manière assez pompeuse, « tulkou pénétré par l'illumination

1. Serait-ce que, bien tardivement, Yongden ne se soit plus laissé faire ? Peut-être ne se considère-t-il plus, lui, comme ce gamin, dont elle parlait à son mari quelques années plus tôt, peut-être qu'il n'est pas aussi « enfant » qu'elle le croit. Peut-être lui a-t-il enfin reproché ce qu'elle se reprochait à elle-même en 1938.

et se dévouant à la propagation de la religion » et correspond très exactement à la définition même du bodhisattva. Pourquoi ce titre fut-il décerné à Yongden, précisément au moment où il s'apprête à quitter définitivement son Asie natale ? Et qui le lui a fait obtenir ? Nous ne le saurons probablement jamais ; notons seulement que ni Yongden ni même Alexandra ne se prévalurent de ce titre ; celle-ci se contentera de le citer seulement au passage dans l'un de ses livres.

Maintenant qu'elle a acquis une certaine liberté de mouvement, la première idée d'Alexandra David-Neel est de revoir le Sikkim, où sa vie s'est vraiment trouvée à son sommet — au sens propre comme au sens figuré — et dont elle sait bien maintenant qu'elle ne le reverra plus. Mais, dans ces circonstances, ce voyage ne peut être qu'une rapide excursion. En effet, nos deux pèlerins ne dépasseront pas Darjeeling qui n'est que la porte du pays où, très vraisemblablement, étant donné la crise qui régnait alors en Inde, les autorités britanniques ne les ont pas autorisés à pénétrer. Ils séjournent à Darjeeling du 16 au 21 janvier et rentrent à Calcutta le 22.

Sur les activités d'Alexandra David-Neel pendant cette longue période, qui va du 23 septembre 1945 au 30 juin 1946, nous ne possédons aucune autre information, sinon, dans les carnets intimes, cette curieuse note intitulée « Civilisation chrétienne », datée du Vendredi saint 19 avril 1946 :

« Dans cette salle à manger[1], pleine de défenseurs de la civilisation chrétienne, y en a-t-il un qui pense à Jésus, ce soir du Vendredi saint qui est dit commémorer sa veillée au jardin des Oliviers ?... J'en doute. Je dois être seule à penser à lui, moi qui ne suis pas son disciple, qui ai rejeté le christianisme...

» Je l'imagine seul dans la nuit... la nuit qui s'est faite en lui surtout. Il a échoué ! Ses rêves se sont écroulés. Les hommes ne veulent pas de ce royaume de Dieu qu'il leur prêchait. Il est abandonné. Les pharisiens du Temple triompheront. Son Père en qui il croyait s'est éloigné. A-t-il jamais existé autrement que dans son imagination ? Jésus a

1. Celle du Grand Hôtel, à Calcutta, où elle réside.

dû probablement se le demander. Il a douté. Peut-être la certitude douloureuse de s'être abusé lui est-elle venue... C'est la chute de l'esprit dans les ténèbres...

» " Père, pourquoi m'as-tu abandonné ? "

» Il n'y a pas de *pourquoi*, parce que le Père, c'était la création de ton désir, très juif, de justice ; de ton désir d'amour aussi. Le Père, c'était ta pensée extériorisée, personnifiée. »

Cette méditation sur Jésus ne constitue pas seulement un regard rétrospectif que jette Alexandra sur son lointain passé, sur le christianisme de son enfance, ni, non plus, une interprétation du personnage de Jésus selon les normes du bouddhisme, car cette « chute de l'esprit dans les ténèbres », c'est aussi la chute de la civilisation chrétienne dans le matérialisme, dont le spectacle qu'elle a, en ce moment, sous les yeux, de ces chrétiens à table, ayant oublié et même renié leur origine, constitue comme la parabole. Au cours des années qu'elle vient de vivre, Alexandra a vu les Blancs perdre définitivement leur prestige, elle a assisté à la fin d'une illusion, elle en a été le témoin quotidien, attristé sans doute, mais aussi presque soulagé : leur règne comportait trop d'oppression, trop d'injustice, trop de mensonge et trop d'hypocrisie et, cependant, inquiète, elle se demande qui maintenant va les remplacer.

Enfin, le 24 juin 1946, Christian Fouchet, consul de France à Calcutta, qui s'est occupé d'Alexandra David-Neel d'une manière véritablement filiale et qui restera son ami, appose sur son passeport le visa nécessaire. Le dimanche 30 juin, à sept heures du matin, Alexandra et Yongden montent dans l'avion qui les conduira, le lundi 1er juillet, à Paris, où ils arriveront à seize heures.

A Paris, Alexandra David-Neel ne séjourne que trois semaines, le temps de répondre aux questions des journalistes ; on la croyait disparue, morte peut-être quelque part en Asie. Que lui est-il arrivé ? Quelles aventures nouvelles va-t-elle avoir à raconter ? Mais elle ne s'attarde pas, elle a hâte de regagner *Samten Dzong*, qu'elle a quitté depuis neuf ans, d'y retrouver le calme, le silence, la retraite ; elle a hâte aussi de tenter de s'y refaire une santé, car les privations et, plus encore, les déceptions de ce second voyage l'ont minée — elle a tout de même soixante-dix-huit ans. Surtout, elle a hâte de se remettre au travail, car il lui reste beaucoup à faire. De 1947 à 1969, Alexandra David-Neel publiera onze livres — plus qu'elle n'en a écrit auparavant — et, parmi eux, certaines de ses œuvres majeures. Un jour, elle avait dit en plaisantant, qu'il lui faudrait cent ans pour venir à bout de ses tâches ; comme dans les contes de fées, ce souhait, qu'elle regrettera par la suite d'avoir fait, sera exaucé. Néanmoins, elle n'a pas de temps à perdre.

Aussi, à partir de son retour en France, la vie d'Alexandra se simplifie à l'extrême et n'est guère troublée que par l'apparition parfois intempestive, à *Samten Dzong*, de visiteurs beaucoup trop nombreux à son gré, venus lui dire leur admiration ou quémander son enseignement. Les premiers seront expédiés courtoisement, mais fermement ; aux autres elle répondra que ce qu'elle avait à dire elle l'a dit, ou le dira dans ses livres ; toujours, malgré les sollicitations souvent pressantes et parfois émouvantes, elle se refusera à endosser ce rôle de maître qu'il lui aurait été cependant si facile de jouer. En revanche, elle sait qu'elle doit communiquer par écrit sinon tout ce qu'elle sait, du moins tout ce qu'il lui est possible de révéler, et c'est à cette tâche difficile — qui du point de vue bouddhique est une activité de bodhisattva — qu'elle se consacre entièrement ; c'est elle qui remplira et éclairera jusqu'à la fin sa verte vieillesse.

Sans doute accepte-t-elle de rédiger les ouvrages de circonstance que lui demandent avec insistance ses éditeurs, mais seulement dans la mesure où elle sait que, ce faisant, elle pourra rendre service : en effet, sa connaissance profonde de l'Asie lui permet de donner un avis compétent et documenté sur les événements dont elle est seule parfois à pouvoir mesurer l'exacte portée, de rectifier les erreurs d'interprétation, les malentendus qui naissent, soit d'un défaut d'information, soit, plus encore, de la méconnaissance du monde extrême-oriental, de sa civilisation, de sa pensée. Cependant, l'essentiel de son œuvre, qui a pour elle une priorité absolue, sera vouée à la diffusion du bouddhisme qui, par suite du déclin accéléré des valeurs chrétiennes, commence à intéresser un public sans cesse plus important ; en particulier, elle sera pour beaucoup l'initiatrice du bouddhisme tibétain. Non seulement Alexandra compose jusqu'à la fin de nouveaux ouvrages qui complètent ceux qu'elle a précédemment publiés, mais, à l'occasion de leurs rééditions successives, elle reprend ces derniers pour les amender et, surtout, pour les augmenter parfois considérablement. Ainsi, par exemple, la troisième édition des *Initiations lamaïques* (1957) contient-elle deux importants chapitres inédits, et la réédition en 1960 — Alexandra a alors quatre-vingt-onze ans — du *Bouddhisme du Bouddha* est-elle complétée par un texte sur le bouddhisme tibétain, qui est capital puisque Alexandra y résume schématiquement et très clairement tout ce qu'elle a appris auprès des maîtres.

L'impression que donnent ces ouvrages à la lecture, d'avoir été écrits au fil de la plume, est tout à fait erronée ; chacun d'entre eux représente une somme considérable de travail, car Alexandra ne cite pas de mémoire, elle appuie tout ce qu'elle avance sur des textes précis tibétains et sanskrits qu'elle a rassemblés au cours de ses voyages et qu'elle est parfois seule en Europe à posséder. Au fur et à mesure de la composition de ses livres, elle traduit les passages dont elle a besoin.

Ce labeur énorme et très absorbant, auquel seule la mort mettra un terme, suppose une intégrité physique et psychique presque incroyable, étant donné l'âge auquel il fut accompli. En fait, malgré les dures épreuves subies au cours de son ultime séjour en Asie, la santé d'Alexandra David-Neel se rétablit très rapidement. A Digne, elle fait de longues marches et même de la bicyclette. Au cours de l'hiver 1948-1949, à quatre-vingts ans, elle part camper avec Yongden non loin de Digne, à plus de deux mille mètres d'altitude, au col d'Allos. Le paysage enneigé lui rappelle ces solitudes himalayennes dont elle gardera jusqu'à la fin la nostalgie, regrettant à maintes reprises de n'être pas morte là-bas.

En 1947, Alexandra David-Neel a publié *A l'ouest barbare de la vaste Chine*, qu'elle avait entièrement écrit sur place ; son second livre — celui auquel elle a commencé de travailler dès son retour — s'intitule justement *Au cœur des Himalayas. Le Népal*. De cette principauté himalayenne, elle n'avait pas encore parlé et n'avait pas raconté le voyage pendant lequel, au cours de l'hiver 1912-1913, elle fit un pèlerinage sur les lieux mêmes où naquit le Bouddha. Si elle revient ainsi sur ses pas, ce n'est pas seulement pour compléter le cycle de ses récits d'expéditions, mais bien certainement pour rendre une sorte d'hommage à celui qui fut son seul véritable maître. Sur place, Alexandra a noté :

« Ce soir, je vais m'asseoir au-dehors à regarder les mouches lumineuses. Comme l'on comprend dans cette jungle chaude, pleine de cris d'insectes, de vie acharnée, les rêves des yoguis, les fantasmagories des nuits. Sous l'arbre de la Bôdhi, comme je les vois et les sens toutes ces images de fièvre, de vie et de destruction. A moi aussi, il me semble qu'il va m'arriver quelque chose. Peut-être mon cerveau est-il trop occidental pour que le " déclenchement " se fasse et que quelque chose arrive. Mais ce quelque chose n'est-il pas peut-être déjà arrivé ? Oh ! la joie d'être là, seule, perdue, inconnue. Ivresse de la solitude. »

En 1950, alors qu'elle est en train de terminer son livre sur *l'Inde hier aujourd'hui demain*, que la proclamation de l'indépendance indienne (15 août 1947) l'a incitée à composer — probablement à la suggestion de son éditeur — Alexandra apprend la mort à Pondichéry de Sri Aurobindo qu'elle a rencontré en 1911, alors qu'il était un inconnu et, presque en même temps, celle de Ramana Maharshi ; aussi différents qu'aient pu être le sage silencieux de Turuvanamalai et le très prolifique Aurobindo Ghose, ils comptent incontestablement tous les deux au nombre des figures les plus hautes et les plus lumineuses de l'hindouisme moderne. A chacun d'eux, Alexandra David-Neel consacre un passage de ce livre, où elle relate brièvement ses longs séjours à Calcutta et à Bénarès et l'enquête minutieuse que, jour après jour, elle mena auprès des nombreux maîtres spirituels qu'elle y a rencontrés et qui lui ont permis d'aborder les incommensurables abîmes de la métaphysique indienne. Aussi, dès la première page, tient-elle à rendre hommage à celui qui, soixante ans plus tôt, fut son initiateur ; *l'Inde hier aujourd'hui demain* est dédiée « à la Mémoire révérée de Bashkarânanda Swâmi ». Comme une illustration à cet ouvrage, au cours de la même année 1951, Alexandra David-Neel publie la traduction annotée et commentée d'un texte qui représente « la doctrine classique authentique de la philosophie Vedânta advaïta », qu'elle lut autrefois à Bénarès, avec l'aide de savants pandits et celle de Swâmi Turiyânanda, docte moine de l'ordre de Râmakrishna, l'*Astavakra Gîta*[1]. Mais, après le détour par le Népal et par l'Inde, Alexandra a hâte d'en revenir au Tibet. En fait, depuis plusieurs années, elle prépare un ouvrage essentiel, *les Enseignements secrets des bouddhistes tibétains*, qui porte en sous-titre *la Vue pénétrante*. C'est là une des clefs de la mystique tibétaine et aussi de son évolution personnelle, puisque ce petit ouvrage reflète l'enseignement qu'elle reçut du gomchen de Lachen à Déva-Thang ; Alexandra mentionnera même l'autorisation qu'il lui donna de le divulguer. D'ailleurs, ce travail est pour elle tellement important qu'elle fournira une réédition augmentée du livre qui, à la suite de l'invasion chinoise du Tibet et de la fuite en Inde du dalaï-lama et des principaux dignitaires religieux tibétains, sera devenu irremplaçable.

Aussitôt après, comme pour appuyer ses dires, Alexandra David-Neel publie une anthologie destinée à donner une image aussi complète que possible de la littérature tibétaine, car, à côté des textes « mystiques », de beaucoup les plus nombreux, y figurent également les poèmes érotiques attribués au sixième dalaï-lama, ainsi que plusieurs fragments des chroniques historiques du Tibet. Les *Textes tibétains inédits* paraissent en 1952. En 1953, les suit un nouvel ouvrage d'actualité, *le Vieux Tibet face à la Chine nouvelle*, car la situation dans les régions parcourues naguère par Alexandra est des plus tendues et va devenir bientôt catastrophique. Depuis la proclamation de l'indépendance de l'Inde en 1947 et la naissance de la République populaire de Chine en 1949, l'existence même du Tibet indépendant était fortement compromise. Le jeune quatorzième dalaï-lama, qui venait seulement d'être déclaré majeur, sachant qu'il ne pouvait désormais plus compter sur aucune aide — qu'elle fût occidentale ou indienne —, dut traiter avec la Chine. Tout en maintenant le dalaï-lama dans ses droits et sa dignité et en

1. En 1958, Alexandra donnera la traduction d'un autre texte védantin, l'*Avadhuta Gîtâ de Dattanava*.

garantissant le respect de la religion et des monastères, l'accord du 23 mai 1951 intégrait le Tibet dans la République populaire de Chine. Et l'on ne sait que trop bien ce que par la suite il en advint. Sur ce conflit, Alexandra, qui connaissait non seulement les puissances en présence, mais, comme bien peu d'Occidentaux, leur histoire et leur civilisation, pouvait donner un avis sûr et documenté. Précisons que ce livre d'actualité n'a pas cessé de l'être et qu'il le restera pendant longtemps ; peut-être même reprendra-t-il un jour un surcroît d'intérêt puisque la question tibétaine est loin d'être définitivement réglée.

Le 7 novembre, un événement imprévisible vient bouleverser la vie d'Alexandra David-Neel : le lama Yongden meurt à *Samten Dzong*, tout à coup, sans même avoir été malade. La veille, il était allé comme d'habitude faire les courses en ville et en avait rapporté deux côtelettes qu'ils avaient mangées ensemble. Dans la soirée, Yongden, pris d'un malaise, s'était retiré dans sa chambre. Au cours de la nuit, il avait été saisi d'une forte fièvre, accompagnée de vomissements. Ayant cru qu'il s'agissait d'une simple indigestion, Alexandra ne s'était guère inquiétée, mais Yongden était bientôt tombé dans le coma et on l'avait retrouvé, au matin, mort dans son lit. Le médecin accouru, diagnostiqua que Yongden avait succombé à une foudroyante crise d'urémie. Le hukoutoukou (tulkou) *Fu Chiao Tang Chiao Ch'an Shih* qui, pour l'état civil français, se nommait Albert Arthur Yongden David-Neel, était né à Mando, au Sikkim, en décembre 1899 ; il allait avoir cinquante-six ans. Curieuse carrière en apparence que celle de ce jeune garçon, issu d'une modeste famille de paysans tibétains, devenu citoyen français grâce à sa protectrice quelque peu abusive et ayant accédé à un des rangs les plus élevés de la hiérarchie bouddhique. Mais, en fait, ce parcours, qui nous semble à nous si étrange, devait à lui le paraître beaucoup moins, car il se plaçait dans l'optique bouddhique. Yongden s'était contenté de suivre la « voie » ; en Alexandra, il avait rencontré son gourou, celui qui le guidait et qu'il n'avait qu'à suivre aveuglément pour accomplir son destin qui était celui d'un bodhisattva. Qu'il ait été « officiellement » reconnu en tant que tel constituait pour lui la preuve qu'il s'était bien conformé à son karma.

Alexandra David-Neel venait d'avoir quatre-vingt-sept ans et désormais elle était seule, définitivement seule. Yongden fut incinéré et ses cendres furent déposés au pied de la statue du Bouddha Shakyamuni, son maître, dans l'oratoire tibétain de *Samten Dzong*. C'est alors qu'Alexandra décida qu'à sa mort ses propres cendres seraient jetées dans le Gange, en même temps que celles de Yongden.

Un an avant sa mort, Yongden avait eu une autre joie, celle de publier et de signer seul, cette fois, un livre en français [1], avec une préface d'Alexandra David-Neel. Bien entendu, c'était elle qui était l'auteur de la version française, mais *la Puissance du Néant* — titre prophétique — demeurait son bien à lui.

Si la santé d'Alexandra demeurait inébranlable, elle souffrait maintenant, et de plus en plus, de ces rhumatismes articulaires qui finirent par faire d'elle une invalide. Peu à peu, ses jambes, qu'elle avait si rudement éprouvées dans le vent froid des cols du Tibet et dans l'humidité glacée de la neige, lui refusaient leurs services. Bientôt, Alexandra ne marchera plus qu'avec peine, s'appuyant de toutes ses forces sur ses cannes. « Je marche sur mes bras », disait-elle [2]. Elle redoutera les escaliers devenus pour elle des instruments de torture. Fort heureusement, il lui restait encore quelques amies fidèles. Peu après la mort du lama Yongden, Mme Martinie vint vivre à *Samten Dzong*. Alexandra l'avait connue en 1938 à Tch'ong-k'ing, où son mari était alors médecin.

Il est possible qu'un aussi profond bouleversement ait ralenti quelque peu le rythme de travail d'Alexandra David-Neel, car elle ne publie plus rien en 1955 et 1956 et, en 1957, seulement la troisième édition des *Initiations lamaïques*. Il est vrai que cet ouvrage est complété de deux importants chapitres qu'Alexandra présente dans un nouvel avant-propos comme résultant de l'approfondissement — mené à

1. Nous avons déjà fait remarquer que sur plusieurs ouvrages qui, à la publication, se présentaient comme des œuvres collectives, le nom de Yongden s'était trouvé supprimé lors des rééditions.

2. M.-M. Peyronnet : *Dix ans avec Alexandra David-Neel*, Plon, Paris, p. 43.

bien par Yongden et elle-même lors de leur second séjour dans les régions tibétaines — des « conceptions des penseurs tibétains sur maints sujets d'une utilité pratique pour la direction de notre conduite dans le voyage ardu de la vie ». Le premier chapitre sur « L'attention » fut composé, nous dit-elle, « d'après les notes laissées par le lama Yongden » et « traite du rôle essentiel de l'attention soutenue et de la mémoire dans la discipline spirituelle bouddhiste dont le but est l'acquisition de la Connaissance » ; le second, « Conscience cosmique », expose « les diverses théories élaborées par les penseurs tibétains, concernant... le *subconscient universel* », duquel nous émanons tous en tant qu'individus limités, conditionnés et transitoires ; ce subconscient universel est présent « perpétuellement, partout et en tout, efficient, bien que son action sur notre entourage et sur nous-même demeure presque toujours insoupçonnée ».

Il s'agit donc bien là d' « approfondissements » réels et, si Alexandra les ajoute maintenant, c'est aussi, d'une part, qu'elle pense que le public a suffisamment évolué pour qu'elle puisse aller plus loin dans l'exposition des doctrines tibétaines, mais, d'autre part, et surtout, parce qu'elle est parvenue elle-même à une nouvelle étape, ce dont témoignera de manière éclatante son livre suivant, *la Connaissance transcendante d'après le texte et les commentaires tibétains* (1958), sur lequel figureront, de nouveaux associés, son nom et celui du lama Yongden.

Dès l'introduction, Alexandra David-Neel, si peu portée à l'emphase, prévient le lecteur : c'est là un « document destiné, peut-être, à devenir unique », et c'est « probablement le dernier » livre qu'elle écrira. En effet, cet ouvrage est le fruit d'une très longue maturation, puisque Alexandra en a commencé l'élaboration au cours de son long séjour à Kum-Bum en 1918-1920, lorsqu'elle y étudiait la *Prajnâ Pâramitâ*. Pourquoi donc en publie-t-elle la traduction assortie de commentaires seulement quarante ans plus tard ? C'est que, comme elle le dit elle-même, il s'agit du texte « qui domine toute la littérature philosophique et religieuse du Tibet », du texte qui en est à la fois le couronnement et la clef. Or au Tibet, l'étude de la *Prajnâ Pâramitâ*, que n'abordent véritablement que les lamas les plus évolués, se poursuit pendant toute une vie. Alexandra, qui était l'un d'entre eux, a dû attendre de s'imprégner de ce texte étonnant, qui transforme l'esprit puisqu'il le fait passer outre la dualité, puisqu'il le libère de ses déterminations, de ses attachements et qu'il est destiné à le faire aborder « au-delà du par-delà », ainsi que le précise le mantra final[1], sur « l'autre rive », qui est celle de l'illumination. Maintenant l'âge est venu où elle peut et où elle doit communiquer cet enseignement, qui est l'essence même du bouddhisme Mahâyâna.

Comme il ne pouvait être question de donner une traduction complète de la *Prajnâ Pâramitâ* qui, dans l'édition qu'Alexandra David-Neel utilisait, comportait près de trois mille pages, bien qu'elle en ait traduit elle-même mille huit cents à Kum-Bum, elle se contentera de procurer une version française du *Discours sur l'essence de la Prajnâ Pâramitâ (Bhagavatâ Prajnâpâramitâ Hridaya)*, résumé très succinct qui est récité plusieurs fois par jour par tous les moines mahâyânistes, qu'ils soient tibétains, chinois, coréens ou japonais. Ce texte rapporte un dialogue entre le Bouddha et l'un de ses plus éminents disciples, Sariputra, censé avoir été tenu sur le pic des Vautours, à Rajagriha, suivi d'un exposé succinct par le bodhisattva Avalokiteshvara du mode de pensée qui doit être celui de qui veut atteindre la parfaite libération.

Maix Alexandra David-Neel entoure fort opportunément de nombreux commentaires, tirés pour la plupart des Écritures bouddhiques, ce texte particulièrement abrupt, puisqu'il reflète en son insondable profondeur la doctrine dont le Bouddha lui-même disait qu'elle était « difficile à percevoir et à comprendre, produisant la sérénité, et intelligible seulement aux sages », mais qu'elle demeurait inaccessible « aux hommes conduits par le désir, prenant en lui leur plaisir, incapables de comprendre l'extinction des samskaras[2], l'absence de passion, la paix du cœur, le nirvâna ». En appendice, Alexandra complète son exposé par des éclaircissements sur les points les plus difficiles du bouddhisme et par

1. Lequel est récité tel quel, en sanskrit, par tous les mahâyânistes.
2. Les « confections » mentales résultant de la projection de nos désirs.

les traductions de plusieurs textes essentiels, dont le *Vajrachedika* (en tibétain, *dordjé tcheupa*), le « diamant coupeur » (des illusions), un des principaux sûtras du Mahâyâna. Au total, *la Connaissance transcendante* est de tous les ouvrages d'Alexandra David-Neel celui où apparaît le mieux l'essence même du bouddhisme du Grand Véhicule.

A la fin de l'année 1958, lorsque les éditions Adyar mettent en vente *la Connaissance transcendante*, Alexandra David-Neel est revenue à *Samten Dzong*, qu'elle avait quitté lors du départ de Mme Martinie en avril 1957. Elle est d'abord allée vivre à Monaco, auprès de sa vieille amie Mme Lloyd qui, depuis toujours, dactylographiait ses manuscrits, puis elle décide de vivre seule à l'hôtel et se transporte d'un hôtel à l'autre sur la côte d'Azur, avant d'aboutir à l'hôtel Sextius à Aix-en-Provence. C'est là qu'en juin 1959 on lui a présenté une jeune femme, Marie-Madeleine Peyronnet, grâce à qui cette vie errante et quelque peu désolante pour une femme de près de quatre-vingt-dix ans va enfin cesser. A cause de M.-M. Peyronnet, qui intervient ici comme une sorte d'envoyée providentielle, Alexandra David-Neel non seulement regagnera *Samten Dzong*, mais elle reprendra avec plus de courage son travail. Elle sait que désormais elle peut compter absolument sur quelqu'un, s'appuyer entièrement sur sa compagne — et elle le fera parfois avec une telle énergie qu'il faudra toute celle de Marie-Madeleine Peyronnet pour ne pas succomber, pour ne pas se dérober. Délivrée de tout souci matériel, Alexandra pourra revivre ainsi, pendant dix années, entourée de respect et d'affection, mais non du tout de servilité, car Marie-Madeleine Peyronnet a, elle aussi, une forte personnalité — elle en aura besoin — et ne se laissera pas toujours faire. Mais, en raison de cela même, Alexandra la respectera et l'aimera à sa manière.

Dans le livre à la fois émouvant et plein d'humour que Marie-Madeleine Peyronnet a consacré à ces *Dix ans avec Alexandra David-Neel*, il faut lire le récit de leur première rencontre, car ces deux personnages d'âge si inégal, qui ne vont plus se quitter, y apparaissent comme également débordants de vitalité, de sagesse et aussi de drôlerie.

Alexandra ayant demandé à Marie-Madeleine Peyronnet ce

qu'elle faisait auparavant et celle-ci lui ayant répondu qu'elle s'occupait d'enfants, Alexandra s'exclame : « Comme cela est bien ! Étant moi-même retombée en enfance, vous êtes tout à fait ce qui me convient. »

Et, tout aussitôt, les deux femmes font leur entrée à *Samten Dzong* laissé à l'abandon pendant deux ans[1]. Désormais, Alexandra ne quittera plus sa maison, où elle mourra, ni son oratoire lamaïque. Sans plus tarder, elle se remet au travail. En mars 1959, elle a appris la fuite du quatorzième dalaï-lama qui, accompagné et suivi de la plupart des dignitaires ecclésiastiques du Tibet, s'est rendu en Inde, laissant ainsi, contraint et forcé, le champ libre au matérialisme athée. Si elle ne l'a point connu, au moins a-t-elle appris qu'il avait déclaré à Arnaud Desjardins : « Nous avons lu ses livres traduits en anglais, nous y reconnaissons notre Tibet à nous, ce n'est pas comme les autres auteurs européens. » Ce qui n'a pu manquer de lui faire plaisir. L'heure est donc venue pour elle de dire ce qui lui reste à faire connaître de sa véritable patrie. Aussi, stimulée par la présence de Marie-Madeleine Peyronnet, qui veille sur elle comme une fille sur sa mère — et parfois comme une mère sur son enfant insupportable —, mais aussi comme un disciple au service de son gourou, Alexandra se remet au travail.

Elle prépare la réédition du *Bouddhisme du Bouddha* qui sera, cette fois, accompagné de « ses développements mahâyânistes et tantriques au Tibet ». Jusqu'alors, comme elle le précise dans l'introduction aux deux nouveaux chapitres, cet ouvrage était principalement consacré à l'exposé de la « doctrine bouddhiste telle qu'elle est présentée par les Théravadins et qui dans les pays du Sud asiatique est considérée comme la seule doctrine orthodoxe » ; elle se devait d'y ajouter une exposition très sommaire — « afin, précise-t-elle, de ne pas dépasser la longueur prévue pour le présent volume » — de « quelques-unes des doctrines appartenant au Mahâyâna » et, en particulier de celles qui sont

1. A partir de là, notre récit sera bref ; nous nous permettons de renvoyer le lecteur au beau livre de M.-M. Peyronnet, qui a dit tout ce qu'il y avait à dire, et qu'il serait bien inutile de commenter.

propres à « l'élite religieuse intellectuelle des Tibétains » : il s'agit là d'une forme aussi « peu connue » que « mal comprise ». Ayant indiqué qu'elle n'examinera que très sommairement dans son livre le tantrisme bouddhique du Tibet « qui mérite, à lui seul, un ouvrage spécial », Alexandra David-Neel ajoute : « Si le temps qui me reste à vivre me le permet, je songerai à l'écrire. » Alexandra a quatre-vingt-dix ans et elle ne composera pas cet ouvrage, elle n'écrira même plus sur le tantrisme, dont elle a d'ailleurs abondamment traité de-ci de-là, depuis *Mystiques et magiciens du Tibet*, son ouvrage le plus lu qui fut constamment réédité jusqu'à ce jour. En effet, son livre sur *les Enseignements secrets*, dont elle donne une réédition l'année suivante (1961), est consacré, comme *la Connaissance transcendante*, à un sujet tout autre, presque opposé même et pour elle beaucoup plus important. Dans l'avant-propos à cette nouvelle édition, Alexandra signale que l'enquête dont procède cet ouvrage serait « impossible à renouveler » ; il s'agit là « des vues philosophiques et des disciplines mentales » d'une élite fort restreinte qu'elle appelle « l'intelligentsia religieuse du Tibet » ; or les récents événements l'ont dispersée et l'on ne saurait plus, en 1961, où la trouver : « Les aménagements nouveaux des pays de l'Asie centrale ont livré maintes parties de leurs anciennes solitudes aux entreprises des agriculteurs et des prospecteurs. L'activité bruyante de la civilisation moderne a déchiré le silence solennel qui enveloppait les cavernes des ermites contemplatifs et des paisibles demeures, encloses entre de hauts murs, résidences d'aristocratiques érudits se complaisant aux lectures prolongées et aux doctes méditations. » Dans cette phrase, on sent comme un regret poignant : le monde qu'elle a connu, qu'elle a aimé plus que tout, a désormais disparu. Dès lors que serait-il advenu d'elle, si, comme elle le souhaitait, elle était restée là-bas ? Mais sans doute n'aurait-elle pas vécu si longtemps, sans doute serait-elle morte assez tôt pour ne pas voir cela.

Pour Alexandra David-Neel, ces deux rééditions successives ne sont que de menus travaux ; dans le même temps, elle prépare deux importants ouvrages : *Immortalité et réincarnation*, qui sera également publié en 1961, et un nouveau livre d'une actualité brûlante, qu'elle intitule, quand elle le commence le 22 février 1960, *les Origines occultes millénaires du conflit sino-tibétain*, titre assurément explicite, mais bien peu « commercial », qui deviendra, lors de sa publication en 1964, *Quarante siècles d'expansion chinoise*. Ainsi que l'indique son premier intitulé, c'est là un ouvrage complémentaire du *Vieux Tibet face à la Chine nouvelle*, publié onze ans plus tôt.

Comme on s'en doute, *Immortalité et réincarnation* procède d'une nécessité beaucoup plus personnelle. Il est probable qu'Alexandra a commencé à le composer dès qu'elle s'est réinstallée à *Samten Dzong* en 1959. Elle avait alors quatre-vingt-dix ans, elle pouvait se permettre de dire ce que les enseignements de ses maîtres, mais aussi ce que ses propres méditations lui avaient appris sur la mort. Jusque-là, elle en avait fort peu parlé, elle avait même systématiquement évité d'écrire sur le karma, au moins sur la conception bouddhique du karma qui, elle le savait d'expérience, était une cause, presque inévitable, d'erreurs et de malentendus graves. Sans doute avait-elle rapporté les croyances populaires tibétaines, quelque peu simplistes, sur ce qui se passe après la mort physique, mais en précisant bien qu'elle ne les partageait d'aucune façon. Il y avait bien — avait-elle laissé entendre — une autre interprétation du karma. Elle était incomparablement plus subtile et, pour elle, bien plus acceptable, mais elle n'avait cours que parmi les initiés, les véritables méditants. Toutefois, cette interprétation, elle ne l'avait jamais exposée, et, sur toutes ces questions, elle avait observé une prudente réserve, se conformant d'ailleurs à l'attitude du Bouddha lui-même [1] ou à celle de ces maîtres du zen qui, aux interrogations de leurs disciples au sujet de l'au-delà, répondent à peu près : « Le paradis, l'enfer ? Ils existent pour vous, si vous y croyez. De toute manière, ce ne sont là que des projections de votre esprit. » Mais enfin, aux indiscrètes curiosités occidentales, nées de la faillite de la doctrine chrétienne, il fallait bien un jour répondre, en exposant ce

1. Le Bouddha déclarait que ces questions, insolubles dans notre présente condition, étaient de surcroît inopportunes, puisqu'elles risquaient de nous faire perdre de vue l'essentiel : notre libération du cycle des naissances et des morts.

que pensait l'Orient traditionnel. C'est donc à un vaste tour d'horizon, comme le spécifie le titre de son ouvrage, *Immortalité et réincarnation. Doctrines et pratiques. Chine-Tibet-Inde,* qu'Alexandra convie son lecteur. Mais si elle expose les idées quelque peu puériles des taoïstes sur les possibilités d'acquérir l'immortalité, de leur vivant, par toutes sortes d'exercices bizarres et par l'absorption de mystérieux breuvages, si elle donne une place importante aux conceptions hindouistes, fondées sur le désir d'échapper au cycle des morts et des renaissances, considéré comme véritablement infernal, elle a hâte d'en venir aux enseignements bouddhiques et, surtout, d'exposer le point de vue des initiés tibétains, plus précisément celui de son propre maître, le gomchen de Lachen, à qui, finalement, elle donne la parole :

« Ceux qui veulent se convaincre de leur durée en se fondant sur la croyance aux réincarnations et aux souvenirs qu'ils conservent — ou que d'autres prétendent conserver — de leurs vies précédentes font fausse route. Ils croient que leur *Moi* est un bloc homogène, tandis qu'il est, comme le Bouddhisme l'enseigne, un agrégat et que chacun des éléments qui composent ce groupe est essentiellement transitoire, n'existant, momentanément, qu'en dépendance de causes multiples.

» Il est absurde de dire : *je suis* une réincarnation de Tsong-K'a-pa, de Srong btsan gampo, ou de n'importe quelle autre personne. Cependant les groupes qui ont vécu sous le nom de Tsong-K'a-pa, de Srong btsan gampo ou de n'importe quel autre individu étaient composés, comme nous le sommes, de sensations, de perceptions et de conscience.

» L'activité de ces éléments, comme toute autre activité physique ou mentale, engendre des forces (énergies). Celles-ci rayonnent et alors qu'elles rencontrent des conditions propices et des groupes (des individus) réceptifs, elles s'incorporent à ces groupes, se réincarnent et poursuivent leur vie. »

Quant à la mort elle-même, Alexandra l'attend sans crainte et, souvent même, s'impatiente. Maintenant, elle est vraiment lasse de « se retrouver toujours dans le même fauteuil », devenue « presque totalement infirme », presque totalement dépendante et, à Marie-Madeleine Peyronnet, elle avoue : « Ah ! ma pauvre Tortue, c'est ma faute... J'ai vécu trop longtemps ! »

Et Alexandra poursuit son monologue. On dirait presque une psalmodie :

« C'est là-bas que j'aurais dû mourir, dans les Tchang-Tang, les immenses solitudes herbeuses, près des grands lacs tibétains. Comme couche, la terre, l'herbe ou la neige... Comme ciel de lit, la toile de ma tente et la voûte céleste... Cela aurait été une belle mort. Cela aurait été grand. Mais les dieux en ont décidé autrement[1]. »

En a-t-elle encore pour longtemps ? Elle se le demande car la longévité, proverbiale dans sa famille, est, semble-t-il, un caractère qui se transmet héréditairement. Dans son ascendance, affirme-t-elle, il y aurait eu plusieurs centenaires. Mais, sur ce point, elle exagère sans doute un peu, ou bien elle se trompe, car son père n'est pas mort, comme elle le déclare le jour de son propre centenaire, à cent ans moins trois mois, mais à quatre-vingt-neuf ans, et sa mère n'a pas dépassé quatre-vingt-quatre ans. En revanche, Alexandra sait bien que, parmi les maîtres spirituels orientaux, on trouve bien des exemples de longévité exceptionnelle ; ceux-ci peuvent d'ailleurs être dus tout simplement à la pratique assidue de la méditation, dont les effets sont aussi bien physiologiques que psychiques.

Toujours est-il qu'Alexandra David-Neel a quatre-vingt-quinze ans lorsqu'elle publie *Quarante siècles d'expansion chinoise* et, cette année-là, elle est promue commandeur de la Légion d'honneur, ce qui ne lui fait d'ailleurs ni chaud ni froid : encore une babiole à ranger dans l'armoire vitrée, à côté de son tablier de maçon du trente-troisième degré. Pourtant, elle travaille encore, elle travaillera toujours jusqu'à la fin. Elle prépare une réédition mise à jour de *l'Inde* de 1951, qui paraîtra en 1969 sous un nouveau titre : *l'Inde où j'ai vécu. Avant et après l'Indépendance*. Enfin — il n'est que temps —, elle va parler d'elle, car, contrairement aux apparences, elle n'a presque rien dit d'elle-même. Le personnage qui dit « Je » dans ses livres est principalement un

1. M.-M. Peyronnet : *Dix ans avec Alexandra David-Neel*, p. 79.

témoin, celui qui peut dire : « Telle chose, je l'ai vue de mes yeux, ces paroles elles furent prononcées devant moi à tel endroit », ou bien ce « Je » est celui de l'exploratrice qui narre ses exploits, mais ces exposés sont généralement impersonnels et l'on pourrait même dire qu'ils le sont tout spécialement quand Alexandra traite de ce qui lui tient le plus à cœur.

Dans *le Sortilège du mystère,* comme si l'âge levait un interdit, elle va enfin dire ce qu'elle a tu pendant si longtemps, elle va parler de son enfance, de sa jeunesse et surtout des origines de sa singulière vocation. Pourtant, là non plus elle ne se livre guère, et le lecteur indiscret ou trop curieux sera fort déçu. Chose curieuse, Alexandra mourra avant la publication de ce dernier livre, comme si elle avait préféré n'être plus là.

Le Sortilège du mystère achevé, Alexandra David-Neel relit les deux petits ouvrages qu'elle a publiés, lorsqu'elle commençait sa carrière d'orientaliste, et qui sont depuis fort longtemps épuisés. Ils sont consacrés aux philosophes chinois Mo-tsé et Yang-tchou : *le Philosophe Meh-ti (ou Mo-tse) et l'Idée de solidarité* (1907) et *les Théories individualistes dans la philosophie chinoise* (1909). Elle s'aperçoit avec surprise qu'ils ont retrouvé avec l'événement un regain d'actualité. Elle décide de les republier ; en effet, précise-t-elle dans la nouvelle introduction qu'elle rédige alors, « il peut être intéressant pour nous, à l'heure actuelle, de jeter un coup d'œil sur le passé sociologique et philosophique sur lequel repose la Chine populaire », ce qui est tout à fait exact, car ces deux auteurs chinois anciens s'efforcent, l'un comme l'autre — Mo-tsé grâce à l'idée de « solidarité », d'interdépendance entre les êtres et Yang-tchou au moyen de cet « amour universel », qui est chez lui strictement pragmatique et point du tout idéaliste —, d'apporter une solution aux problèmes que posent les rapports de l'individu et de la société, que le communisme chinois est en train de régler radicalement.

Conjointement, Alexandra prépare une réédition de la brochure qu'elle écrivit vers sa vingt-cinquième année. Ce n'est là nullement un caprice. Suivant avec passion à la radio les événements de Mai 1968 — elle avait alors presque cent ans — Alexandra avait repensé à ce texte vieux de soixante-dix ans, aux sentiments « anarchiques » qui s'y exprimaient et qu'elle retrouvait presque identiques chez la jeunesse en révolte[1]. Car jamais Alexandra, dans son ermitage, dans sa solitude, ne fut vraiment coupée du monde extérieur. D'ailleurs, ce monde ne l'oubliait pas, tout en s'étonnant qu'elle fût encore en vie. De partout, une correspondance aussi hétéroclite qu'abondante arrivait à *Samten Dzong*, mettant Alexandra au supplice, car comment, avec tout ce qu'elle avait à faire, trouverait-elle le temps de répondre[2] ?

En tout cas, le monde se souvint que, le 25 octobre 1968, la grande Alexandra David-Neel allait avoir cent ans. On avait même annoncé cet anniversaire dans la presse, ce qui, nous dit Marie-Madeleine Peyronnet, mit Alexandra « dans une colère noire ». Les lettres affluaient, au point que les deux femmes ne parvenaient pas à lire dans la journée le courrier arrivé le matin. Le jour même, malgré les inquiétudes de Marie-Madeleine Peyronnet, car Alexandra enrageait, ne supportant pas qu'on la dérange aussi indiscrètement, l'héroïne que tous venaient fêter se montra finalement courtoise, spirituelle et, comme toujours, légèrement insolente.

Mais, en juillet 1969, alors qu'elle approchait de sa cent unième année, quand Arnaud Desjardins vient avec une équipe de la Télévision française la filmer et s'entretenir avec elle devant les caméras — et les Français, stupéfaits, virent sur leur petit écran cette centenaire qui n'avait rien perdu de sa vivacité d'esprit —, elle est vraiment lasse de ces dérangements, de ces allées et venues autour d'elle, de ces projecteurs qui l'aveuglent. Lorsqu' « ils » sont partis, elle les voit encore, elle les entend et murmure avec dignité : « Ne croyez-vous pas, messieurs, que cela est indécent de venir filmer la mort d'une vieille femme ? » Le 25 août, Alexandra sait qu'elle va mourir et le dit à Marie-Madeleine Peyronnet. Elle s'éteint le 8 septembre 1969, à 3 h 15 du matin, dans la cent unième année de son âge.

1. Ces trois textes seront publiés ensemble dans *En Chine*, Plon, Paris, 1970.

2. Dans *Dix ans avec Alexandra David-Neel*, Plon, Paris, 1973, Marie-Madeleine Peyronnet a donné un échantillonnage particulièrement savoureux de ces lettres.

Le 28 février 1973, deux caissettes qui contenaient les cendres d'Alexandra David-Neel et du lama Yongden furent immergées par Marie-Madeleine Peyronnet dans les eaux du Gange à Bénarès, après une brève cérémonie bouddhique au temple de la Mahâ-Bodhi Society à Sarnath, où le Bouddha Shakyamuni avait fait tourner la roue du dharma, en prêchant pour la première fois dans le parc des Gazelles. Cette cérémonie eut lieu devant la tombe de Dharmapâla, celui qui, en sa jeunesse, l'avait initiée au bouddhisme.

Épilogue

La première bouddhiste de France

Maintenant que nous voici parvenus au terme d'une existence aussi longue que singulière, il nous reste à tenter de répondre à une question que le lecteur n'aura pas manqué de se poser, mais que nous n'avons pu jusqu'ici effleurer. Quel besoin impérieux, irrésistible même a poussé Alexandra David-Neel à entreprendre des expéditions aussi éprouvantes, surtout pour une femme, et parfois aussi dangereuses, pourquoi a-t-elle demandé que ses cendres soient transportées là-bas et immergées dans le Gange ?

Sans doute y a-t-il, dès l'origine, ce désir de fuir, d'échapper qui la conduit dès le plus jeune âge à faire des fugues, et dont les raisons apparentes furent l'âge relativement élevé de ses parents, mais surtout leur mésentente ; ce désir fut en quelque sorte cristallisé par la lecture des *Aventures extraordinaires* de Jules Verne. Celles-ci non seulement ouvraient devant les yeux émerveillés de la petite fille des horizons immenses, encore inexplorés, mais elles lui fournissaient des modèles, aussi aventureux que raisonnablement organisés. Cet attrait de l'ailleurs était aussi doublé d'une profonde misanthropie que, dès la prime enfance, son père avait transmise à la petite Alexandra. Le spectacle de l'absurdité du monde, de sa dureté, de sa violence ne fit que la développer en elle. A cette misanthropie s'ajouta bientôt le sentiment d'être une étrangère en Occident, et plus particulièrement en France. Pour Alexandra, sa vraie patrie était l'Orient, ce qu'elle expliquait partiellement par l'origine de l'une de ses arrière-grand-mères, à qui elle devait « une goutte de sang mongol », mais aussi probablement, comme elle le laisse entendre, par les effets du karma.

Tout cela, et plus encore, peut-être, ce besoin véritablement organique qu'elle avait de se déplacer, qui la faisait toujours aller de l'avant — spirituellement comme physiquement — et qui, lorsqu'elle ne lui obéissait pas, entraînait maints troubles psycho-physiologiques et engendrait cette « neurasthénie » dont elle eut si souvent à se plaindre, tout cela explique sans doute en partie qu'Alexandra ait quitté l'Europe dès qu'elle en eut les moyens, et qu'elle ait vécu en Extrême-Orient pendant plus de vingt-cinq ans — en fait beaucoup plus, car elle y vécut toute sa vie en esprit.

Il n'en reste pas moins qu'Alexandra David-Neel fut tout autre chose que cette exploratrice intrépide que couronnèrent les honneurs officiels, ou même que ce « reporter orientaliste » qu'elle prétendait seulement être, qui « conférenciait » et publiait des ouvrages « documentaires ». L'objectif qu'elle visait était beaucoup plus profond, beaucoup plus intime et, somme tout, secret : c'était se trouver soi-même, trouver sa propre vérité, sa propre réalisation.

En effet, c'est là le ressort fondamental qui la meut et ce dès l'enfance. Dans *le Sortilège du mystère*, où, parvenue à un très grand âge, elle se retourne vers son passé le plus lointain, Alexandra mentionne son extrême et précoce curiosité pour la métaphysique et la mystique, puis les austérités et autres expériences auxquelles elle se livra dès l'adolescence. Ayant conçu, tout enfant, une profonde méfiance pour le christianisme, qu'elle ne connut jamais que divisé en sectes rivales, personnifiées par un père huguenot et une mère catholique, la jeune fille dont les inclinations se trouvèrent corroborées par la fréquentation des anarchistes, amis de son père, chercha la vérité ailleurs et, plus particulièrement, chez les gnostiques anciens persécutés par le christianisme officiel, jusqu'à ce que les circonstances lui aient fait rencontrer, à vingt ans, ceux qui prétendaient, à l'époque moderne, en être les héritiers.

C'est la Société théosophique, qu'elle ne fréquenta activement que pendant quelque temps avant de prendre définitivement ses distances, qui focalisa son attention sur les doctrines orientales toujours vivantes et susceptibles peut-être de faire retrouver cette tradition, dont l'intolérance et le triomphalisme des Églises chrétiennes avaient coupé l'Occident depuis de longs siècles.

Dans les langues européennes, ces philosophies n'étaient accessibles qu'au travers des exposés donnés par les universitaires spécialisés, les orientalistes. Or aux yeux d'Alexandra, comme d'ailleurs de beaucoup d'autres[1], ces travaux étaient loin de toujours refléter fidèlement la véritable pensée de l'Asie. En effet, les premiers orientalistes, les premiers traducteurs d'œuvres philosophiques extrême-orientales furent le plus souvent des missionnaires hantés par l'idée de retrouver dans les enseignements de l'Orient des points de contact avec le christianisme. A la fin du XIXe siècle encore, les grandes traductions des livres sacrés de la Chine furent l'œuvre d'un missionnaire protestant en Angleterre, le révérend James Legge (1814-1895) et, France, de deux jésuites, les pères Séraphin Couvreur (1835-1919) et Léon Wieger (1856-1933). Quel que fût le souci de rigueur et d'exactitude de ces savants, il n'en restait pas moins que leurs interprétations demeuraient quelque peu suspectes. Pourtant, lorsque l'orientalisme se laïcisa, la situation n'en devint pas meilleure, car se présenta aussitôt un nouveau danger. Rationalistes inconditionnels, les nouveaux orientalistes considérèrent la pensée de l'Asie d'un point de vue strictement historique, et même historiciste. Or comme chacun sait, les Orientaux n'ont pas le sens de l'histoire[2]. L'histoire de l'Asie, de la pensée orientale, il appartenait donc aux érudits occidentaux, seuls compétents en la matière, de l'écrire. Une telle prétention n'était pas seulement ridicule, elle bloquait toute recherche véritable — ce qui importait, c'était la date d'un texte, non son sens — et entraînait de vraies aberrations. C'est ainsi que la plupart des spécialistes de l'époque — et en particulier M. et Mme Rhys-Davids, qui furent les

1. Ne citons ici que le cas très significatif de René Guénon.
2. Les Chinois, par exemple, chez qui les œuvres proprement historiques sont les plus anciennes que connaisse l'humanité.

amis d'Alexandra, étudaient presque exclusivement les textes pâlis, sous prétexte que, selon eux, ils étaient les seuls à refléter fidèlement les enseignements du Bouddha. D'ailleurs, pour tous, hindouisme et bouddhisme ne représentaient que des survivances d'états dépassés de l'esprit humain et ne pouvaient donc être étudiés qu'en tant que tels. Que l'hindouisme et le bouddhisme fussent pratiqués en leur temps par des centaines de millions d'êtres humains ne les troublait même pas ; en effet, pour eux, il ne faisait aucun doute que ces anciennes religions seraient abandonnées par les Asiatiques, dès qu'ils auraient connaissance de la vérité, évidemment détenue par les Occidentaux.

La Société théosophique qui, au moins, tenait compte du véritable renouveau spirituel de l'Orient et privilégiait l'étude des doctrines orientales, pouvait se présenter — à l'époque où Alexandra David commença à la fréquenter — comme le refuge de tous ceux à qui l'attitude de la science officielle paraissait aussi injustifiée qu'irréaliste. Mais, en fait, adhérer à la Société, c'était tomber de Charybde en Scylla, car non seulement celle-ci visait finalement une sorte de syncrétisme, de fusionnisme, dont elle-même se réservait l'initiative, ce qui, dans ses interprétations des doctrines orientales, conduisait à toutes sortes de gauchissements inacceptables — aussi bien pour les Orientaux d'ailleurs que pour les orientalistes — mais surtout elle affirmait recevoir d'une source supérieure aux uns et aux autres les enseignements secrets qu'elle transmettait à ses membres. Or cette source était de surcroît secrète et rigoureusement inaccessible. Seuls communiquaient avec elle, située en un très mystérieux centre himalayen, les dirigeants de la Société, grâce à leurs « pouvoirs » parapsychiques dont ils donnaient aux adeptes des preuves qui, le plus souvent, ressortissaient à la pure supercherie.

La meilleure riposte à leurs assertions fantaisistes était d'y aller voir, de tenter de rencontrer sinon ces maîtres supposés, qui sans doute n'existaient pas, mais ceux bien réels qui se trouvaient là-bas, si toutefois il y en avait encore. Et c'est ce que fit Alexandra David-Neel avec une intrépidité sans pareille.

Parmi ces doctrines orientales que la Société prétendait

non seulement répandre en Occident, mais faire revivre en Orient, Alexandra avait fait son choix très vite. La seule qui convînt à ses exigences intellectuelles, à son esprit critique particulièrement aiguisé, la seule qui fût en mesure de répondre de manière acceptable aux questions que depuis l'enfance elle se posait, c'était le bouddhisme.

Mais, du bouddhisme, que connaissait-on à l'époque en Europe ? Fort peu de chose, et moins encore qu'on ne le pensait, car le bouddhisme est une expérience personnelle, une pratique — celle de la méditation — qui suppose au moins au départ la présence d'un guide, d'un maître. Or, il n'en existait aucun en Europe[1]. Après avoir étudié toute la documentation qu'elle put trouver, Alexandra David décida donc de se rendre à Sri Lanka, dès que les circonstances le lui permettraient, car, elle aussi, partageait encore le préjugé des orientalistes de l'époque concernant la priorité du canon pâli et la plus grande authenticité, par rapport à l'enseignement originel du Bouddha, du bouddhisme Théravada (la doctrine des Anciens) répandu dans le sud de l'Asie. De plus, à Ceylan, la Société théosophique avait des correspondants, les membres du Mahâ-Bodhi Samaj, qu'elle avait contribué à fonder, ce qui facilitait grandement à la voyageuse les premiers contacts.

Pourtant, bien qu'elle se fût liée alors avec Dharmapâla, ce n'est pas à Sri Lanka, dans le milieu trop occidentalisé du Samaj qu'Alexandra rencontra un maître, mais bien sur les bords du Gange, à Bénarès, et celui-ci n'était point un bouddhiste, mais un pur védantiste. Ce qui ne fut pas sans influencer l'évolution spirituelle et intellectuelle d'Alexandra, non du tout qu'elle se soit alors écartée du bouddhisme, mais, bien au contraire, parce qu'elle fut dès lors persuadée qu'une étude sérieuse du bouddhisme devait passer par ce dont il était issu, le Védânta advaïta. Car si, au cours de son premier long séjour en Asie, tant qu'elle est en Inde,

1. Rappelons ici le premier dialogue qu'eut Alexandra avec le treizième dalaï-lama. Aux questions qu'il lui pose (Comment est-elle devenue bouddhiste, qui a été son gourou ?), Alexandra répond fièrement : « Quand j'ai adhéré aux principes du bouddhisme, je ne connaissais aucun bouddhiste et peut-être étais-je la seule bouddhiste dans Paris. »

Alexandra David-Neel semble se consacrer exclusivement à une enquête minutieuse sur le « Vedânta vivant et vécu », ce n'est pas seulement parce qu'elle veut rapporter en Europe un ouvrage original et, en effet, indispensable, mais bien parce que, pour elle, pour son évolution personnelle, c'est là une manière de remonter aux sources mêmes du bouddhisme. D'ailleurs, nous avons remarqué en son temps qu'Alexandra ne manquait aucune occasion de prêcher le Dharma du Bouddha en Inde. Son dessein est de se rendre au plus tôt de Calcutta à Rangoon, c'est-à-dire de visiter le second des grands centres du bouddhisme Hinayâna (autrement dit Théravada) après Ceylan.

C'est apparemment une circonstance fortuite — la possibilité soudainement apparue d'interviewer le treizième dalaï-lama de passage — qui modifie son programme et l'entraîne dans les Himalayas. Pourtant, à ce moment-là, Alexandra David-Neel a fait un choix et elle l'a fait en connaissance de cause. Elle avait lu en Europe l'ouvrage de D. T. Suzuki, *Outlines of Mahâyâna Buddhism*, et avait même correspondu avec cet érudit japonais devenu son ami. Comme tant d'Occidentaux, elle ne pouvait donc ignorer l'importance de cette évolution du bouddhisme, qui était né en Inde même de son développement organique, avant qu'il ne conquière pacifiquement l'Asie jaune.

Toutefois, c'est encore comme une sorte de missionnaire du bouddhisme du Sud qu'elle se conduisit tout d'abord au Sikkim. Puis, très lentement, et même insensiblement, son point de vue se mit à changer. Au début, les renseignements qu'elle cherche à se procurer étaient seulement destinés à compléter ce travail sur le « bouddhisme primitif » qu'elle se proposait d'entreprendre ; puisqu'elle était sur place, ne fallait-il pas en profiter pour étudier aussi les « déviations » qu'il avait connues en se répandant en terre non aryenne ?

Mais, bientôt, Alexandra fut extrêmement impressionnée par la science, la sagesse et la profondeur d'esprit de certains de ses interlocuteurs ; elle fut amenée à constater que dans cette aile du bouddhisme Mahâyâna, le lamaïsme tibétain, à côté de la religion populaire avec ses « croyances absurdes », ses extravagances et ses pratiques superstitieuses, qui en étaient jusqu'alors le seul aspect connu — car décrit d'abondance par les voyageurs qui l'avaient précédée dans les pays himalayens — il existait autre chose : une très haute philosophie, une profonde métaphysique qui représentaient une véritable doctrine de la libération. De plus, cette doctrine était, somme toute, fidèle aux enseignements premiers du Bouddha tels qu'ils sont parvenus jusqu'à nous, puisqu'elle se conformait aux paroles que, selon toute vraisemblance, il avait prononcées. Elle s'adressait seulement aux individus appartenant à la catégorie dénommée en tibétain *rab*, c'est-à-dire doués d'une intelligence supérieure, à ceux que le Bouddha lui-même dans le *Majjhima Nikaya* définit comme des « lotus dont les fleurs s'élèvent au-dessus de l'eau sans être mouillées par elle », des « êtres dont l'esprit est pur de la fange terrestre ». Ceux-là seuls étaient à même d'aborder la « doctrine difficile à comprendre, difficile à mettre en pratique », à eux seulement s'appliquaient les prescriptions que le *Kalama Sutta* met dans la bouche du Bouddha : « Ne croyez pas sur la foi des traditions quoiqu'elles soient en honneur depuis de nombreuses générations et en beaucoup d'endroits ; ne croyez pas une chose parce que beaucoup en parlent ; ne croyez pas sur la foi des sages du temps passé ; ne croyez pas sur ce que vous vous êtes imaginés pensant qu'un Dieu vous l'a inspiré. Ne croyez rien sur la seule autorité de vos maîtres ou des prêtres. Après examen, croyez ce que vous-même aurez expérimenté et reconnu comme raisonnable, qui sera conforme à votre bien et à celui des autres [1]. »

Ces théories et ces préceptes ardus constituaient un enseignement secret appelé *sangwa ;* c'est dans cette mesure, et dans cette mesure seulement, qu'il existait bien un « bouddhisme ésotérique », mais non du tout dans le sens que la Société théosophique, par exemple, avait donné à ces mots ; en définitive rien n'était caché, seul l'esprit des auditeurs formait une barrière. Toutefois, la prudence commandait de ne pas dévoiler ces enseignements à ceux à qui non seulement ils seraient inutiles, mais pour qui même ils pourraient constituer un danger, tout au moins dans leur vie présente, dans l'état d'évolution karmique où ils se trouvaient, car, lorsque plus tard ils auraient franchi l'étape

1. Texte cité par A. David-Neel dans *les Enseignements secrets*, p. 17.

suivante, les mêmes enseignements se trouveraient finalement être à leur portée. Cette même prudence exigeait aussi de les réserver à la transmission orale, le maître étant seul en mesure de savoir ce que l'esprit de son disciple pouvait supporter.

Dès qu'elle eut découvert l'existence de la « doctrine mystique secrète », Alexandra David-Neel lui reconnut immédiatement cette « saveur spéciale de transcendant rationalisme », ce « rigide équilibre intellectuel » qui répondaient à ses inclinations et à ses exigences les plus intimes. Précisément, c'était cette doctrine secrète, sans même savoir qu'elle existait, bien qu'elle l'ait confusément espéré, qu'Alexandra s'était préparée à recevoir depuis qu'elle avait « adhéré aux principes du bouddhisme », et cela par la seule voie d'évolution possible, par la seule manière de pratiquer authentiquement le bouddhisme, par la méditation. Or cette discipline à la fois physiologique et psychique lui était depuis longtemps familière ; elle était même devenue aussi indispensable à son équilibre que l'est pour d'autres la gymnastique quotidienne. De la méditation, Alexandra David-Neel a connu très tôt l'état de détachement, de disponibilité, d'absorption dans l'essentiel qu'elle procure, elle en a aussi connu les délices, inexprimables assurément, mais auxquels elle ne peut s'empêcher de faire discrètement allusion. Ainsi, dans une lettre de l'année 1900, elle écrit à son amie anglaise, Miss McLeod : « Je sens le repos de l'âme plus que du corps... Voilà ma vraie nature... Le Nirvâna est devant moi... Cet océan de paix sans une ride, sans un souffle[1]... » et, plus tard, en 1907, elle écrira à Philippe Neel, à propos de l'agitation des hommes qu'elle compare à celle d'une fourmilière : « Comme cela contente peu l'esprit qui, ne fût-ce qu'un jour, qu'une heure, dans sa vie, s'est senti en communion mystique avec cette abstraction — seule réalité — que les croyants vulgaires défigurent en en faisant leur Dieu. Et quelle rançon terrible du séjour sur le mystérieux Thabor, toutes joies, toute admiration, tout amour devenus impossibles, ternis par l'éblouissement de la vision pressen-

1. Voir p. 47.

tie[1] ! » Autrement dit, grâce à la pratique de la méditation, Alexandra avait atteint spontanément et sans aide les sommets. Mais, pour pouvoir y demeurer dans la sérénité, même lorsqu'elle serait de nouveau plongée dans la vie quotidienne, pour aller plus loin, il lui fallait de toute nécessité trouver un maître, et même trouver *son* maître qui la reconnût comme *sa* disciple. Et l'on a vu qu'il s'était présenté de lui-même le moment venu.

Au cours de la longue retraite que fit Alexandra dans l'Himalaya, à côté du gomchen de Lachen, ou, plus exactement, conformément à la tradition, à ses pieds, puisque la caverne qu'elle occupait se trouvait située au-dessous de celle de l'ermite, son gourou lui communiqua toutes les initiations sans lesquelles l'enseignement secret ne pouvait être abordé, sans lesquelles il ne pouvait être efficace et, si on lit attentivement les *Initiations lamaïques,* on peut aisément y repérer celles qu'elle a effectivement reçues. Lorsqu'elle quitta De-Chen Ashram en 1916, Alexandra David-Neel était non seulement devenue une nonne bouddhiste, sous le nom de *Yshé Tö-mé* (Lampe de Sagesse), mais une initiée ayant parcouru le cycle complet, ce qui la faisait reconnaître comme un lama de haut rang, et c'est bien ainsi qu'elle fut désormais considérée par les autorités religieuses partout où elle se rendit par la suite. On peut donc se demander pourquoi, à son retour en Europe, elle ne s'en fit pas gloire, ce que d'autres, qui étaient infiniment moins autorisés qu'elle, ne manquèrent pas de faire plus tard. Elle se contenta de mentionner fort discrètement au passage les initiations reçues, et seulement afin d'appuyer son témoignage. Cette réserve ne provenait pas seulement des circonstances qui, dans le contexte européen, n'étaient alors guère favorables, mais bien plus d'une exigence toute personnelle, d'une honnêteté intransigeante vis-à-vis d'elle-même.

En effet, Alexandra David-Neel avait parfaitement conscience qu'en revêtant la robe lamaïque elle avait joué un rôle. En somme, cela s'était fait presque malgré elle ; d'elle-même elle n'eût vraisemblablement pas eu l'idée de la porter. Quand elle était montée au Sikkim, elle était simplement

1. Lettre de Paris, 3 novembre 1907.

vêtue de la robe ocre des renonçants, ce qui n'était pour elle qu'une façon de signaler qu'elle souhaitait n'être pas confondue avec ces voyageurs ignorants et irrespectueux qui étaient déjà venus dans le pays. Ainsi laissait-elle entendre que sa démarche était tout autre, que sa curiosité était spirituelle, qu'elle était venue là pour s'instruire. Mais, finalement, ce fut elle qui se trouva enseigner ces bouddhistes ignorants et dégénérés qu'elle émerveilla de ses connaissances, de la rigueur de son bouddhisme. Ce sont ses admirateurs qui l'affublèrent d'une tenue de lama ; la première lui fut offerte par le mahârâdjah Kumar pour le Nouvel An 1914.

Dès son arrivée au Sikkim, elle fut accueillie comme une messagère d'un possible renouveau religieux. Elle en fut la première surprise. Elle note : « Je suis prisonnière d'un rêve, d'une attraction de je ne sais quoi ou plutôt si, je sais, des aspirations de toute ma vie et peut-être de nombreuses autres vies[1]. » Mais elle en arriva à croire à cette mission qu'on lui imposait. Dès lors, comme malgré elle, le pli était pris. Les honneurs qu'elle n'avait nullement sollicités, auxquels elle n'avait même pas pensé et qui lui semblent inappropriés, se mirent à fondre sur elle. Il en résulta cette conséquence qui, finalement, devait lui devenir préjudiciable : elle fut dispensée des épreuves habituelles, on réduisit pour elle la durée des entraînements requis. D'emblée, elle fut admise au plus haut rang, car, pour les Tibétains, les dons extraordinaires dont elle faisait preuve démontraient à l'évidence qu'elle ne pouvait être qu'un tulkou, de telle sorte qu'elle n'eut pas à suivre le *cursus* ordinaire, qu'elle le parcourut en brûlant les étapes.

Alexandra se laissa faire, elle ne pouvait réagir autrement. Bien entendu, sa hâte était grande d'atteindre à ces sommets de la connaissance, que, seule et sans aide, elle avait déjà entr'aperçus. Sans doute, en face du gomchen de Lachen, fut-elle ramenée à plus d'humilité. Toutefois, lorsque là-haut dans l'Himalaya, en juillet 1916, l'occasion se présenta d'affronter l'épreuve finale, la grande réclusion de trois ans, trois mois et trois jours, dont l'année probatoire passée auprès de son gourou n'avait été que la préparation, Alexan-

1. Lettre de Gangtok, 1er septembre 1912.

dra se déroba. Elle n'avait nullement envisagé au départ cette éventualité, les circonstances étaient contraires, elle partit, la mort dans l'âme, mais elle partit. Elle n'avait pas sauté le pas, elle ne s'était pas « jetée dans l'abîme avec décision et courage ». Elle devait se le reprocher amèrement plus tard, en sortant de la longue retraite de deux ans qu'elle fit à Kum-Bum et en reprenant ses errances. Nous avons cité tout au long le passage de la lettre à son mari[1], où elle se reproche son « dilettantisme » d'Occidentale, cette trop grande « sensualité spirituelle et intellectuelle qui réduisait les vœux prononcés aux dimensions d'un jeu, d'un sport plus subtil que ceux auxquels s'amuse le commun des hommes », et où, tout particulièrement, elle s'accuse d'avoir vécu « sous la robe orange des sannyâsins » qui n'avait été pour elle qu'un « simulacre de détachement et de renonciation ». En effet, c'est par cette tenue qu'elle avait, malgré elle, trompé les Tibétains : ceux-ci l'avaient prise pour ce qu'elle n'était pas, du moins pour ce qu'elle n'était pas encore.

C'est pourquoi, finalement, Alexandra David-Neel a tenu à se confiner dans cette fonction de « reporter orientaliste ». Bien sûr, elle était beaucoup plus que cela, mais elle n'était pas non plus ce lama dont elle portait la toge et que chacun, là-bas, voyait en elle. Alexandra David-Neel était restée entre deux mondes. Aussi, refusera-t-elle avec indignation l'offre qu'on lui fit de diriger un ashram et même, obstinément, le rôle de maître spirituel qu'on voulait lui faire jouer.

Mais on peut se demander ce qui serait advenu si elle avait plongé plus avant dans le bouddhisme tibétain. Alexandra ne serait plus revenue en Europe, elle aurait vécu, oubliée de ses compatriotes, dans un monastère ou dans un ermitage — à plusieurs reprises, elle fut d'ailleurs tentée de le faire —, peut-être même se serait-elle tue !, car « celui qui sait ne parle point ». Et finalement, c'est dans cette position inconfortable que l'on choisit pour elle qu'Alexandra David-Neel devait se rendre véritablement utile.

De ce déséquilibre, Alexandra David-Neel eut certainement à souffrir, mais, stoïque, elle se tut. En effet, qui aurait pu la comprendre ? Elle en avait assez dit à Philippe Neel,

1. Pp. 221, 222.

mais qu'avait-il pu lui répondre? De tels scrupules lui demeuraient étrangers. Sans doute, Alexandra avait bien réellement acquis la « Connaissance », pour laquelle elle était manifestement fort douée; le gomchen ne tarda pas à s'en apercevoir, qui devait la nommer « Lampe de Sagesse »; mais, dit-on couramment dans les enseignements bouddhiques, la Sagesse sans la Compassion n'est rien. Or précisément, de cette compassion bouddhique, Alexandra semble bien avoir manqué jusqu'au bout.

Comme Alexandra centenaire demandait à Marie-Madeleine Peyronnet ce qu'elle dirait d'elle après sa mort, celle-ci lui répondit :

« Eh bien ! madame, je dirai que vous étiez une intelligence extraordinaire, parce que cela est vrai. Et j'ajouterai sans doute que vous aviez un esprit aussi vaste que toutes les galaxies réunies... Ce serait de la mauvaise foi que de ne pas le constater et de dire le contraire. »

Mais Alexandra ne la tint pas pour quitte, « d'une voix très douce, mais le regard toujours très interrogateur, voire même scrutateur », elle insista :

« Dis donc, Tortue ! et qu'est-ce que tu diras encore ?

— Vous tenez réellement à le savoir ? Eh bien ! je dirai encore qu'Alexandra David-Neel était un « océan » d'égoïsme et un Himalaya de despotisme... »

Bien sûr, Marie-Madeleine Peyronnet plaisante, ou, tout du moins, elle « en rajoute », mais à peine. Elle ne dit que la vérité et c'est bien ainsi qu'Alexandra l'entend.

« Mon regard qui était toujours fixé vers le plancher se relève lentement vers Alexandra dont le visage exprime une sérénité inouïe, une satisfaction impossible à décrire. Jamais je ne l'ai vue aussi ravissante... et c'est, maintenant, sur un ton véritablement rasséréné qu'elle poursuit :

“ Oui, je le sais. Je sais que tu es honnête... Je suis sûre que tu diras la vérité et que sur toi je peux compter. [1] ” »

Alexandra savait donc parfaitement à quoi s'en tenir.

Comment ne pas rapprocher cet « océan » d'égoïsme du nom monastique conféré à Yongden par le gomchen :

1. Marie-Madeleine Peyronnet : *Dix ans avec Alexandra David-Neel*, p. 224-225.

« Océan de Compassion », comme s'il avait voulu signifier qu'ils étaient tous deux complémentaires, que, si de cette « Lampe de Sagesse » Yongden pouvait espérer recevoir quelque lumière, elle avait aussi des leçons à recevoir de lui.

Lexique

Advaïta (sanskrit). L'une des deux grandes divisions du *Vedânta*. Comme l'indique son nom sanskrit, le *Vedânta advaïta* est strictement antidualiste. Le principal représentant de ce courant de pensée fut Shankara (voir ce mot) qui vécut au VIIIe siècle de notre ère.

Ashram (sanskrit). Littéralement « effort », ermitage d'un maître spirituel, communauté formée par ses disciples.

Atman (sanskrit). Dans l'hindouisme, l'âme, le Soi, le principe éternel qui anime l'individu transitoire et qui est identique au *Brahman* présent au cœur de tout être.

Avalokiteçvara (sanskrit). Le *Bodhisattva* de la parfaite compassion ; au Tibet, sous le nom de *Tchérenzig*, il est le protecteur du pays et de ses habitants ; très vénéré également en Chine, sous le nom de *Kwan Yin*, et au Japon, sous celui de *Kannon*, il y est représenté sous son aspect féminin.

Avatâra (sanskrit). « Descente » du Dieu suprême, spécialement Vishnu, dans le monde en vue d'y rétablir le *dharma*.

Bardo (tibétain). Littéralement, l'état « entre deux », c'est-à-dire entre la mort et la naissance, l'état dans lequel la conscience du défunt demeure jusqu'à sa renaissance dans un monde ou dans un autre.

Bhakti (sanskrit). Dévotion ardente pour l'une des divinités de l'hindouisme.

Bhikkuni. Féminin de *bhikku*, nonne bouddhiste.

Bhikshu (sanskrit) ou ***Bhikku*** (pâli). Littéralement « vertueux mendiant » ; nom donné aux premiers disciples du Bouddha, puis aux moines bouddhistes.

Bodhi (sanskrit). La plus haute instance du psychisme, en laquelle se reflète l'Esprit, le Principe ; la Connaissance absolue, l'Éveil, l'Illumination.

Bodhidharma (sanskrit). Le premier patriarche du Tch'an (Zen), venu de l'Inde dans le sud de la Chine au VIe siècle de notre ère.

Bodhisattva (sanskrit). Être parvenu à l'Éveil et prêt à devenir un Bouddha, mais qui, y renonçant afin de délivrer avec lui tous les êtres vivants, reste volontairement dans le monde de la souffrance, où son activité, dégagée de tout attachement, est pure compassion.

Bon (tibétain, prononcé *p'ön*). La religion prébouddhique du Tibet, très proche du chamanisme, qui a fortement influencé la religion populaire autochtone. Le *bon*, très profondément marqué par le bouddhisme, survit dans certaines parties du Tibet, surtout dans les provinces orientales. Les Chinois tenaient les *bon-po* pour des taoïstes.

Bonnets jaunes. Désignation occidentale des membres de l'ordre *Gelugs-pa* (voir ce mot), qui portent en effet une coiffe jaune en tenue de cérémonie, alors que celle des moines appartenant à tous les autres ordres tibétains est rouge, ou noire.

Bonnets rouges. Les membres de tous les ordres monastiques tibétains autres que les Bonnets jaunes : Nyingma-pa, Sakya-pa et Kagyud-pa. Chez les Bonnets rouges, le célibat n'est pas obligatoire pour les moines, sauf pour les *gelongs* (voir ce mot).

Brahmâ (sanskrit, masculin). Nom donné à la divinité créatrice. C'est un dieu, au même titre que Shiva et Vishnu, avec qui il forme une trinité, *Trimûrti ;* il ne doit donc pas être confondu avec le Principe unique *(Brahman)*, qui est tout et dont on ne peut rien dire.

Brahmachârin (sanskrit). Nom donné à l'étudiant brahmanique, pendant la période où il suit l'enseignement de son *guru* (voir ce mot) et où il est voué à la chasteté.

Brahman (sanskrit, neutre). L'Absolu, par-delà l'Être et le Non-Être, le Principe unique de tout ce qui existe, l'essence transcendant toute forme d'existence.

Brahmane (sanskrit). En Inde, membre de la caste supérieure sacerdotale.

Chérensi ou ***Tchérenzig*** (tibétain). Nom tibétain du *bodhisattva Avalokiteçvara,* considéré comme le protecteur du Tibet. Le dalaï-lama, ainsi que le gyalwa karmapa sont considérés, chacun dans leur ordre, comme des émanations de *Tchérenzig.*

Chörten (tibétain). Littéralement « réceptacle du culte ». Nom donné au Tibet aux stûpas bouddhiques. Ils y sont extrêmement nombreux et de toutes tailles, mais leur structure architecturale reste toujours identique. Leur édification était censée procurer de grands mérites spirituels.

Déva (sanskrit). Nom donné aux dieux dans l'hindouisme.

Dalaï-lama. Titre mongol, signifiant « océan » (sous-entendu de sagesse), décerné par le roi Altan-Khan à Sönam-gyatso, abbé de Drépung et chef de l'ordre *Gelugs-pa,* lorsque le lamaïsme commença à se répandre chez les Mongols. Le nom de dalaï-lama fut alors donné à titre posthume aux deux prédécesseurs de Sönam-gyatso, lequel devint en conséquence le troisième dalaï-lama. Les dalaï-lamas, dont le titre tibétain est *gyalwa rinpoché,* c'est-à-dire « précieux refuge », furent considérés comme des *tulkous* (voir ce mot), mais ce n'est qu'à partir du cinquième, Lopsang-gyatso (1617-1682), devenu le souverain du Tibet, qu'ils se proclamèrent des *avatâra* du bodhisattva Chérensi. Alexandra David-Neel rencontra à plusieurs reprises le treizième dalaï-lama, Thupten-gyatso (1876-1933), l'actuel dalaï-lama est le quatorzième de la lignée, il fut découvert en 1935.

Dharma (sanskrit, de la racine *dhri,* tenir, porter, fixer). L'ordre des choses, le système cosmique, mais aussi son reflet humain, la loi sociale et religieuse ; dans le bouddhisme, l'enseignement du Bouddha, la Vérité absolue.

Dorjé (tibétain). Le « sceptre-foudre », instrument rituel employé lors des cérémonies lamaïques, conjointement avec la clochette *(tilpou).* Le dorjé est mâle, représente la méthode et est tenu dans la main droite, la clochette est féminine, représente la connaissance et est tenue de la main gauche.

Dzogchen-pa (tibétain). Littéralement « Grand Accomplissement ». L'une des subdivisions de l'ordre *Nyingma-pa.* La doctrine des Dzogchen-pa, d'une singulière hardiesse intellectuelle, marqua l'apogée de cette école. Remontant au moins au XIIe siècle, mais probablement beaucoup plus ancienne, elle paraît avoir été influencée par le Tch'an (Zen) chinois, dont les représentants vinrent au Tibet dès le VIIIe siècle, ainsi que par les shivaïtes du Cachemire. La secte *Nga-lu* à laquelle appartenait le gomchen de Lachen, maître d'Alexandra David-Neel, semble avoir été une des subdivisions récentes (XVIIe siècle) des Dzogchen-pa.

Gelong (tibétain). Littéralement « vertueux mendiant », traduction de *bhikkhu*, religieux célibataire ayant reçu l'ordination majeure.

Gelugs-pa (tibétain). Littéralement « conduite vertueuse ». Ordre monastique issu de la réforme monastique de Tsong-K'a-pa (début du XVe siècle) ; cette secte accéda au pouvoir politique avec l'avènement des dalaï-lamas et conquit le contrôle de l'ensemble du territoire tibétain jusqu'en 1959.

Geshé (tibétain). Docteur en théologie de l'une des universités monastique tibétaines.

Gömpa (tibétain). Littéralement « demeure dans la solitude », nom donné aux monastères au Tibet.

Gomchen (tibétain). Ermite qui se consacre tout particulièrement à la pratique de la méditation.

Guru (gourou) [sanskrit]. Maître et guide spirituel.

Hinayâna (sanskrit). Le « Petit Véhicule », par opposition au « Grand Véhicule » (*Mahâyâna*) ; petit, car il met l'accent sur la délivrance individuelle, alors que le *Mahâyâna* vise à la libération universelle (idéal du *bodhisattva*). *Hinâyâna* est une appellation péjorative, employée par les Mahâyânistes pour désigner le bouddhisme du Sud (Ceylan, Birmanie, Thaïlande, Vietnam), plus correctement nommé *Théravada*.

Kâli (sanskrit). La Mère universelle sous son aspect destructeur et terrible ; elle est représentée nue, le corps bleu sombre, portant des colliers de têtes coupées et tenant dans une de ses mains une tête ensanglantée, sa bouche ouverte laisse voir des crocs acérés et une langue rouge pendante. A Calcutta, ville qui lui est consacrée, son culte est particulièrement sanglant.

Kangyur (tibétain). L'un des deux grands recueils des textes essentiels du bouddhisme tibétain, le second est le *Tengyur* (voir ce mot). Le Kangyur comprend plus d'une centaine de textes (sûtras) considérés comme émanés du Bouddha lui-même.

Karma (sanskrit). Au sens premier, l'action ; l'acte en tant que producteur de conséquences et de résidus psychiques (positifs, négatifs et neutres), le processus continu des causes et des effets. Ce sont ces « retombées » qui enchaînent l'être humain au cycle des naissances et des morts (voir *Samsâra*).

Karma-pa (tibétain). Une des deux grandes subdivisions de l'ordre *Kagyud-pa,* l'autre étant la secte Brug-pa, qui domine au Bhoutan. Le chef des *Karma-pa*, le *Gvalwa Karmapa*, est considéré comme le chef spirituel de tout l'ordre *Kargyud* et comme une émanation du bodhisattva *Chérensi*. Le dernier Karma-pa, mort en 1982, était le seizième d'une lignée de tulkous qui remonte à Tusoum Kyen-pa (1110-1193), lui-même disciple du fondateur de l'École Kagyud, Gompo-pa (1079-1153).

Kagyud-pa (tibétain). Littéralement « parole transmise ». Ordre monastique tibétain issu de l'enseignement de Marpa (1012-1097), qui fut le maître de Milarêpa (1040-1123) et fondé par Gompo-pa (1079-1153). Cette école donne une très grande importance aux pratiques psychophysiologiques du yoga, en vue d'accélérer le processus qui permettra de transcender l'existence temporelle.

Khadoma (tibétain). Au Tibet, êtres célestes d'aspect féminin, capables de guider l'adepte vers la connaissance la plus élevée, mais pouvant être redoutables pour les profanes.

Krishna (sanskrit). Le plus célèbre des *avatâra* de Vishnu. Il est surtout vénéré sous la forme d'un jeune bouvier de la région de Mathura en Inde du Nord-Ouest, dont toutes les bouvières tombèrent amoureuses.

Lama (tibétain). Littéralement « supérieur » ; titre équivalent au sanskrit *guru ;* les moines tibétains sont des *trapas* ou des *gelongs ;* le titre de *lama* est réservé aux initiés de haut rang, aux dignitaires ecclésiastiques.

Mâdhyamika (sanskrit). École philosophique fondée par Nâgârjuna au IIe siècle de notre ère, qui représente une critique dissolvante des habituelles connaissances « mondaines » et soutient que les phénomènes sont dépourvus de noumène ; pour elle, tout est vide (*sûnyatâ*). Les enseignements de Nâgârjuna et de son école sont contenus dans la *Prajnâ Pâramitâ* (voir ce mot).

Mahâyâna (sanskrit). Le « Grand Véhicule », le bouddhisme du Nord (Tibet, Mongolie, Chine, Corée, Japon). Il oppose l'idéal du *bodhisattva* (la délivrance universelle) à celui de l'*arhat* (la délivrance individuelle) du *Hinayâna*.

Maithuna (sanskrit). L'union sexuelle, telle qu'elle est utilisée dans la *panchatattva* tantrique.

Mantra (sanskrit). Forme rituelle secrète censée véhiculer, si elle est correctement prononcée, un pouvoir spirituel. Le *mantra* est communiqué de maître à disciple et doit être répété aussi souvent que possible.

Mandala (sanskrit). Figure géométrique, diagramme mystique et cosmique utilisé dans le rituel hindouiste et bouddhiste, et servant de support à la méditation.

Math (sanskrit). Monastère hindou.

Moksha (sanskrit). La délivrance, la libération qui permet de sortir du *samsâra,* le cycle interminable des naissances et des morts.

Nâgârjuna (sanskrit). Philosophe bouddhiste du IIe siècle de notre ère, né en Inde du Sud. S'étant retiré dans les Himalayas, Nâgârjuna y fut initié par un ermite aux doctrines du *Mahâyâna,* dont il devait donner une formulation d'une extraordinaire rigueur et d'une rare profondeur. Il est tenu pour le fondateur du *Mâdhyamika* (École du Milieu).

Naldjorpa (tibétain : de *naldjor,* traduction tibétaine de *yogi*). Littéralement « celui qui possède la sérénité parfaite », nom donné aux adeptes du *Vajrayâna,* qui dans l'opinion populaire étaient censés posséder des pouvoirs supranormaux.

Nirvâna (sanskrit). Littéralement « extinction ». La cessation de la souffrance, la fin des attachements et des passions, la sortie du cycle des naissances et des morts (*samsâra*) et le retour au Principe absolu.

Nyingma-pa (tibétain). Le plus ancien des ordres monastiques tibétains qui fait remonter son origine à *Padmasambhava* (VIIIe siècle). Les *Nyingma-pa* pratiquent le yoga d'une manière particulièrement intensive et utilisent un rituel magique.

Padmasambhava (sanskrit). Littéralement « né d'une fleur de lotus ». Originaire peut-être de l'Afghanistan, Padmasambhava vint au Tibet à la fin du VIIIe siècle pour y prêcher le « Sentier direct » (*Vajrayâna*). Grâce à ses pouvoirs miraculeux, il triompha aussitôt des sorciers *bon;* c'est en tout cas à partir de sa prédication que le bouddhisme, qui n'avait atteint jusqu'alors que l'aristocratie tibétaine, pénétra dans le peuple. Padmasambhava est généralement donné comme le fondateur des *Nyingma-pa.*

Pâli. Contemporain du sanskrit classique et l'un des plus anciens dialectes populaires de l'Inde, le pâli est devenu la langue sacrée des bouddhistes du Sud. C'est en pâli que sont rédigées les Écritures bouddhistes qui forment le *Tripitaka, les Trois Corbeilles,* recueil des enseignements du Bouddha.

Pancha-tattva (sanskrit). L'un des rites principaux du tantrisme, dit « de la main gauche » *(Vâma achâra),* qui consiste dans la transgression des interdits. Ces cinq éléments, ou cinq M, sont *mansa* (la viande), *matsya* (le poisson), *moudra* (le grain), *madya* (l'alcool) et *maithuna* (l'union sexuelle).

Panchen lama (tibétain). Littéralement « le grand pandit ». Le panchen lama est appelé parfois *trashi lama,* du nom du monastère de Trashilhumpo, près de Shigatzé dans la province de Tsang, qu'Alexandra David-Neel visita en 1916. Il est considéré comme un *avatâra* d'Eupagmed *(Amitâbha)*, le Bouddha mystique de la lumière infinie. Renommés pour leur érudition, les panchen lamas sont au point de vue religieux les égaux des dalaï-lamas ; certains d'entre eux ont joué un rôle politique important au Tibet.

Pandit (sanskrit). Savant versé dans la connaissance des textes sacrés.

Prajnâ Pâramitâ (sanskrit). Littéralement « la pratique de la Connaissance intuitive, de la Sagesse suprême », une des six Perfections qui caractérisent les bouddhas et les bodhisattvas ; important ensemble de *sûtras,* attribués à Nâgârjuna et à son École, qui expose la doctrine du Vide *(sûnyatâ),* qu'il ne faut surtout pas prendre pour un nihilisme philosophique.

Râma (sanskrit). Un des *avatâra* de Vishnu, héros du *Râmayâna.*

Râmayâna (sanskrit). L'une des deux grandes épopées brahmaniques de l'Inde qui raconte les exploits de *Râma.*

Rinpoché (tibétain). Littéralement « précieux ». Appellation honorifique employée pour s'adresser à un lama de très haut rang, ou pour le désigner. Guru Rinpoché, nom honorifique donné au Tibet à Padmasambhava.

Rinzaï (japonais). L'une des deux principales écoles du zen. Elle prit naissance avec Lin-tsi (en japonais, Rinzaï), grand maître du Tch'an chinois de la période des T'ang, mort en 867. Le Rinzaï fut introduit au Japon par Eisai Myoan (1141-1215).

Sâddhu (sanskrit). « Saint », nom donné en Inde à ceux qui, ayant renoncé à tout, sont parvenus au terme de leur quête de l'absolu ; à peu près équivalent de *sannyâsin.*

Sakya-pa (tibétain). Ordre monastique tibétain, apparu au XIIIe siècle. Les empereurs mongols ayant reconnu leur autorité sur tout le Tibet, les *Sakya-pa* exercèrent la souveraineté politique jusqu'au XVIe siècle, époque à laquelle ils furent supplantés par les *Gelugs-pa.*

Samâdhi (sanskrit). Huitième et dernier degré du yoga, état de méditation profonde, de parfaite concentration, libéré de tout attachement et réalisant l'unification complète de l'être.

Samsâra (sanskrit). Le cycle des naissances et des morts, auquel on ne peut échapper que par la cessation du désir d'exister.

Samskara (sanskrit). Les « confections » mentales résultant de la projection de nos désirs.

Sangha (sanskrit). La communauté des moines bouddhiques.

Sannyâsin (sanskrit). Celui qui a renoncé à tout, y compris à son identité personnelle, pour se consacrer exclusivement à l'Absolu.

Sanskrit. De *samskritam* : « parfait ». Langue indo-européenne parlée en Inde à l'époque védique ; un très grand nombre de textes bouddhiques, en particulier ceux du *Mahâyâna,* sont rédigés en sanskrit.

Shakta (sanskrit). Adorateur de la *Shakti,* qui donne la priorité au principe féminin dans la divinité.

Shakti (sanskrit). La grande déesse, la Mère divine, l'Énergie génératrice et destructrice des mondes et des êtres, l'énergie des dieux considérée comme distincte de leur personne. La *Shakti* est particulièrement vénérée par les adeptes du tantrisme.

Shankara (sanskrit). Maître religieux et philosophe hindouiste, qui vécut dans l'Inde du Sud, au VIIIe siècle. C'est le plus illustre représentant de *Vedânta advaïta.* Bien qu'il affirme l'identité du *Brahman* et de l'*Atman* et considère que le monde ne peut être extérieur à l'Essence suprême, Shankara n'en nie pas moins que le monde soit pure illusion. L'ordre monastique, fondé par lui, existe encore de nos jours en Inde.

Shiva (sanskrit). Au sein de la Trinité *(Trimûrti)* de l'hindouisme, si Brahma représente l'élément créateur et Vishnu le préservateur du monde créé, Shiva en est le destructeur nécessaire. A ce titre, il est par excellence le dieu des ascètes et des yoguis. Mais Shiva est aussi le dieu de la procréation, symbolisée par le *linga* (phallus sacré), partout présent en Inde.

Siddhis (sanskrit). Pouvoirs supranormaux acquis grâce à la pratique des yogas.

Soto (japonais). L'une des deux grandes écoles contemporaines du zen, la plus importante au Japon par le nombre de ses temples et de ses adeptes. Le *Soto,* fondé en Chine, fut établi au Japon par Dôgen (1200-1253).

Stûpa (sanskrit). Construction destinée à abriter des reliques du Bouddha ou des grands maîtres du bouddhisme. L'édification des stûpas est commandée par des règles très strictes visant à leur donner une structure symbolique d'ordre cosmique.

Sûtra (sanskrit), ***sutta*** (pâli). Au sens premier « fil », spécialement « fil d'un collier ». Discours ou sermon prononcé par le Bouddha ou l'un de ses disciples directs.

Swâmi (sanskrit). Titre honorifique donné aux sannyâsins ; les moines de l'ordre de Râmakrishna portent tous ce titre.

Tantras (sanskrit). Au sens premier « trame d'un tissu ». Ensemble de textes de l'hindouisme tardif, qui ne font pas partie du *Véda*.

Tantrisme. Forme tardive de l'hindouisme qui prétend permettre à l'adepte de dépasser la condition humaine, grâce à des pratiques yogiques particulières, ainsi que par l'usage de *mantra* et de *yantra* (diagrammes sacrés). Il existe aussi un tantrisme bouddhique, représenté en particulier par le bouddhisme tibétain.

Tantrika (sanskrit). Adepte du tantrisme.

Tch'an (chinois). Voir *Zen*.

Tengyur (tibétain). L'un des deux grands recueils, avec le *Kangyur*, des textes essentiels du bouddhisme tibétain. Comprenant plus de deux cents volumes, le *Tengyur* rassemble les travaux des commentateurs des textes contenus dans le *Kangyur*, ainsi que différents traités sur des disciplines mineures.

Théravada (sanskrit). Le bouddhisme « des Anciens », répandu principalement dans le sud de l'Asie. Synonyme de *Hinâyâna*.

Toumo (tibétain). Entraînement mystique destiné, entre autres, à développer la chaleur interne ; au Tibet, les adeptes du *toumo* portaient seulement de minces robes de coton, même quand ils résidaient dans l'Himalaya.

Trapa (tibétain). Au Tibet, moine bouddhiste.

Tsampa (tibétain). Farine d'orge grillée, constituant l'aliment de base des Tibétains.

Tsham (tibétain). Littéralement « barrière, frontière ». La retraite complète pratiquée par un moine, ou même par un pieux laïque.

Tshamkhang (tibétain). Maisonnette spécialement aménagée pour loger un reclus ; il peut s'agir également de cavernes, comme celle qu'habitait le gomchen de Lachen, qui fut le gourou d'Alexandra David-Neel.

Tsong-K'a-pa (tibétain). Réformateur religieux tibétain (1357-1419). Né dans la province d'Amdo (nord-ouest du Tibet), là où fut élevé plus tard le monastère de Kum-Bum, Tsong-K'a-pa fonda près de Lhassa le monastère de Ganden, où il fit observer le strict respect des règles monastiques qui s'étaient considérablement relâchées au Tibet ; par la suite il en résulta la création du nouvel ordre réformé des *Gelugs-pa*.

Tulkou ou ***Trulkou*** (tibétain). Littéralement « forme créée par un procédé magique ». Réincarnation supposée d'un maître spirituel. Lors de la mort d'un grand lama au Tibet, il arrivait que celui-ci laissât un message indiquant où et quand il comptait se réincarner afin de poursuivre sa mission sur terre. Souvent, ces données étaient complétées par des révélations survenues à ses disciples proches ou à d'autres maîtres. On se mettait alors en quête de l'enfant, qui était mis à l'épreuve, avant d'être proclamé successeur du maître défunt.

En fait, il ne s'agissait pas à proprement parler d'une réincarnation, ce qui serait contraire aux principes du bouddhisme, mais bien de l'exécution d'un vœu fait par un *bodhisattva*. C'est ainsi que plusieurs lignées de tulkous procédaient de la compassion de Chérensi, telle celle des dalaï-lamas, ou d'un Bouddha, telle la lignée des panchen lamas.

Upanishads (sanskrit). Important groupe de textes d'époques très variées, appartenant à la révélation védique, qui prêchent la délivrance des renaissances et montrent la voie vers l'Absolu.

Vajrayâna (sanskrit). De *vajra*, « foudre » ou « diamant » et *yâna*, « voie, véhicule ». La Voie de Diamant, appelée aussi Sentier direct, la doctrine lamaïque tenue par les Tibétains pour le troisième état de la doctrine bouddhique, après le *Hinayâna* et le *Mahâyâna*. Le *Vajrayâna*, qui est pénétré d'influences tantriques, fut, selon la tradition, introduit au Tibet par Padmasambhava à la fin du VIIIe siècle. Selon cette doctrine et les méthodes qui s'en inspirent, il est possible d'atteindre l'état de Bouddha au cours de la vie même pendant laquelle on a commencé son entraînement spitiruel, sans avoir à passer par le très lent processus des renaissances successives.

Vedânta (sanskrit). Littéralement « l'accomplissement du *Véda* ». Doctrine brahmanique, issue des *Upanishads* et prêchée principalement par *Shankara* au IXe siècle.

Véda (sanskrit). Littéralement le « Savoir ». Ensemble de textes révélés, les plus anciens de l'hindouisme.

Vishnu (sanskrit). Dans l'hindouisme, le dieu qui préserve l'ordre cosmique, alors que Shiva préside à sa dissolution. On représente souvent Vishnu flottant sur les eaux primordiales, son corps reposant sur le serpent Shesha. Afin de rétablir l'ordre perturbé, il arrive que Vishnu descende dans le monde sous la forme d'un de ses *avatâra*, dont les plus importants sont *Krishna* et *Râma*.

Yidam (tibétain). Divinité tutélaire, prise comme objet de méditation dans le bouddhisme tantrique tibétain et souvent considérée sous son aspect terrible.

Yoga (sanskrit). Littéralement « joug, attelage, union ». Méthode psychosomatique visant à l'obtention du parfait développement spirituel et de la délivrance finale.

Zazen (japonais). La pratique du *zen,* la méditation assise.

Zen (japonais). École du bouddhisme *Mahâyâna,* centrée principalement sur la méditation, qui s'est répandue surtout en Chine, puis au Japon. Le mot *zen* est la transcription japonaise du mot chinois *tch'an,* lequel vient lui-même du sanskrit *dhyâna,* méditation.

Œuvres d'Alexandra David-Neel

Pour la Vie, brochure publiée en Belgique en 1898 ; réédité dans *En Chine,* Plon, Paris, 1970.

Le Philosophe Meh-ti (ou Mo-tse) et l'Idée de solidarité, Luzac et Cie, Londres, 1907. Rééditions sous le titre *Socialisme chinois, Meh-Ti et l'idée de solidarité,* Giard et Brière, Paris ; dans *En Chine,* Plon, Paris, 1970.

Les Théories individualistes dans la philosophie chinoise, Giard et Brière, Paris, 1909. Réédité dans *En Chine,* Plon, Paris, 1970.

Le Modernisme bouddhiste et le Bouddhisme du Bouddha, Alcan, Paris, 1911. Réédité sous le titre *le Bouddhisme du Bouddha,* éditions du Rocher, Paris, 1977.

Voyage d'une Parisienne à Lhassa, à pied et en mendiant de la Chine à l'Inde à travers le Tibet (avec 28 photographies et une carte), Plon, Paris, 1927. Traduit en anglais, allemand, néerlandais, espagnol, tchèque et danois. Nombreuses rééditions jusqu'à ce jour.

Mystiques et magiciens du Tibet (préface d'A. d'Arsonval, membre de l'Académie des sciences, avec 25 gravures hors texte), Plon, Paris, 1929. Traduit en anglais, allemand, norvégien, suédois, néerlandais, islandais, italien, espagnol et portugais. Nombreuses rééditions (sans la préface d'A. d'Arsonval) jusqu'à ce jour.

Initiations lamaïques. Des théories — des pratiques — des hommes (avec 38 gravures hors texte), Adyar, Paris, 1930. Traduit en anglais, allemand et portugais. Troisième édition revue et augmentée de chapitres sur « l'Attention » et « la Conscience cosmique », Adyar, Paris, 1957.

L'Épopée de Guésar de Ling. L'Iliade des Tibétains (préface du professeur Sylvain Lévi), ouvrage écrit en collaboration avec le lama Yongden, Adyar, Paris, 1931. Traduit en anglais. Rééditions : sous le titre *la Vie surhumaine de Guésar de Ling,* éditions du Rocher, Paris, 1978.

Au pays des brigands gentilshommes. Grand Tibet (avec 26 gravures hors texte et une carte), Plon, Paris, 1933. Traduit en anglais et en allemand.

Le Lama aux cinq sagesses, roman tibétain (par le lama Yongden et Alexandra David-Neel), Plon, Paris, 1935. Traduit en anglais, allemand, finnois, italien, polonais et tchèque. Réédition : Plon, Paris, 1977.

Magie d'amour et magie noire. Scènes du Tibet inconnu, Plon, Paris, 1938. Traduit en allemand, italien et portugais. Réédité : Plon, Paris, 1977.

Sous des nuées d'orage (avec une carte), Plon, Paris, 1940.

A l'ouest barbare de la vaste Chine (avec 16 illustrations hors texte et une carte), Plon, Paris, 1947. Traduit en allemand.

Au cœur des Himalayas. Le Népal, Dessart, Paris, 1949. Traduit en allemand. Réédité aux éditions Pygmalion.

L'Inde. Hier-aujourd'hui-demain, (avec 14 gravures hors texte), Plon, Paris, 1951. Traduit en allemand et en néerlandais.

Astavakra Gîtâ. Discours sur le Vedânta advaïta (traduit du sanskrit), Adyar, Paris, 1951. Réédité aux éditions du Rocher.

Les Enseignements secrets des bouddhistes tibétains. La Vue pénétrante, Adyar, Paris, 1951. Traduit en anglais, italien et espagnol. Édition revue et augmentée, Adyar, Paris, 1961.

Textes tibétains inédits, traduits et présentés par Alexandra David-Neel, la Colombe, Paris, 1952. Traduit en allemand et en espagnol. Réédition : Pygmalion, Paris, 1977.

Le Vieux Tibet face à la Chine nouvelle (avec 23 gravures hors texte et une carte en dépliant), Plon, Paris, 1953. Traduit en allemand.

La Connaissance transcendante d'après le texte et les commentaires tibétains, Adyar, Paris, 1958.

Avadhûtâ Gitâ de Dattatraya. Poème mystique Vedânta advaïta (avec notes et commentaires), Adyar, Paris, 1958. Republié avec l'*Astavakra Gîtâ,* éditions du Rocher.

Le Bouddhisme du Bouddha, ses doctrines, ses méthodes et ses développements mahâyânistes et tantriques au Tibet, Plon, Paris, 1960, republié aux éditions du Rocher.

Immortalité et réincarnation. Doctrines et pratiques. Chine-Tibet-Inde, Plon, Paris, 1961. Traduit en allemand. Réédition : éditions du Rocher, Paris, 1978.

Quarante Siècles d'expansion chinoise, La Palatine, Plon, Paris, 1964.

L'Inde où j'ai vécu. Avant et après l'Indépendance, Plon, Paris, 1969. Édition augmentée de **l'Inde. Hier-aujourd'hui-demain.**

Grammaire de la langue tibétaine parlée, Œuvres posthumes (publiées par les soins de M.-M. Peyronnet).

En Chine. L'amour universel et l'individualisme intégral. Les maîtres Mo-tse et Yang-tchou, Plon, Paris, 1970. Cet ouvrage regroupe les trois premiers écrits d'Alexandra David-Neel.

Le Sortilège du mystère. Faits étranges et gens bizarres rencontrés au long de mes routes d'Orient et d'Occident, Plon, Paris, 1972.

Journal de voyage. Lettres à son mari (11 août 1904-27 décembre 1917), Plon, Paris, 1975.

Journal de voyage. Lettres à son mari (14 janvier 1918-31 décembre 1940). De la Chine à l'Inde en passant par le Tibet, Plon, Paris, 1976.

Vivre au Tibet : cuisine, traditions et images, Morel éditeur, 1975. Traduit en allemand.

La Puissance du Néant (par le lama Yongden, avec une préface d'Alexandra David-Neel), Plon, Paris, 1954. Réédition aux éditions Plon.

Dix ans avec Alexandra David-Neel (Marie-Madeleine Peyronnet), Plon, Paris, 1973.

Voyage et aventures de l'esprit, textes et documents inédits, in *Question de,* n° 60, Albin Michel, Paris.

« *Spiritualités vivantes* »
Collection fondée par Jean Herbert
au format de poche

1. *La Bhagavad-Gitâ,* de Shrî AUROBINDO.
2. *Le Guide du Yoga,* de Shrî AUROBINDO.
3. *Les Yogas pratiques (Karma, Bhakti, Râja),* de Swâmi VIVEKÂNANDA.
4. *La Pratique de la méditation,* de Swâmi SIVANANDA SARASVATI.
5. *Lettres à l'Ashram,* de GANDHI.
6. *Sâdhanâ,* de Rabindranâth TAGORE.
7. *Trois Upanishads (Ishâ, Kena, Mundaka),* de Shrî AUROBINDO.
8. *Spiritualité hindoue,* de Jean HERBERT.
9. *Essais sur le Bouddhisme Zen,* première série, de Daisetz Teitaro SUZUKI.
10. — *Id.,* deuxième série.
11. — *Id.,* troisième série.
12. *Jnâna-Yoga,* de Swâmi VIVEKÂNANDA.
13. *L'Enseignement de Râmakrishna,* paroles groupées et annotées par Jean HERBERT.
14. *La Vie divine,* tome I, de Shrî AUROBINDO.
15. — *Id.,* tome II.
16. — *Id.,* tome III.
17. — *Id.,* tome IV.
18. *Carnet de pèlerinage,* de Swâmi RAMDAS.
19. *La Sagesse des Prophètes,* de Muhyi-d-dîn IBN 'ARABÎ.
20. *Le Chemin des Nuages blancs,* d'ANAGARIKA GOVINDA.
21. *Les Fondements de la mystique tibétaine,* d'ANAGARIKA GOVINDA.
22. *De la Grèce à l'Inde,* de Shrî AUROBINDO.
23. *La Mythologie hindoue, son message,* de Jean HERBERT.
24. *L'Enseignement de Mâ Ananda Moyî,* traduit par Josette HERBERT.

Nouvelles séries dirigées par
Marc de Smedt

25. *La Pratique du Zen,* de Taisen DESHIMARU.
26. *Bardo-Thödol. Le Livre tibétain des morts,* présenté par Lama ANAGARIKA GOVINDA.
27. *Macumba. Forces noires du Brésil,* de Serge BRAMLY.
28. *Carlos Castaneda. Ombres et lumières,* présenté par Daniel C. NOËL.
29. *Ashrams. Grands Maîtres de l'Inde,* d'Arnaud DESJARDINS.
30. *L'Aube du Tantra,* de Chogyam TRUNGPA et H. V. GUENTHER.
31. *Yi King,* adapté par Sam REIFLER.
32. *La Voie de la perfection, l'enseignement secret d'un maître kurde en Iran,* de BAHRÂM ELÂHI.
33. *Le Fou divin. Yogi tantrique tibétain du XVI*^e^ *siècle,* de Drukpa KUNLEY.
34. *Santana, l'enseignement de Maître Goenka en Inde,* de Dominique GODRÈCHE.
35. *Dialogues avec Lanza del Vasto,* par René DOUMERC.

36. *Techniques de méditation et pratiques d'éveil,* de Marc de SMEDT.
37. *Le Livre des secrets,* de BHAGWAN SHREE RAJNEESH.
38. *Zen et arts martiaux,* de Taisen DESHIMARU.
39. *Traité des Cinq Roues (Gorin-no-Sho),* de Miyamato MUSASHI.
40. *La Vie dans la vie. Pratique de la philosophie du sâmkhya d'après l'enseignement de Shrî Anirvân,* de Lizelle REYMOND.
41. *Satori. Dix ans d'expérience avec un Maître Zen,* de Jacques BROSSE.
42. *Discours et sermons,* de HOUEÏ-NÊNG, traduit par Lucien HOULNÉ.
43. *Tao Te King,* de LAO TSEU.
44. *Questions à un Maître Zen,* de Taisen DESHIMARU.
45. *Les Contes des arts martiaux,* recueillis par Pascal FAULIOT et présentés par Michel RANDOM.
46. *Essais sur les mystiques orientales,* de Daniel ODIER et Marc de SMEDT.
47. *Zen et vie quotidienne,* de Taisen DESHIMARU.
48. *Le Désert intérieur,* de Marie-Madeleine DAVY.
49. *La Sagesse de l'éveil,* textes présentés par Marc de SMEDT.
50. *L'Esprit guide, entretiens avec Karlfried Durckheim,* par Frantz WOERLY.
51. *Les Appeleurs d'âmes. L'Univers chamanique des Indiens des Andes,* de Sabine HARGOUS.
52. *Le Chemin de la Lumière, la Voie de Nur Ali Elâhi,* par BAHRÂM ELÂHI.
53. *L'Art de la réalisation,* de CHANDRA SWAMI.
54. *Le Trésor du Zen,* de Maître DOGEN, traduit et commenté par Taisen DESHIMARU.
55. *Aphorismes,* de TCHOUANG TSEU, présentés par Marc de SMEDT.
56. *L'Esprit caché de la liberté,* de Tarthang TULKU.
57. *Métanoia. Phénomènes physiques du mysticisme,* d'Aimé MICHEL.
58. *L'Enseignement de Ramana Maharshi,* traduit par A. DUPUIS, A. PERRELI et J. HERBERT.
59. *Le Bol et le Bâton,* cent vingt contes Zen racontés par Maître Taisen DESHIMARU.
60. *Traité de l'amour,* d'Ibn 'ARABÎ, introduction, traduction de l'arabe et notes de Maurice GLOTON.
61. *L'Évangile de Thomas,* traduit et commenté par Jean-Yves LELOUP.
62. *L'Enseignement du Dalaï-Lama,* de Tenzin GYATSO, traduit par G. TULKU, G. DREYFUS et A. ANSERMET.
63. *La Montagne vide, anthologie de la poésie chinoise,* traduction de Patrick CARRÉ et Zéno BIANU.
64. *Mystères de la sagesse immobile,* de Maître TAKUAN, traduction et présentation de Maryse et Masumi SHIBATA.
65. *La Sagesse du désert, aphorismes des Pères du désert,* de Thomas MERTON, traduction de Marie TADIÉ.
66. *La Pratique du yoga intégral,* de Shrî AUROBINDO, textes groupés, traduits et préfacés par Jean HERBERT.
67. *L'Autre Rive,* textes fondamentaux du Zen commentés par Maître Taisen DESHIMARU. Présentation par Evelyn de SMEDT.
68. *Méditation et santé selon les traditions et médecines chinoises,* de Gérard EDDE.
69. *Métaphysique et psychologie,* de Shrî AUROBINDO.
70. *Le Mesnevi, 150 contes soufis,* de DJĀLAL AL-DĪN RŪMĪ.

71. *Initiation et sagesse des contes de fées*, de Dennis BOYES.
72. *Initiation aux Livres des Morts égyptiens*, de Fernand SCHWARZ.
73. *Ivre de Tao. Li Po, voyageur, poète et philosophe, en Chine, au VIIIe siècle*, textes réunis et présentés par Daniel GIRAUD.
74. *Futuwah, traité de chevalerie soufie*, traduit et introduit par Faouzi SKALI.
75. *Qui suis-je ? La quête sacrée*, par Jean KLEIN.
76. *L'Évangile de Jean*, traduit et commenté par Jean-Yves LELOUP.
77. *Les Secrets du Soi*, suivi par *Les Mystères du Non-Moi*, de Mohammad IQBAL.
78. *L'Arbre de Vie. Introduction à la Cabale*, de Z'ev Ben Shimon HALEVI.
79. *Le Livre des œuvres divines (Visions)*, de Hildegarde de BINGEN, présenté et traduit par Bernard GORCEIX.
80. *Instructions fondamentales. Introduction au bouddhisme Vajrayana*, de Kalou RINPOTCHE.
81. *Le Prophète*, de Khalil GIBRAN.
82. *La Paix monastique*, de Thomas MERTON.
83. *Le Fou et le Créateur*, de Daniel PONS.
84. *Zen et christianisme*, d'Evelyn de SMEDT.
85. *Le Livre divin*, de Fariddudine ATTAR.
86. *Écrits sur l'hésychasme*, de Jean-Yves LELOUP.
87. *Le Sable et l'Écume*, de Khalil GIBRAN.
88. *Les Fleurs de Bouddha, une anthologie du bouddhisme*, de Pierre CRÉPON.
89. *Yoga-Sutras*, de PATANJALI, traduction du sanscrit et commentaires de Françoise MAZET.
90. *Nuages fous*, d'IKKYÛ, traduit du japonais et commenté par Maryse et Masumi SHIBATA.
91. *Écrits*, du père Henri LE SAUX, choisis et présentés par Marie-Madeleine DAVY.

Album « *Spiritualités vivantes* »

Offrande, textes et photos de Daniel PONS.

« *Espaces libres* »
Collection dirigée par Marc de Smedt
au format de poche

1. *Éloge du Silence*, de Marc de SMEDT.
2. *L'Érotisme et le Sacré*, de Philippe CAMBY.
3. *L'Aura : Le corps de lumière*, de David TANSLEY.
4. *La mort est une autre naissance*, collectif avec une préface de Marc ORAISON.
5. *La Magie des plantes*, de Jacques BROSSE.
6. *L'Esprit des jeux*, de Marc de SMEDT, Jean-Michel VARENNE et Zéno BIANU.
7. *Sourates*, de Jacques LACARRIÈRE.
8. *Les Ages de la vie*, de Christiane SINGER.
9. *Je m'appelle toi*, de Jacques SALOMÉ.

10. *Henry Thoreau, l'éveillé du Nouveau Monde,* de Gilles FARCET.
11. *Zen et self-control,* de Taisen DESHIMARU.
12. *Les Médecines sacrées,* de Claudine BRELET-RUEFF.
13. *Le Symbolisme du corps humain,* d'Annick de SOUZENELLE.
14. *Vivre mieux et guérir par les couleurs,* d'Andrée SCHLEMMER.
15. *Sur les pas du Bouddha,* de Marc de SMEDT.
16. *La Guerre et les Religions,* de Pierre CRÉPON.
17. *L'Évangile de la colombe,* d'ORIA.
18. *Alexandra David-Neel,* de Jacques BROSSE.

« *L'Expérience intérieure* »
Collection dirigée par Marc de Smedt

Traversée en solitaire, de Marie-Madeleine DAVY.
Le Jeu de l'amour et de la sagesse, de Denise DESJARDINS.
Sur la barque du temps, de Jean E. CHARON.
A la recherche du christianisme perdu, de Jacob NEEDLEMAN.
Journal d'une guérison spirituelle, de Nancy AMPHOUX.
Le Maître d'âme, de Christian CHARRIÈRE.
L'Absurde et la Grâce, de Jean-Yves LELOUP.

« *Spiritualités vivantes* »
grand format

La Voie soufie, de Faouzi SKALI.
Musique et extase, l'audition mystique dans la tradition soufie, de Jean DURING.
Enseignements essentiels, du DALAÏ LAMA, prix Nobel de la Paix.
Thomas Merton, un trappiste face à l'Orient, par Gilles FARCET.
L'Église et les religions ou le désir réorienté, du père Jacques VIDAL.
L'Expérience du Zen, de Thomas HOOVER.
Soleil de prières, anthologie de prières du monde entier, de Sylvie REFF.
Rencontres avec Carlos Castaneda et Pachita la guérisseuse, de Maurice COCAGNAC.
Femmes en quête d'absolu, de Simone Weil à Élisabeth Kübler-Ross, d'Anne BANCROFT.

« *Paroles vives* »
Collection dirigée par Jean Mouttapa
et Marc de Smedt

Le Jardinier, de Roger BICHELBERGER.
Jésus fils de l'homme, de Khalil GIBRAN.
Parole du Passant, de Jean SULIVAN.
De miel et de fiel, d'Alain CHAPELLIER.

Hors collection

Écrits de Sénanque, de Emmanuel MUHEIM.
Le Rire du Tigre, de Marc de SMEDT.
Gurdjieff et A. R. Orage en Amérique, de Louise WELCH.
Pour une vie ardente, mille pensées de sagesse, de Georges ROUX.
Entre source et nuage, la poésie chinoise réinventée, de François CHENG.

Revue « *Question de* »

60. *Alexandra David Neel.*
61. *Tibet. Une culture en exil.*
62. *Astrologies indienne, arabe, chinoise et occidentales.*
63. *Racines et secrets de la franc-maçonnerie.*
64. *Psychologies transpersonnelles.*
65. *L'Esprit des hauts lieux.*
66. *Les Ermites.*
67. *La Méditation.*
68. *L'Apocalypse de Jean.*
69. *La Prière.*
70. *Les Demeures du sacré. Pour une architecture initiatique.*
71. *La Mort et ses destins.*
72. *La Structure Absolue. Raymond Abellio.*
73. *Le Lieu du Temple. Géographie sacrée et initiation.*
74. *Prophètes d'aujourd'hui.*
75. *Méditer et agir.*
76. *Nouvelles émergences.*
77. *Anthologie de l'extase.*
78. *Le Maître de Nô. Armen Godel.*
79. *L'Enracinement et l'ouverture. Jean-Yves Leloup.*
80. *Le Sacrement de l'Instant. Présence de Jean Sulivan.*
81. *Karlfried Graf Durckheim.*
82. *L'Esprit visionnaire.*
83. *Khalil Gibran, poète de la sagesse.*
84. *Du maître spirituel au guide intérieur en Orient et en Occident.*

La composition
et l'impression de ce livre ont été effectuées
par l'imprimerie Bussière
pour les Éditions Albin Michel

Achevé d'imprimer en février 1991
N° d'édition 11625. N° d'impression : 291.
Dépôt légal : mars 1991.